rowohlt
BERLIN

Dietmar Wischmeyer

Vorspeisen zum Jüngsten Gericht

Ein Nachruf auf unsere fetten Jahre

Rowohlt · Berlin

1. Auflage September 2017

Satz DTL Documenta PostScript (InDesign) bei
Pinkuin Satz und Datentechnik, Berlin
Druck und Bindung CPI books GmbH, Leck, Germany
ISBN 978 3 87134 829 7

Inhalt

Vorwort zum Jüngsten Gericht

> *Im Anfang war das Wort, und das Wort war bei Gott, denn Gott braucht kein Vorwort.*
> *(ca. 1. Mose 1.1)*
>
> *Der Mensch aber ist nicht Gott.*
> *(Dietmar Wischmeyer 1.0)*

Der Deutsche – je besser es ihm geht – neigt nun mal zum Jammerlappentum. Mit der Welt um ihn herum steht es ja auch tatsächlich nicht zum Besten: Die EU ein Scherbenhaufen, die Meere voller Plastikmüll und ganz Afrika steht ante portas, um uns den Vorgarten kaputtzutreten. Der Olivenhain rund ums Mittelmeer kackt ab, die Kleinhirnträger aller Länder versammeln sich um einen Schlagmann, der ihnen die Richtung weist, ohne zu wissen, worum es geht. Aber was schert es den Rundum-sorglos-Germanen, er hat sich früher doch auch nur für andere Länder interessiert, um dort einzumarschieren oder seinen Urlaub zu verbringen.

Doch nun ist er um die ganze Welt besorgt. Das Jüngste Gericht ist nah, und es ist die Strafe für alles, was wir dem Planeten angetan haben. Wir haben Gottes Schöpfung übel mitgespielt: Den Puten Christi rührten wir Rauschgift ins Futter, seinen Ferkeln kappten wir den Schwanz, und seinem Wald, den er aufgebaut so hoch da droben, dem haben wir beim Sterben zugeschaut. Dafür werden wir uns verantworten müssen. So suhlt sich der Germane in seinen feuchten apokalyptischen Träumen und trägt stellvertretend für die ganze Menschheit das Kreuz zum Schädelberg.

Obwohl um ihn herum die kaputtesten Atomkraftwerke der Welt wohl nur darauf warten, in die Luft zu gehen, schaltet er die seinen ab. Vielleicht lassen sich so die Götter der Kernschmelze besänftigen, sie verschonen uns und blasen nicht die rostige Klitsche in Belgien hoch. Oder Gott willigt in diesen Ablasshandel ein: ein Veggieday pro Woche, nur noch Pullover aus Seetang und für den Feldhamster wird ein Flughafen dichtgemacht. Wir wissen nicht, ob diese Opfer genügen, drum geißeln wir uns sicherheitshalber noch mit Raukesalaten und Dinkelbratlingen, bevor uns der Zorn des Zebaoth vom Planeten fegt.

Der Jüngste Tag kann jederzeit über uns kommen, und wehe wir haben just an diesem unsere Kinder mit dem Monster-Spritfresser in die Waldorfkita chauffiert, obwohl uns die Carsharing-App nur achthundert Meter weiter ein BMW-Elektroauto anpries. Wieder zehn Minuspunkte eingefahren – wenn der Herr für uns eine Excel-Tabelle angelegt hat, dann sieht's darauf allmählich finster aus. Das Einzige, was uns am Judgement Day noch retten kann, ist das uralte protestantische Lebensmotto: Du darfst alles, Hauptsache, es macht keinen Spaß. So sieht's aus im Abendland, das so heißt, weil hier die Sonne untergeht – und sie schien uns doch gefühlt noch gestern aus dem Arsch.

Dieses Buch beinhaltet ganz unterschiedliche Eindrücke und Begegnungen aus der Endphase der satten Jahre. Neben meinen eigenen Beobachtungen lasse ich andere Menschen in ihrer eigenen Sprache zu Wort kommen. Es sind satirisch verdichtete «Zeugenaussagen» über den Gemütszustand der normalen Daseinsmitbewerber. Der Fleischfabrikant, die Pastorin, der Rentner, die Bürgerrechtlerin, das Mittelstandsehepaar und all die anderen erzählen aus ihrem Leben, als wäre der Tag der Abrechnung gekommen.

Dabei waren unsere äußeren Lebensumstände noch nie so gut wie heute. Dieser Widerspruch zwischen tatsächlichem und gefühltem Dasein erscheint wie eine Rückprojektion der unbehaglichen Zukunft. Wahrscheinlich erstmals in der Menschheitsgeschichte spitzt sich derzeit die technische Beherrschung unserer Umwelt zu, ohne dass die meisten eine Notwendigkeit darin sehen. Wozu das alles, war doch alles schön so, wie es war! Autonomes Fahren, intelligente Steckdosen, smarte Katzenklos – lasst uns zufrieden mit dem ganzen Mist und unser kurzes Leben in Ruhe an der Käsetheke zu Ende führen. Insgesamt ist man im Reinen mit seinen Daseinsbedingungen, und wenn es morgen ein Referendum darüber gäbe, ob man die Zukunft eigentlich braucht oder lieber auf ewig in der Gegenwart verharrt – ich würde nicht auf den Sieg der Zukunft wetten. Die großen Utopien sind längst gescheitert, der Sozialismus sowieso, und die Demokratie ist zur bloßen Meinungsforschung verkommen. Den Hunger in der Welt wird man nie besiegen, den eigenen allerdings schon, und zwar beim Lieblingsitaliener. Nur wer nichts zu verlieren hat, glaubt an eine bessere Welt, die Satten aber blicken voller Zweifel nach vorn.

Die Frage bleibt, wie wird man dieser Stimmung schreibend gerecht? Sollte man einen Romanhelden durch die Geisterbahn der Gegenwart schicken, mit Google Maps zwischen Scylla und Charybdis navigieren lassen? Nein, funktioniert nicht mehr! Der Schatten, den die Zukunft auf unsere Gegenwart wirft, lässt sich kaum in eine Erzählung bannen. Wer aus den Widersprüchen der ekelhaft reichen und bitterarmen, hochintelligenten und total verbohrten Welt ein schlüssiges Narrativ formen kann, ist entweder ein religiöser Fanatiker oder ein Idiot. Ein Buch jedenfalls kann das nicht, und ich schon mal gar nicht. Deshalb ist dieses Buch Stückwerk, genau wie alles, was uns heute umgibt.

In dreizehn Kapiteln mit über hundert Beobachtungen aus dem deutschen Alltag habe ich die Stimmung des gefühlten Weltuntergangs satirisch einzufangen versucht. Wer möchte, kann diesen roten Faden im Hintergrund mitlaufen lassen. Muss aber nicht sein, man kann das Buch auch häppchenweise zu sich nehmen. Es ist wie die Moderne, alles ist disparat, und doch sieht unser kleines Hirn überall Zusammenhänge.

Dietmar Wischmeyer
Mai 2017

1 Aperitif

Ein Aperitif wird vor dem Essen konsumiert, um den Appetit anzuregen und auf die bevorstehende Mahlzeit einzustimmen.

Der Aperitif hat zudem eine soziale Funktion und dient dazu, den Gästen die Wartezeit bis zum Servieren der Speisen zu verkürzen.

Wie sollte es anders sein, ist der Aperitif dieses Buches natürlich der Sprache gewidmet, und zwar der geschriebenen. Wie bewegt man sich in ihr halbwegs souverän, warum schreibt man überhaupt etwas auf, und wer soll das bloß alles lesen?

Ein Buch zu jedem Scheiß

Früher war die Sache ganz einfach: Man erlebt etwas und schreibt darüber ein Buch. Die Gräuel des Krieges, aber auch die Abenteuer auf der Suche nach den Quellen des Nils fanden so ihre Leser. Doch was soll man tun, wenn man nichts erlebt, was des Mitteilens wert wäre?

Das Leben selbst muss also vorab auf das daran Verwertbare hin konstruiert werden. Darum gibt es ein Buch von jemandem, der zweihundert Nächte im Zelt verbracht hat, nein, kein syrischer Flüchtling, denn das wäre ja normal, also langweilig. Nein, man muss so was Bekloptes absichtlich und ohne Not tun, sonst wird kein Buch draus, nicht mal ein Blog. Zu Fuß durch Spanien latschen in ein Kaff, das irgendeinen Hokuspokus verspricht, das ist irre. Überhaupt ist alles, was man – gegen jegliche Vernunft – zu Fuß unternimmt, per se schon mal buchverwertbar. Mit einem Esel auf Schusters Rappen von der Nordsee bis zum Bodensee. Die Jungfer Maria wenigstens saß oben auf dem Grautier, die anderen beiden latschen nebenher. Was soll der Scheiß! Jeder Afghane, der täglich bis zum nächsten Brunnen neben Meister Langohr hertraben muss, würde sich über ein Moped freuen.

Der Deutsche aber schiebt freiwillig den Esel bis zum Bodensee – und macht selbstredend ein Buch daraus. Die Arroganz, ohne Not in prekäre Situationen abzutauchen und sich damit dem vermeintlich Ursprünglichen zu widmen, ist die neueste seltsame Eigenschaft des Deutschen. Rentenversicherte Normos wandern einen Monat ohne einen Cent in der Tasche durch die Republik, um der Erfahrung der Mittellosigkeit teilhaftig zu werden. Pharisäergesindel. Wie wär's andersrum: Vier Wochen rumtraben und jedem am Straßenrand einen Fuffi in die Hand drücken – dann macht man nicht nur selbst eine schöne neue Erfahrung, sondern auch die Mitmenschen. Seitdem jeder Ü-50 schon auf dem Kilimandscharo war und die Abspulung der Route 66 mit einer geliehenen Harley nur noch ein müdes Lächeln hervorruft, folgten die grotesken Pseudo-Abenteuer. Wie viele Opas sind eigentlich schon mit einem alten Trecker zum Nordkap getuckert, wie viele mit dem Aufsitzrasenmäher nach Mallorca? Alles Schnee von gestern. Nun entdecken die saturierten Furzkissen das authentische Abenteuer im Alltag der anderen. Wie wär's mit «Drei Nächte vollbesoffen unter der Brücke pennen für Manager», inklusive eines Sechserträgers Single Malt. Für alle, die ein «wichtiges» Buch schreiben wollen, empfehle ich eine Woche Flüchtlingsunterkunft Bautzen plus virtuelle Abschiebeerfahrung. Braucht noch jemand 'ne Idee? «Hilfe, ich glaub, ich werde intelligent» – Die Selbsterfahrung eines Mannes, der ein Jahr lang kein Wort gelesen hat.

Lebendige Sprache

Deutsch ist eine lebendige Sprache, und wie allem Lebendigen droht auch ihr am Ende der Tod. Kein Mensch spricht mehr althochdeutsch, Latein ist kaum mehr als ein huma-

Hey – ein Welpenbild ganz vorn im Buch ist immer gut.

nistischer Dünkel, und auch das Krimgotische ist längst verklungen. Warum also sollte man sich gegen diesen anscheinend natürlichen Prozess sträuben?

In der Tat wirken viele sprachkonservatorische Bemühungen, wie der Name schon sagt, eher «bemüht». Im Gegenzug muss man den Verwesungsprozess einer lebendigen Sprache auch nicht mutwillig beschleunigen. Da sind die Marketingtrottel, die dauernd von «Challenge», «Response» und «Solutions» faseln, wenn sie ebenso gut sagen könnten: «Ich bin doof und weiß nicht weiter.» Da ist der wampige Wichser auf dem Chefgestühl, der jetzt Ssie Ieh Ouhh genannt werden will. All das aufzuzählen, was den Wichtigsprech-Armleuchtern täglich einfällt, um ihre geistige Hilflosigkeit zu kaschieren, würde Bände füllen. Beschränken wir uns also auf jene Floskeln, die es bis in die Alltagssprache geschafft haben.

Da ist zuvörderst das unerträgliche «Magst du ...», mit dem jede noch so kleine Handlungsanweisung in den Bereich des emotional Bedeutungsvollen erhoben wird: «Magst du die Lokustür schließen?» Keine Ahnung, ich hab noch nicht drüber nachgedacht, ob mir dabei einer abgeht, aber ich mach's auch so, weil es mir scheißegal ist, um im Bilde zu bleiben. Handelt es sich bei der Magst-du-Pest um eine Lehnübersetzung direkt aus dem Englischen, so kam «Das ist Fakt» über den Umweg der DDR in die gesamtdeutsche Sprache. Anders als bei der altbekannten «Tatsache» ahnt man beim «Fakt» sofort, dass man hier belogen wird. Um bei den schlechten Übersetzungen zu bleiben, müssen noch der «gemachte Sinn» und das «gefürchtete Ich» erwähnt werden. Bei allem, was im Neusprech «Sinn macht», darf getrost davon ausgegangen werden, dass es in keiner Weise sinnvoll ist. Und wenn jemand behauptet: «Ich fürchte, an dem Termin kann ich nicht», so ereilt ihn weniger die altdeutsche Furcht als die Erinnerung an schludrige Synchronisationen englischer Fernsehserien à la «Inspector Barnaby» oder «Downton Abbey». Am Ende dieses Ausflugs in die «Sprachhygiene», um auch noch ein sogenanntes Unwort zu erwähnen, bleibt ein positiver Aspekt: Die Sprache ist das Kleid der Gedanken, und wer sich ohne Not mit billigen Fetzen und gefälschten Labeln behängen will, ist ein Idiot und möchte, dass es alle sehen.

Böse Wörter

Können Wörter böse sein, und wer oder was entscheidet das? Die Betroffenheit der so Bezeichneten?

Ist also «Neger» ein schlimmeres Wort als «Kalkleiste»? Und ist «Neger» überhaupt nur ibäh, wenn man damit direkt auf einen Menschen verweist – und deshalb folgender Satz völlig harmlos: Das Wort «Neger» sollte aus dem deutschen Sprachgebrauch gestrichen werden. Oder darf man das auf keinen Fall mehr sagen? In den letzten fünf Zeilen immerhin schon dreimal, also Schluss damit: Der Mohr hat seine Arbeit getan. Das sollte man übrigens auch nicht mehr zitieren, sonst horcht irgendwo in der Republik ein kleines Kommunalhascherl auf, rennt in die Stadtbibliothek und verbrennt alle Bücher von Friedrich Schiller, weil das «Wording» nicht mehr akzeptabel ist. Da brat mir doch einer ein Zigeunerschnitzel.

Die ach so sensiblen Politikdarsteller, die vor lauter Korrektheit und Korrektheitinnen aber auch jedes Wort in seiner schwanzhaften und weiblichen Form daherplappern, nehmen *wirklich* ekelige Wörter hemmungslos in den Mund. So muss man immer wieder aus Politiker- und Politikerinnenmund von der «Sonderbehandlung» hören, als hätte es diese Nazivokabel nie gegeben. Wenn es also eine Liste der bösen Wörter gäbe, stände dieses ganz oben, direkt unter der «Endlösung». Da lob ich mir doch ein munteres «Heil Hitler», da weiß man jedenfalls ohne nachzudenken gleich, woran man ist. Wörter sind nicht einfach böse, sondern werden es erst durch ihren Gebrauch und vor allem durch denjenigen, der sie gebraucht. Wenn zwei schwarze Amerikaner sich gegenseitig mit «Nigger» begrüßen, ist das etwas anderes, als wenn ein weißer Polizist in Ferguson das zu einem Schwarzen sagt. Gar nicht so lange ist es her, dass die jetzt so genannten Asylberechtigten noch Asylbewerber hießen oder, nur wenig früher, Asylanten. Als aber schlicht gestrickte Fußballfans im Stadion die Gegnermannschaft im Chor als «Asylanten» anbrüllten, war's aus mit der Unschuld des harmlosen Wortes. Nächster Kandidat für die Umwidmung aller Werte war das «Opfer», das mit dem vorangesetzten Personalpronomen zweite Person Singular zum angesagten Beschimpfungsimperativ deutscher Schulhöfe mutierte. Wen erwischt es als Nächsten? Den Kanzlerkandidaten der SPD?

Manchmal werden auch neutrale Allerweltswörter in den Abgrund gezerrt. Ein gutes Beispiel dafür ist die «Alternative», ursprünglich nichts weiter als eine Entscheidung zwischen zwei gleichwertigen Richtungen oder Ereignissen. Die Verwässerung des Begriffs fing damit an, dass es plötzlich mehrere Alternativen zu geben schien, was vom Wortsinn her schon Unsinn ist. In den späten Siebzigern ging's dann ganz weit in den Plural hinein, da gab es DIE ALTERNATIVEN, eine hunderttausendfache Zottelhorde, die sich von Gras ernährte und der Ziege die Milch abtrotzte. Zusammengefasst wurde der Haufen in dem Singular GRÜN-ALTERNATIVE LISTE. Hier klebte zum ersten Mal ein ekelerregender Moralismus am schlichten Wort, der seither alle Öko-, Friedens-, Frauen- und Käfighühnerbefreiungsfronten durchweht. Diese Alternative war nämlich dem Wortsinn nach gar keine mehr, sondern die einzig gebotene, wenn man ein bewusster Mensch auf dem gebeutelten Planeten sein wollte.

In der dialektischen Entsprechung dazu fusselte Merkel-

Mom von «alternativlosen» Entscheidungen. Nun ist das in einer Demokratie eine noch größere Unverschämtheit als die moralisch aufgeschäumte Verweigerungshaltung der Generation Zottelmähne. Den bisherigen Höhepunkt in der Restverblödung erfährt das Wort durch die «Alternative für Deutschland». Dieses geistig-moralische Abklingbecken ist sicherlich vieles – Notpartei für Protestwähler, Neunazi-Reservat, sogar nachvollziehbarer Ausdruck des Volkszorns. Doch eins ist es nicht: eine Alternative für Deutschland, dann schon eher Holland.

Autorenlesung – Die Mittelstädts hören zu

Die Mittelstädts sind ein etwas in die Jahre gekommenes Ehepaar des kulturinteressierten Bürgertums. Hans-Georg ist Schuldirektor, Staatsbeamter, Rotweintrinker, etwas ungepflegtes Äußeres, spielt Tennis, besucht – wenn auch nicht ganz freiwillig – Museen und Theater. Rebecca hat früher mal als Chefsekretärin gearbeitet, der Kinder wegen aber den Beruf aufgegeben. Nun, da die Kinder aus dem Haus sind, dekoriert sie es mit Terracotta und anderem mediterranem Klimbim. Sie ist frustriert, sexuell desillusioniert und hält ihren Gatten für einen unkultivierten Waschlappen. Er würde am liebsten mit einer Jüngeren durchbrennen, findet aber erstens keine und scheut zweitens die Isolation, wenn der Pärchenfreundeskreis ihn verstößt. Beide werden nur von der Konvention, der wirtschaftlichen Verflechtung und der Bequemlichkeit zusammengehalten. Ihre Gespräche bewegen sich nahezu immer zwei Grad unterm Siedepunkt. Sie zischt, er brummt. Doch sehr schnell zerbirst die dünne Lavadecke, und ungeachtet aller Umstehenden bricht der Vulkan aus.

ER: Was ist das überhaupt für ein Pinscher, den ich mir hier anhören muss. Du weißt, dass heute Abend das erste Qualifikationsspiel zur Fußball-EM übertragen wird.

SIE: Blamier mich bitte nicht schon, bevor es losgeht.

ER: Ja, und wer ist der Knilch?

SIE: Ein vielversprechender junger Autor.

ER: Viel versprechen und nix halten, hahaha.

SIE: Merkst du gar nicht, dass außer dir niemand über deine abgestandenen Witze lacht?

ER: Wo ist denn hier die Theke, ich nehm uns ein paar Pils mit rein, sonst überlebe ich die zwei Stunden Gesülze nicht.

SIE: Hier gibt es keine Theke, das ist eine Kulturveranstaltung und keines deiner Bumstreffen.

ER: Was denn bitte schön für Bumstreffen?

SIE: Ach, tu doch nicht so, meinst du, ich weiß nicht, wo du dich jeden Freitag mit Volker und Hartmut rumtreibst?

ER: Auf der Ortsvereinssitzung der SPD.

SIE: Dass ich nicht lache, und warum riecht dein Jackett immer nach billigem Deo?

ER: Wie hieß der Dichter noch mal, den wir hier heute hören dürfen?

SIE: Ach, auf einmal ist es ein Dichter, jetzt wo deine Schweinereien ans Tageslicht kommen.

ER: Komm, lass uns reingehen, sonst kriegen wir keinen Platz mehr.

(Beide gehen rein und setzen sich in eine der letzten Reihen.)

ER: Pünktlichkeit ist nicht des Herrn Dichters zweiter Vorname, was?

SIE: Nun fang nicht schon wieder an zu stänkern. Konzentrier dich lieber auf die Lesung.

ER: Was kann mir so ein Schnösel schon erzählen, was ich nicht schon weiß.

SIE: Zum Beispiel, wie man es schafft, nicht nach verfaulten Zwiebeln zu stinken aus dem Hals.

ER: Wer wollte denn unbedingt beim Griechen essen vorher?

SIE: Ich habe aber nur einen kleinen Hirtensalat gegessen, und wer haut sich da die doppelte Portion Gyros rein und ... halt, unterbrich mich nicht ... säuft auch noch drei Ouzo hinterher.

ER: Es war halt etwas fettig das Fleisch.

SIE: Du widerst mich an: Frisst wie eine ausgehungerte Hyäne, obwohl ich dir heute Mittag einen Tofubratling gemacht habe.

ER: Obwohl!? Nach dem seifigen Stück Plastik hätte ich ein halbes Schwein verschlingen können vor Gier.

SIE: Das sieht dir ähnlich! Bestehst du eigentlich noch aus etwas anderem als Saufen und Fressen?

ER: Ja, Rauchen, wo sind hier eigentlich die Aschenbecher?

SIE: Du tickst wohl nicht richtig! Rauchen! – Am besten, du gehst jetzt und beschmutzt diese Veranstaltung nicht weiter mit deiner Primitivität.

ER *(steht auf)*: Sehr schön, dann treff ich mich eben mit Volker und Hartmut, die verstehen mich im Gegensatz zu dir, MEIN SCHATZ.

SIE: Aber das sage ich dir, Freundchen, wenn du deinen Puffbesuch wieder mit der EC-Karte von unserem gemeinsamen Konto bezahlst, wirst du mich kennenlernen.

ER *(weggehend)*: Viel Spaß mit deinem Schöngeist hier, genau das Richtige für verschrumpelte Ehefrauen, guck dich doch mal um.

SIE: Hau endlich ab, bevor du hier noch kastriert wirst, du alter geiler Sack.

(Er verlässt hysterisch wiehernd den Saal.)

SIE *(zu anderen Frauen)*: Er hat nur noch zwei Wochen zu leben, sonst würde ich mir das nicht gefallen lassen – Hodenkrebs Endstadium!

Der Witz im Angesicht des Terrors

Zur Berufskrankheit der Witzeschaffenden dieser Republik gehört es, zu allem möglichst umgehend eine Meinung zu entwickeln. Da ähnelt der Ulkarbeiter dem Politiker, der nach Anschlägen auch sofort mit den anderen Torfnasen seiner Profession um die Wette twittert. Aus der Rumpelkiste seiner Textbausteine holt er die sattsam bekannten Worthülsen hervor, er ist «in Gedanken bei den Opfern» oder fordert – wer hätte das gedacht – «Konsequenzen».

So stumpf kann der Witzeschaffende natürlich nicht reagieren, er mahnt gern den «Erhalt unserer offenen Gesellschaft» an oder warnt vor den «Süppchen», die von Rechten flugs «geköchelt» werden, sobald Migranten im Kreise der Verdächtigen erscheinen. Das mag alles richtig sein, doch wer hat den Herrn – es sind fast immer nur die Herren – wer hat den Herrn Satiriker überhaupt nach seiner Meinung gefragt? Kann er nicht einfach, wie die meisten anderen Berufsgruppen auch, abwarten, bis überhaupt klar ist, was geschah? Die Bäcker, die Kfz-Mechatroniker, nicht mal Margot Käßmann reißt sofort das Facebook auf und entleert sich darin. Seit den Mohammed-Karikaturen in Jyllands-Posten und erst recht seit den Anschlägen auf Charlie Hebdo ist die Satire auch bei uns zu einem überhöhten Gesamtgewissen geworden.

Seit Böhmermanns Erdoğanbewitzelung gibt's gar kein Halten mehr: Die Satire ist das Sturmgeschütz der Demokratie – im Selbstverständnis ihrer Beiträger und im Ansehen ihres Publikums. Was für ein grandioses Missverständnis. Satire ist verletzend, ungerecht, oberflächlich, oft ekelig, dilettantisch, reimt sich nicht, ist schlecht gezeichnet oder auch einfach mal nur aus einer Laune heraus aufs Papier geschissen. Und das nicht aus Versehen, sondern der Definition nach. Was sie nicht sein darf, ist moralisierend. Was sie nicht tun kann, ist sich in den Dienst der Aufklärung stellen. Der Witz zeigt uns die Brüche in der Konstruktion der veröffentlichten Wirklichkeit – das ist seine Aufgabe, und damit hat er genug zu tun. Wenn ein Ereignis von so brutal kalkulierter Grausamkeit geschieht wie im Dezember 2016 in Berlin, dann hat die Satire noch eine weitere staatstragende Aufgabe: Klappe halten und sich nicht einreihen in die Phalanx der Experten und Bescheidwisser, die durch ihr multimediales Getöse in die Kommunikationsstrategie des Terrors bereits eingepreist sind.

Adriano Senff, 44, Publizist und Journalist

Adriano Senff (eigentlich Alfons Senf) hat seine ersten Meriten beim Trierischen Volksfreund erworben. Dort deckte er unter anderem die Meier-Kobalt-Affäre auf und empfahl sich damit für die überregionale Presse. Nach diversen Konflikten mit den jeweiligen Chefredakteuren arbeitet er seit ein paar Jahren als freier Journalist für den Boulevard-Markt. Senff «liegt» in einem hypermodernen Schreibtischstuhl, die Füße auf dem Tisch. Man sieht seine Schlangenleder-Cowboystiefel. Er telefoniert mit einem alten Kollegen von der «Women and Beef».

Senff: Silke-Schätzchen, sei so lieb und gib mir mal den Hans-Michael aus der Politik. Okeydokey, no problem, ich warte.

(Während er auf die Verbindung wartet, spuckt er auf seine Cowboystiefel und wienert mit dem anderen Hosenbein nach.)

Hi Hans-Michael, hier ist der Adriano, du halt dich fest, ich habe eine Knallernummer für euch. Erinnerst du dich, letztes Jahr, als wir auf dem Parteitag in Kassel waren, da hat uns so ein kleiner Fettsack zugetextet, Müller-Sowieso von der IG Nahrung, Genuss, Raststätten, jaja GASTstätten, ist doch auch egal. Genau, der Typ, der sich für erweiterte Arbeitserlaubnisse osteuropäischer Saisonarbeiter eingesetzt hat. Nun rate mal, wo ich den getroffen habe, rate wenigstens mal, du bist ein Spielverderber. Im Puff hab ich den getroffen, blöde Frage, was macht ein Mann im Puff. Was wohl. Jedenfalls er hat mich nicht wiedererkannt, ich ihn aber schon. So

Die wirklich wichtigen Dinge hackte er immer noch in seine alte Hermes Baby, damit das iPad nichts davon mitbekam.

und jetzt kommt die Story: «Gewerkschaftsboss in Menschenhandel verwickelt». Exklusivbericht von unserem Mitarbeiter Adriano Senff und diesmal bitte richtig schreiben mit doppelt «f» am Schluss. Hör mal, was heißt hier «weit hergeholt», der Typ setzt sich politisch für die Arbeitserlaubnis von Osteuropäern ein, nur um die Nutten von dort zu pimpern, das liegt doch auf der Hand.

Wir ziehen das folgendermaßen auf: ein Bild vom halbnackten Müller-Dingenskirchen im Puff, daneben die knallharte Story von mir über Menschenhandel aus Osteuropa und einen Kasten mit der Forderung nach der erweiterten Arbeitserlaubnis. Das hat nichts miteinander zu tun? Sag mal, sei doch nicht naiv! Ja, natürlich können wir das nicht beweisen, is doch schnurzegal, wenn du alles drei zusammen auf einer Seite bringst, dann reimt sich der Leser das doch von selbst zusammen. Ist doch auch eine Superschlagzeile: «Nachschub für den eigenen Puff. Gewerkschafter besorgt die Tickets». Nein, ich habe kein Nacktfoto von ihm, warum wohl, weil ich auch nackt war, nur mit Handtuch um die Hüften, da hat man kein Handy zwischen den Beinen eingeklemmt. Ist aber kein Problem, lass mich da noch vier-, fünfmal hingehen, das kostet dich keine tausend, was, sag mal, wo lebst du denn, das ist noch billig, jedenfalls erwisch ich ihn dann todsicher. Die Story mit den Ukrainerinnen dazu, die schreib ich dir an einem Nachmittag, das meiste steht eh schon im Netz, das hau ich dir ruckzuck zusammen. Das ist dann nichts Neues? Ey, das ist dann ein echter «Adriano Senff», den du in deinem süßen kleinen Schmuddelmagazin hast, die Schreibe macht das Thema, nicht die Fakten. Hans-Michael, du bist ein hoffnungsloser Romantiker. Ja, ist gut, ich habs kapiert. Ja, du rufst mich Anfang nächster Woche wieder an. Ja, oder auf ein Bier, jaja, machs gut. Du mich auch! (auflegen) Eingebildetes Arschloch!

(AS tippt eine neue Nummer ein, während er auf die Verbindung wartet, überprüft er den geruchlichen Zustand seiner irdischen Hülle.)

Hallöchen Gitti, mein Schatz, hast du schon gehört, wer für Forstreuter in die Chefetage aufsteigt bei euch. Ja, ich weiß, alle sagen, dass Hans-Michael das Rennen macht, aber nun rate mal, wen ich letzte Woche im Puff getroffen habe. Ich hab ihn sofort erkannt, ich war schon mal mit ihm in der

Sauna, ich sag nur vierzehn Grad Wassertemperatur, hahaha. Nein, er mich nicht! Die meisten von den Damen da kommen aus Osteuropa, ja wie überall. Nun kommts aber: Genau dieser Hans-Michael, den wir beide kennen, lehnt einen Artikel von mir über Menschenhandel mit Prostituierten aus Osteuropa ab. Komischer Zufall, nicht wahr. Finde ich auch. In einem Verlag wie eurem, der hauptsächlich Frauenzeitschriften herausgibt, hat das einen Geschmack, oder! Ich mach dir einen Vorschlag, du veröffentlichst den Artikel bei dir in der «Monique Woman» und lässt so nebenbei durchsickern, wie die Sache gelaufen ist, natürlich stimmt das. Du kannst dich bei Hans-Michael erkundigen, er wird dir bestätigen, dass ich ihm den Artikel angeboten habe. Nein, den Puffbesuch wird er dir natürlich nicht bestätigen, das ist doch wohl logisch. Ja, okeydokey, du hast den Artikel morgen Mittag bei dir auf dem Rechner, Honorar wie üblich. Alles klar. Gitti, du bist ein Schatz! Tschaui! (legt auf)

Strike!

2 Amuse-Gueule

Ein Amuse-Gueule ist ein appetitanregendes, kleines und somit mundgerechtes Häppchen, das zumeist gratis und vor der kalten Vorspeise im Rahmen eines Menüs serviert wird.

«Ta gueule!», wie der Franzose auch verkürzend ruft, wenn er einem Mitfranzosen gebietet, endlich mal die Klappe zu halten, worüber dieser wenig «amusé» sein dürfte. Drum serviert das zweite Kapitel weniger schlundschmeichelnde Text-Häppchen, sondern versammelt all jene Blödiane, die uns ständig zutexten, uns mit ihrer Logorrhoe den Tag verderben, sich am eigenen Geschwätz aufgeilen – kurz, bei denen man hofft, eine gnädige Stimmbandverödung möge uns von ihnen befreien.

Die Stones in Bad Oeynhausen: Wolfgang Schrage berichtet

Und du immer noch Bielefeld? Wie fährst du da? Über Kreuz Löhne / Gohfeld. Kann man natürlich machen, wenn man von diese Seite kommt. Vonne andere Seite isses ja ne Katastrophe. Wie lange sitzen die da schon bei, also solange ich denken kann muss man durch Oeynhausen durch, eine Ampel, noch ne Ampel, hier nen Blitzer da nen Blitzer die reinste Katastrophe. Gott in seinem Zorn schuf Oeynhausen bei Paderborn, jetzt mal wegen dem dasses sich reimt, weiß ich auch dass das mehr Richtung Herford liegt. Mannomann, was ne Katastrophe, Bad Oeynhausen nennt sich das ja sogar, lachste dich kaputt, aber da is mir mal ne Sache passiert, hörzu, das war an nem Sonntagnachmittag, ich war mit unser Mutter in Hannover gewesen, Herrenhäuser Gärten, Steckrübenblüte oder was da los war, ich weiß es nich mehr, kann auch sein eins von diese dauernden Gartenfestivals. Das muss ich sagen, is ja auch wohl die größte Volksverarschung dies gibt, zahlste Eintritt für dass du dir rostige Kerzenständer angucken darfst, aber unser Mutter is ganz verrückt danach, wo wir schon überall waren, machste dir keinen Begriff von, Romantic Gardens in Bückeburg, British Weekend auf Rittergut Remeringhausen undundund bis nache Hottentotten balde runter im Lippischen, jedenfalls ich mit unser Mutter aufm Rückweg von Hannover, was da jetzt genau war weiß ich nich mehr, aber is ja sowieso eins wies andere.

Anne Raststätte Blauer See ich sie noch schön Eis ausgegeben, war an sich ne herrliche Fahrt bis wir nache Abfahrt Porta Westfalica kamen. Guck ma, sag ich zu unser Mutter, dahinten, was is da denn los. Sah man schon den Rückstau wos vonne A2 aufe A30 abgeht durch Oeynhausen. Ein Lkw nachen andern. Ich sag zu unser Mutter, Lkw? Is doch Sonntag da dürfen die doch gar nich fahren. Hatte ich auch gedacht. Was war aber? Waren das die Rolling Stones, Mick Jagger und seine Kumpels. Hör zu! Hatten am Abend vorher oder Freitag weiß ich jetzt nich mehr hatten die wohl im Niedersachsenstadion gespielt in Hannover und waren jetzt aufn Weg nach Hause, schätz ich mal oder dasse noch woanders spielen mussten. Und so Rockgruppen die haben ja ne Sondererlaubnis für ihre Lkw, sonst kämen die ja gar nich zurecht. Ich schätze mal, der musste jetzt über die A30 Richtung Osnabrück und weiter bis Rheine. Und je nachdem, welche Fähre er kriegen muss, ob die in Hok van Holland, dann fährt er Kreuz Schüttorf links ab oder wenn er nach Amsterdam muss weiter geradeaus über das Kreuz rüber is ja jetzt alles herrlich ausgebaut. Für Hok van Holland könnte er theoretisch auch schon Lotter Kreuz links ab, aber im Ruhrgebiet kann auch schon mal Stau sein, müsste er dann Verkehrshinweis anstellen, wenn er so viel Deutsch versteht, weiß ich natürlich nicht. Aber kann ja auch gut sein, dass die Stones noch einen Auftritt machen müssen, irgendwo in Holland, da bin ich natürlich dann überfragt, wie sie sich am Kreuz Schüttorf am sinnvollsten verhalten.

Aber jetzt waren se ja erst in Oeynhausen, der Mick Jagger und seine Jungs, musst du dir mal reintun steht hier vor mir aufe Abfahrt nach Oeynhausen, das hat die Welt noch nich gesehen. Hab ich gleich mal im Autoradio nachgeguckt, ob se irgendwo was vonne Stones spielen, war aber nich, bloß Heinz Rudolf Kunze, hab ich wieder ausgestellt. «Ei känn gätt no sätisfäkschen» dass ich das noch auf meine alten Tage erlebe. Und ich hab noch zu unser Mutter gesagt, guck dir das an, auch ein Mick Jagger steht in Oeynhausen im Stau, das is Demokratie, da träumen die in Russland von. Putin oder damals Breschnew die hätten doch Blaulicht rausgeholt und wären mit Karacho durch die Rettungsgasse geballert. Aber hier Mick, steht da mit vier große Auflieger kurz vor Oeynhausen im Stau, Hut ab. Stand groß dran an den Lkw: «Rolling Stones» in genau diese Schrift, die die immer haben. So war das.

Hör zu, geht noch weiter. Nach lass es ne Viertelstunde gedauert haben sind wir auch so weit dass wir in Oeynhausen sind, Mick is mit seine Lkw schon weiter weg, da fahren wir so von eine Ampel zur nächsten immer Stoppentgo, plötzlich seh ich rechts aufn Bürgersteig Kaugummipapier, ich voll in die Eisen, unser Mutter rausgejagt und mir das Papier gesichert. Wenn das Mick rausgeworfen hat, könnte immerhin sein, gut sagst du, kann auch genauso gut nich sein, da schmeißen ja jeden Tag x Leute ihr Kaugummipapier ausn Fenster, aber ich hätte mir ja zu Hause wer weiß was für Vorwürfe gemacht, wenn ich das nich mitgenommen hätte, könnte ja immerhin sein, dasses von Mick Jagger vonne Stones is. Ich habs zu Hause in das eine Album eingeklebt, wo lauter so Fundstücke von Prominenten drin sind: Zigarettenkippe von Helmut Schmidt, hab ich mal irgendwo in Hamburg gefunden, ich meine wer hat sonst Menthol geraucht in Hamburg, also war die Sache klar, ja ich hab da ne nette Sammlung hab ich da schon. Is so ne Art Hobby von mir. Und du immer noch Bielefeld? Wie fährst du da? Über

Kreuz Löhne/Gohfeld. Du kommst aus Richtung Osnabrück, ja dann hast du mit Oeynhausen ja so weit nix zu tun. Sei froh, das is die reinste Katastrophe, hör zu ...

Feuchter Sommer – Mike Rosinski, jetzt deutlich über vierzig, arbeitsloser Werbekaufmann

Rosinski arbeitete früher als Hundefrisör im Salon «Vier Voten» in Visselhövede (die Schreibweise war seine Idee, da er als gelernter Advertising-Profi und so weiter ... blabla). Hauptsächlich hielt er sich aber für den größten Flachleger der Kleinstadt.

Rosinski: Okay, es war ein verdammt feuchter Sommer, mein Freund. Doch nicht für den guten alten Mike. Zum ersten Mal in all the years ist sein Gelege komplett trocken gefallen, if you know what I mean.

Seit zwanzig Jahren ist der große alte Mann des Hühnerbusiness on the road, auf dem Strip von Wie Äitsch Cie, Visselhövede Ciudad. Zwanzig Jahre, das sind umgerechnet twenty years, full of whiskey, chicks and Paracetamol. Doch in diesem summer lief nichts wie sonst. Big Mike war so down, dass er schon ans Heiraten dachte, nur damit der Hammer was zu nageln hat. Ich weiß nicht, mein Freund, ob du schon mal verheiratet warst. Heißes Wasser braucht round about eight minutes, um eine Nudel weich zu kochen, eine Ehe zwei Minuten länger. Und, believe me, good old

Verdammt, schon wieder ist ihm von dem Geschüttel auf der Harley der Pimmel eingeschlafen. Höchste Zeit, über 'ne Goldwing nachzudenken.

Mike will nicht seine letzten aktiven Jahre mit einer weichen Makkaroni zwischen den Knien herumlaufen.

Okay, companero, wir blasen noch ein letztes Mal zur Jagd. Big Mike geht Biber schießen auf der Resterampe. Any idea, my friend, um was es beim Elternabend geht? Okay, I tell you: Es gehen immer nur die Mütter hin, you know, die Schwanzinhaber sind froh, dass das Geräusch weg ist. Sind die Altföten vor der Spielkonsole eingepennt, macht sich der Geräteträger eine Flasche Synapsenkiller auf und lässt sich fernmündlich einen blasen. Okay, gegen zweiundzwanzig Uhr kommt das Muttertier zurück in die Burg, schwerst genervt vom

Scheißelabern auf dem Elternabend. Wie alle Frauen will es die Frustscheiße sofort am Leibeigenen abstreifen. Doch der liegt mit offener Bundfaltenjeans vor der Sitzlandschaft, eine Hand umklammert die leere Southern-Comfort-Pulle, die andere ein rosa Rattenjunges, das unter seiner Wampe festgewachsen ist. Jetzt ist es auch für Muttern Zeit, den Tütencappuccino wieder an die Sonne zu husten. Okay, padre, diese Ehe hat gerade eine mittelschwere Konjunkturdelle, Zeit für den Big Investor. The Dschi Äi Em, der gute alte Mike, betritt die scene. «Hallo, schöne Frau, so allein?»

Das randvoll gefrustete Ehegewürge hätte in dieser situation sogar einem notgeilen Braunbären die Tür geöffnet. Denn merk dir eins, mein Freund, erotische Attraktivität ist okay, aber was Frauen really auf den Rücken wirft, ist der Hass auf ihren Stammnagler. Keine two minutes later wälzt sich der gute alte Mike mit dem Rachegesäuge auf dem Nadelfilz vor der Porta-Möbelgarnitur. Das intensivste daran waren zwei verbrannte Kniescheiben vom billigen Polyacrylteppichboden. Scheiße, scheiße, scheiße.

Das ganze Jahr politischer Aschermittwoch

Der politische Aschermittwoch hat sich in Deutschland auf das ganze Jahr ausgedehnt. Insassen aller Parteien pöbeln herum und fordern ständig irgendeinen Schwachsinn, der schon im nächstfolgenden Gedankengang zum Scheitern verurteilt ist.

Grenzen dicht, Leute erschießen, Fluchtursachen bekämpfen, es darf keine Obergrenze geben, alle müssen integriert werden, blablabla. Wie, durch wen und in welchem Zeitraum das alles geschehen soll, darüber schweigt der fordernde Schlauberger sicherheitshalber, denn dann müsste man ja konkret werden. Alle Grenzen dicht? Sicher! Was nimmt man denn da am besten? Beton oder Stacheldraht? Mit Todesstreifen und Selbstschussanlagen? Gibt's noch Unterlagen von der Volkspolizei inklusive Bauvoranfrage? Müsste man mal dringend nachsehen, wenn die Grenze noch zu Lebzeiten von Pegida abgedichtet werden soll.

Da ist das mit dem Erschießen schon leichter. Es reicht im Grunde rot-weißes Absperrband oder Freistoßspray. Nur einen Strich ziehen, und wer drübertritt: piffpaff aus die Maus. Wohin aber mit den Erschossenen? Die kann man zumindest nicht mehr so einfach zurückschicken, das riecht nach ewigem Bleiberecht. Was also dann? Hat Merkel recht, wenn sie sagt, man müsse vordringlich die Fluchtursachen bekämpfen? Wenn das der Krieg ist, dann muss man den ja wohl beenden, aber wie? Atombombe draufschmeißen auf den ganzen Kack da unten oder gibt es eine niederschwelligere Interventionsmöglichkeit mit zeitnahem Ergebnis? Gibt es nicht? Aha! Jedenfalls nicht mit Tante Uschis Reservearmee. Was soll dann das Gelaber von den zu bekämpfenden Fluchtursachen? Alles heiße Luft und Sand in die Augen der Trottel, die sich das anhören müssen.

Und eine Obergrenze von illegal Einreisenden, die darf es auf keinen Fall geben. Soso? Auch nicht bei einer Milliarde, oder wo ist Schluss? Vielleicht sollte man in Sachen «Obergrenze» oder «Tageskontingente» einfach mal die Klappe halten, weil es, egal ob man dafür oder dagegen ist, zu politischem Handeln führen müsste. Aber in einer Sache, da gehen alle Forderungsfurzer d'accord: Jeder muss integriert werden, jalla, jalla, zack, zack, jawoll!

Denn die Flüchtlinge möchten auch so leben wie die miesgelaunten Zöliakie-Simulanten in den gemäßigten Breiten – wer kann es ihnen verdenken. Doch wollen sie deshalb auch gleich integriert werden? In diese verbiesterte Leitkultur oder reicht auch Aldi plus Hartz vier? Hat sie mal jemand gefragt? Viel wahrscheinlicher ist doch, dass sie ihre eigene Kultur nur an einem besseren, sicheren Ort weiterleben wollen. So ginge es mir zumindest. Sollte Deutschland von der abgeschmolzenen Polkappe erschlagen werden und mich zur Flucht ins sonnenverwöhnte Saudi-Arabien zwingen, ich dächte nicht im Traum daran, die dort vorherrschende Leitkultur freiwillig anzunehmen.

Nun wendet der Kritiker ein: Ja, das liegt daran, dass die scheiße ist, unsere dagegen sehr gut. Soso, und das weiß auch der muselmanische Flüchtling, dass er hier nicht nur im Geltungsbereich der Vollversorgung angekommen ist, sondern auch noch das unverschämte Glück hat, an unserer Premiumkultur teilzunehmen. Doch die meisten der bislang Eingetroffenen sind nicht vor der eigenen Kultur geflohen, sondern vor dem Terror. Was uns selbstverständlich erscheint und was wir deshalb für den höchsten Stand der Zivilisation halten, könnten anders sozialisierte Kräfte komplett anders sehen. So verdunstet auch diese kindische Forderung im Nebel des Grauens, der sich über unser ganzes Land gelegt hat und es in einen permanenten politischen Aschermittwoch verwandelt. Helau miteinand!

Noch in der Maske – Erasmus Gasser, 84, Graue Eminenz der Politik, Teil 1

Erasmus Gasser war jahrzehntelang Erster Vorsitzender des Pforzheimer Kreises, einer überparteilichen Vereinigung konservativer Politiker im Bundestag. Berüchtigt und bewundert wurde er vor allem für sein Händchen, Stimmenmehrheiten zu organisieren. Nach seinem Ausscheiden als MdB wird er von allen Sendeanstalten gefürchtet als jemand, der sich aufgrund alter Beziehungen zu Rundfunkräten in jede Talkshow reinmobben kann. Gasser sitzt in der Maske der sonntäglichen ARD-Politrunde.

GASSER: So, mein Mädchen, nu machen Se mal nen anständigen Kerl aus mir. Wie heißt denn so ein hübsches Ding wie Sie?

MASKE: Marie Antoinette.

G: Dann nehmen Sie sich bloß vor jungen Burschen in Acht, die Ludwig heißen, nichts für ungut.

M: So heißt doch keiner mehr.

G: Zu meiner Zeit, da hatten wir in der Obersekunda ... ach, das ist lange her. – Den Scheitel links bitte, ich bin Linksträger gewissermaßen, haha. – Wissen Sie, ich hatte acht Anfragen von diversen Sendern zu dem heutigen Thema, bin schließlich der Einzige, der den alten Lipinski noch persönlich gekannt hat. Die «Funkbilder aus Mittelhessen» haben in den Sechzigern mal ein Porträt von uns beiden gemacht. Wobei im Nachhinein Lipinski ja völlig falschlag in seiner Einschätzung der Adenauer'schen Absichten, was die Soffjettunion betraf. – Rapallo, sag ich nur. Immer Rapallo im Hinterkopf behalten, wenn man die deutsche Ostpolitik verstehen will. Na ja, Kindchen, Sie denken da eher an Willy Brandt, was, das ist eher Ihre Generation.

M: Mein Papa hat mir davon erzählt, er hat damals in Göttingen studiert.

G: Aha! Geschichte, nehme ich an! Was anderes studierte man ja nicht zu der Zeit an der Georgia Augusta, habe selbst dort als junger Student zwei Semester bei Krumbiegel «Die Kriegstechnik der Hethiter» gehört. Hat mir im Auswärtigen Amt sehr geholfen, als es im Nahen Osten Spitz auf Knopf stand: Jom Kippur 73, Ariel Scharon! War selbstverständlich auf seiner Beerdigung, hat ne ganz liebe Frau. Wie der damals drei ägyptische Armeen südlich der Bitterseen auf dem Sinai eingekesselt hat … Hut ab … Guderian lässt grüßen. Sind ja die letzten Preußen auf Erden, die Israelis, ganz famose Kerle darunter, da gibt es überhaupt nix zu deuteln. Na, fragen Sie mich mal, wie ich Scharon zum ersten Mal getroffen haben … na los, keine falsche Scheu … der alte Gasser beißt nicht, jedenfalls nicht mehr, hahaha.

EINE FRAU *(guckt durch die Tür)*: Schätzchen, die Regie lässt fragen, wie lange es noch dauert.

G: Keine Angst, Gnädigste, ohne mich hat noch keine Sendung angefangen. Und?

M: Was bitte? Möchten Sie etwas Lipgloss?

G: Papperlapp, wie ich den alten Scharon das erste Mal getroffen habe, wollten Sie doch wissen. Sein Bruder hat übrigens Ende der Fünfziger hier in Berlin die Philharmonie gebaut, auch ein ganz famoser Kerl. Die Suezkrise, Scharon lag mit der 202. Fallschirmjägerbrigade am Ostausgang des strategisch wichtigen Mitla-Passes. In Ägypten regierte Abdel Nasser und ich als kleiner Spund im Auswärtigen Amt, mehr Schiss in der Hose als Vaterlandsliebe – da rief Adenauer aus Rhöndorf an, alle waren zu Tisch, keiner da im Auswärtigen bis auf Klein-Rasmus, kurz gesagt, die Welt sähe heute nicht so friedlich aus, wenn der blutjunge Referendar Gasser damals nicht so eine mutige Entscheidung getroffen hätte, die Rote Armee stand ja schon in den Stiefeln …

(Gasser steht auf.)

So, bin schön genug fürs Fernsehen, können Se übrigens in meiner Autobiographie lesen, wie's ausgegangen is, aber erst nach meinem Tod … in zwanzig Jahren, habe nämlich beschlossen, noch am Leben zu bleiben. Machen Se's gut! Danke auch!

Reinold und Boris, beide Mitte dreißig

Freitagabend an einem Glühweinstand in der Nähe von Mönchengladbach. Reinold ist Fliesenleger in der dritten Generation, Boris hat seinen Führerschein vor einem halben Jahr verloren. Einmal in der Woche treffen sich die beiden alten Kumpel, um sich auf den neuesten Stand zu bringen.

REINOLD: Und?
BORIS: Hör auf!
REINOLD: Wo is denn Margitta?

BORIS: Hör auf, hör bloß auf!

REINOLD: Hallo, hier kommen noch zwei Krawumba mit doppelt Schuss! Und?

BORIS: Geht nich mehr lange gut.

REINOLD: Margitta oder was?

BORIS: Alles!

REINOLD: Und?

BORIS: Ja nix und!

BEDIENUNG: Bitte schön, zwei Krawumba mit zweimal doppelt, macht neun Euro.

REINOLD: Donnerschlag, die nehmens vonne Lebendigen! Und bei dir?

BORIS: Leckomio ey!

REINOLD: Margitta oder was? Und?

BORIS: Frauen, hör mir auf.

REINOLD: Prost. Lass dir was! Und?

BORIS: Is rausgekommen!

REINOLD: Au scheiße! Und?

BORIS: Alles im Arsch!

REINOLD: Au scheiße. Und?

BORIS: Komm, ich kauf uns noch zwei.

REINOLD: Für mich nur einen!

BORIS: Hallo, hier kommen noch mal dieselben!

REINOLD: Und? Margitta?

BORIS: Bleibt übere Feiertage weg.

REINOLD: An sich doch gut, oder.

BORIS: An sich ja!

REINOLD: Und?

BORIS: Hat den Wagen mitgenommen.

REINOLD: Schöne Scheiße! Prost!

BORIS: Muss man jedenfalls nich weg übere Feiertage.

Schade, erneut hat das Dorf ein Stück seiner kulturellen Identität verloren.

REINOLD: So gesehen! Und?

BORIS: Bleib ich zu Haus!

REINOLD: Frollein, noch zwei Absacker hierhin … ja, ruhig mit doppelt. – Is ja ne heiße Geschichte, mannomann. Und?

BORIS: Pfffhhhhh!

REINOLD: Ja. So siehts aus.

BEDIENUNG: So, macht noch mal neun Euro und die von vorhin, wer bezahlt die?

REINOLD: Machense zehn.

BEDIENUNG: Danke schön!

BORIS: Und bei dir?

REINOLD: Hör auf!

BORIS: Wo is denn Gerlinde?

REINOLD: Hör auf, hör bloß auf!

BORIS: Hallo, hier kommen noch mal zwei Krawumba mit Schuss! – Und?

REINOLD: Geht nich mehr lange gut.

BORIS: Gerlinde oder was?

REINOLD: Alles!

BORIS: Und?

REINOLD: Nix mehr und!

Schweigeminute

Sie werden immer kürzer, die Schweigeminuten. Sind wir jetzt in der pseudo-riemannschen Raum-Zeit-Verknüpfung angekommen oder einfach nur in Trauerhektik? Die kürzeste von mir gemessene Schweigeminute betrug sechzehn Sekunden.

Gedacht war die Schweigeminute mal als Innehalten im Tagtäglichen, um anlässlich eines Trauerfalls über das Grundsätzliche im irdischen Wartesaal des Todes nachzudenken. Offenkundig schaffen es die gehetzten Menschen der Moderne nicht mehr, ganze sechzig Sekunden lang weder auf ihr Smartphone zu glotzen noch sonstwie pseudowichtig rumzuhampeln. Fremder Leute Schicksale routiniert abzutrauern gehört zu den gelernten Ritualen der Neuzeit. Bei so viel Elend, Brutalität und Morden in der Welt müssen wir schon aus Eigennutz die Trauerarbeit etwas straffen, aber trotzdem authentisch rüberkommen. Neben der Schweigeminute hat das trikolorische Anstrahlen von Gebäuden eine weltweite Verbreitung gefunden. Als ich neulich einen Güllerundbehälter sah, der in den französischen Nationalfarben angefunzelt wurde, war mir klar, dass diese Form des Gedenkens auch in der Fläche angekommen ist.

Trauer ist nicht statisch, und jede Gesellschaft findet ihre eigene Art, damit umzugehen, und letztlich ist es nur gut, wenn das in ritualisierter Form geschieht. Denn nichts ist so hohl wie die Politikerphrase «Wir sind in Gedanken bei den Familien der Opfer», die kennen die doch gar nicht. Da erscheint mir jeder niedergelegte Blumenstrauß besser zu passen als der Textbaustein aus der rhetorischen Zwischenablage. Niemand kennt den Schmerz eines anderen, und es ist vermessen, sich mit ihm gemein zu machen. Aber niemand, der nicht komplett aus Holz ist, kann vom Elend anderer kommentarlos zur Tagesordnung übergehen. In diesen Zwiespalt aus Hilflosigkeit wird die Schweigeminute geschaltet. Sie ist, wie sie ist, weder verlogen noch ehrlich, sondern genau das: Ausdruck der Hilf- und Ratlosigkeit. Nur eins sollte sie zumindest sein: sechzig Sekunden lang.

Volkes Stimme

«Wenn das Volk das will, dann unterschreib ich das», formulierte der lupenreine Demokrat Radkapp Tamerlan Erdoğan die Kernaussage moderner Regierungsführung. Schon vor über siebzig Jahren hatte der plebiszitäre Vordenker Paul Joseph Goebbels das Volk nach seiner Meinung zum totalen Krieg befragt und nachdem von dort – gelinde gesagt – keine Einwände kamen, dies als Freibrief an seinen Führer weitergegeben.

So macht Demokratie auch den Diktatoren Spaß, man muss eben nur den richtigen Zeitpunkt finden, um die richtige Frage zu stellen. Wie man es in die Grütze reiten kann, haben die Briten vorgemacht: Trick 17 mit Selbstüberlistung – bitte das Volk um eine Antwort auf eine Frage, auf die es selbst nicht gekommen wäre. Wie blöd kann man eigentlich sein. Hätte Helmut Kohl seine Untertanen gefragt, ob er und Spucke-Lothar das Ostgehege eingemeinden sollen, wäre wohl kaum eine Mehrheit zustande gekommen. Wohlweislich hatte der abgewichste Pfälzer dank langer Jahre in der CDU gelernt, dass man demokratische Entscheidungen auf keinen Fall dem Volk überlassen sollte.

Auf dieses schmale Brett kommen jedoch immer mehr heutige Politiker. Von der AfD bis zur Linkspartei versuchen sie sich aus der Verantwortung zu stehlen und dem Volk den schwarzen Peter zuzuschieben. Da kann einem angst und bange werden! Wer bestimmt, welche Fragen vorgelegt werden dürfen? Es muss ja auch das Volk selbst sein, denn sonst wäre es kein echtes Plebiszit. Will heißen, hunderttausend Scheißesturm-Erprobte regen die Frage an, ob der Verbleib der Bundesrepublik in der UNO denn weiter vonnöten sei, diesem Verein mit dem ganzen Menschenrechtsgefussel und den lästigen Flüchtlingsabkommen. Frage an den Souverän: UNO statt Stacheldraht. Ja oder Nein. Es würde mich schwer wundern, wenn eine Mehrheit mit «Ja» stimmte, denn erstens ist der Mensch immer lieber für «Nein», egal was man fragt, weil er ein destruktives Arschloch ist, und zweitens ist Stacheldraht eine schöne konkrete Sache, die jeder kennt.

Wenn sich Politiker hinter des Volkes Meinung verstecken wollen, dann heißt es auch hier: Von den Lupenreinen Putin und Erdoğan kann man einiges lernen. Putin hatte es gewissermaßen im Urin, dass seine Russen eine Einverleibung der Krim gutheißen würden, da musste er nicht groß nachfragen. Auch Abstimmungen zur Todesstrafe sind quasi Selbstläufer, jedenfalls in Staaten mit cholerischer Bevölkerungsmehrheit wie der Türkei. Bei uns wäre ich mir da – trotz aller Unkenrufe – nicht so sicher, dafür wird der Tod generell zu wenig als Teil des Lebens akzeptiert.

Wie man mit heimlicher Volksbefragung als Regierungsleitlinie auf die Schnauze fallen kann, das hat unsere wächserne Lady Angela Merkel vorgeführt. Beim Abschalten der Atomkraftwerke nach Fukushima hat sie ihre rote Clubjacke noch passend in den Wind gehängt, beim Flüchtlingseinmarsch legte ihr das zuständige Stimmungsbarometer ein faules Ei ins Nest, um auch diesen kleinen Aufsatz wenigstens mit einer vergeigten Metapher zu beenden.

Walter Nippel, 72, Rentner

Walter Nippel hat sich nach dem Ausscheiden aus dem Beruf (Lagerarbeiter) nicht in seine vier Wände zurückgezogen, sondern nimmt noch rege am öffentlichen Leben teil. Täglich spaziert er durch die Stadt und sucht das Gespräch mit anderen Menschen, wie Heiligabend an einem Verkaufsstand für Weihnachtsbäume.

Nippel: Tach, na biste am Tannebäume verkloppen? Is ja noch ne Menge, die du da stehen hast, an Bäumen mein ich. Jedenfalls für Heiligabend. Wie viel mögen das sein? Dreihundert? Hchchchchch. Alles Fichte, wa? Laufen nich die Scheißdinger, hätt ich dir vorher sagen können. Der moderne Mensch will die Nordmanntanne, so siehts nämlich aus, edel geht die Welt zugrunde. Sag ich immer. Musste alle wieder aufladen die Scheißfichten nachher, wa. Wirste nich los. Elende Maloche. Haste alles voll Nadeln, ganze Klamotten voll, das geht bis in die Unterhose. Und das lass dir von einem alten Fahrensmann gesagt sein: Da brauchst du heute Abend bei deine Alte brauchst du nich mehr bei, wegen die Nadeln überall. Selbst geduscht lässt die dich nich mehr ran, wegen den Harz überall anne Finger, das krist du bloß mit Ata weg, das Harz. Aber vielleicht haste sowieso keine Lust. Ebbe im Portemonnaie, Ebbe inne Libido. Sag ich immer.

Zeig mal, was haben die denn bei dir gekostet überhaupt, die schäbbigen Fichten? Nä, das meinst du nich ernst: 25 Es für ne Scheißfichte, krumm isse auch noch, eine Seite sieht se aus wie unser Mamma nachn Mittagsschlaf, nänänä, mein Lieber, keine zehn tät ich da für aus. Kann dir aber auch egal sein, kauft ja sowieso keiner mehr um diese Zeit. Is auch ne

Einbürgerungstest nicht bestanden: Migranten-Pärchen aus Mali kauft sich in der Karwoche einen Weihnachtsbaum.

tote Ecke hier, erst über die Vierspurige, dann der Schlamm, warum haste keine Paletten hingelegt, wenigstens.

Und gleich alles aufladen, was. Dreihundert Bäume mit schätzungsweise acht Milliarden Nadeln und davon die Hälfte nachher in deine Unterhose. Chchchchch. Möchte ich nich drinstecken in deine Haut. Sowieso nich, davon mal ab. Was biste für einer? Kosovo, Russe? Oder von noch weiter weg? Dachtest, da pack ich mir dreihundert Scheißfichten ausse Pripjet-Sümpfe auf mein Autotrailer und verbimmel die an die doofen Germanskis, hahahahahha, und von dem Geld kauf ich mir deutsches Auto. Chchchch. Denkste. So doof isser nich, der Deutsche, hähähähä. Auch wenn ihr den Krieg gewonnen habt, kaufen wir euch noch lange nich eure Krüppelfichten ab, Freundchen. Das kannst du ruhig weitererzählen, den andern da in deine kalte Heimat. Der Deutsche is nich total verblödet.

So und nu gib mir eine mit von deine krummen Bäumen, ich entsorg die für dich, is ja Weihnachten, da wollen wir mal nich so sein. Musst du nur noch 299 aufladen. Gib her das Nadelholz. Man is ja kein Unmensch!

3 Gruß aus der Küche

Gruß aus der Küche: Fenchel-Tomaten-Gratin mit Parmesan-Zitronen-Kruste oder Gnocchi mit Radicchio und Salsiccia in Limettensauce – nur jetzt mal als Beispiel.

Eine alternde Gesellschaft erkennt man auch daran, dass der «Sex des Alters», das Essen, zelebriert wird wie ein Sakrament. Es betrifft sowohl die Haute Cuisine als religiöse Wahnvorstellung als auch die diversen Essbehinderungen, vom Veganismus bis zur eingebildeten Zöliakie. Im dritten Kapitel befassen wir uns also mit den kulinarischen Richtungen der Endzeitstimmung.

Brötchen

Sonnabends in der Früh marschierte Vatti zum Bäcker und holte für die ganze Familie frische Brötchen – ohne vorher fragen zu müssen, wer denn welches gerne hätte. Beim Herrn der Auszugsmehle angekommen, gab's ohnehin nur eine Sorte, manchmal durchmischt mit ein paar Mohnbrötchen.

Die Weizenschrippen waren knusprig, innen hohl und hatten gerade so viel Masse, dass die Marmelade nicht pur von der Hand geleckt werden musste. Sie waren nicht besonders nahrhaft, enthielten nachweislich weder Vitamine noch wertvolle Ballaststoffe, es waren einfach scheißnormale Weizenbrötchen, die man sich einmal pro Woche zum Frühstück gönnte.

Niemand wäre je auf die Idee gekommen, dass ausgerechnet dieses Backwerk zur eigenen Gesundheit beitragen müsste. Wozu auch, selbst wenn Weizenbrötchen sogar ungesund sein sollten, an einer Überdosis davon ist noch keiner gestorben. Mitte der Achtziger drang der allgemeine Überlebenswahn bis in die Backstuben vor. Jetzt musste auch die blonde Schrippe zur Gesundung beitragen. Der Bäcker, nicht blöd, nutzte den Zeitgeist für eine kräftige Preiserhöhung. Jetzt trugen die Mehlbomben plötzlich seltsame Eigennamen: Joggerzipfel, Müslibrocken, Bioknubbel ... Hallo Frollein, bitte zwei Kosakenklöten und dreimal normal.

Doch «normal» gab's nicht mehr, entweder waren die Brötchen durch Malzzucker braun eingefärbt, um den Idioten vor der Ladentheke den Fraß als Bio zu verkaufen, oder jemand hatte außen Vogelfutter drangeklebt – noch mehr gesund! Es dauerte nur knappe zwanzig Jahre, bis die Verbraucher hinter den Schmu mit den Mehrkornbrötchen und dem ganzen Ökoback- und Blendwerk kamen. Seitdem die eingebildete Zöliakie-Überempfindlichkeit zum Szene-Chic gehört, hat das Brötchen seine nächste Metamorphose erlebt. Nunmehr scheint es dem Anspruch genügen zu müssen, dass man sich ausschließlich von den pappigen Mehlbrocken ernähren kann, ohne tot vorm Ikearegal zusammenzusacken.

Deshalb werden die hippen Schrippen aus allem geknetet und gebacken, was halbwegs nach Grassamen aussieht: Dinkel und Emmer sowieso, weil schon die Neandertaler davon ihren Kuchen buken. Amarant und Chia klingen irre gesund und sorgen für eine ordentliche Bio-Credibility, wenn man sie an der Theke ordert. Zu den oberbewussten Gesundlebern gehört man, wenn man Quinoa-Semmeln verlangt. Das Zeug haben schon die alten Inka geschrotet, quasi Naturvolk und deshalb per se gesund. Kleiner Einwand: Die Inka sind mehr oder weniger ausgerottet, aber Schwamm drüber, es muss nicht an den Brötchen gelegen haben.

Coffee to go

Wann fing das eigentlich an, dass ganz normale, nicht verwarzte oder sonstwie entsorgungsberechtigte Bürger es total normal fanden, auf der Straße Kaffee aus Pappbechern zu nuckeln?

Nicht irgendeine Instantjauche, die man kaum verderben könnte, schlürfte man sie selbst aus frisch geernteten Hammelhodensäcken – nein, schweineteuren Cappuccino lässt sich der hippe Living-Darsteller statt in angewärmtem Porzellan in einer braunen Pappkartusche mit Saugloch reichen. Wie tief muss eine Gesellschaft gesunken sein, um eine derartige Barbarei zu tolerieren? Wer nicht mal fünf Minuten Zeit erübrigen kann, um in Ruhe eine Tasse Kaffee zu trinken, der sollte hurtig über nichtschmutzenden Selbstmord nachdenken und diesem erbärmlichen Dasein ein würdiges Ende bereiten. Es ist ja nicht so, dass sich der Plörre-to-go-Prolet nur sein eigenes Leben verdirbt, nein, durch den infernalischen Gestank, der ausströmt, sobald sich Pappe und Koffein vermählen, malträtiert er auch noch seine Umgebung. Als wenn der Transport mit Bus und Bahn nicht schon widerwärtig genug wäre, kassiert die emittierende Brühe noch den Rest an Würde. Da wirft jetzt aber der Toleranzwichtel ein: Lass sie doch nuckeln, wen stört's! War ich nicht deutlich. Mich stört's!

Wenn der öffentlichen Verwahrlosung nicht in jeder ihrer abartigen Erscheinungsformen Einhalt geboten wird, dann scheißen die Atavisten demnächst in den Bus und putzen sich den Pöter mit der Bildzeitung ab. Pfui Deibel nochmal! Reicht es nicht, dass Hinz und Furz im Schlüpfer durch die

Stadt bummeln, sich öffentlich das Gehänge kraulen oder in der Kackritze wühlen, müssen sie dabei auch noch Kaffee trinken?

Wenn wir nun schon so weit unten sind, dann will auch ich mich auf das mir genehme Niveau herabsenken dürfen: in den Park pinkeln, wann immer es mir gefällt, Kautabak in die U-Bahn rotzen und mich lauthals in den Ärmel schnäuzen. Rülpsend durch die Stadt schlendern, hie und da einen Gelben aufs Trottoir setzen und mit Popeln auf Luftratten zielen. Schätze, dem eiligen Connaisseur verginge die Lust auf Coffee to go, spätestens wenn eines der Ausscheidungspartikel durchs Spundloch des Pappbechers im braunen Heißgetränk verschwände. Doch jetzt ekele ich mich selbst und übergebe an den nächsten Text.

Craftbiere

Ich hab mir das lange genug mit angesehen, jetzt ist aber mal Schluss: Craftbier – was soll der Scheiß? Industriell gefertigtes Bier ist ein in der Regel gut verträgliches alkoholisches Getränk, das ohne jedwedes Brimborium und albernes Getue seinen Herrn besoffen macht.

Die einzig notwendige Verfeinerung oder, wenn's denn sein muss, der einzig notwendige «Craft»-Anteil besteht darin, das im Fass angelieferte Bier durch professionelles Zapfen in eine gülden schimmernde Pils-Tulpe zu verwandeln. Doch gerade daran hapert's überall. Bekommt man in jedem hippen Szeneloch unterschiedlich verseuchte Craft-Jauche, so muss man nach einem wohl temperierten Pils mit anständiger Blume lange Ausschau halten.

Was einem in der Saufgastro an Bier entgegenschwappt, ist eine ins falsche Glas gepisste Unverschämtheit. Hat nämlich ein Designer das Standardgefäß der Brauerei kreiert, ist ohnehin Hopfen und Malz buchstäblich verloren. Womöglich säuft das elitäre Würstchen eh nur Rotwein oder Whisky und findet es total individuell, ein zylindriges Laborgefäß als Bierglas auszugeben. In so etwas kann man bestenfalls die Kölner Ersatzflüssigkeit wegzapfen, aber doch keinen Göttertrank nach Pilsener Brauart.

Die nächste Frechheit ist die Temperatur. Damit die Schaumbildung den Ausschankprozess durch entweichende Kohlensäure nicht zu sehr in die Länge zieht, wird das Bier runtergekühlt, bis der Rezipient kurz vorm Magendurchbruch steht. Da muss man fast noch froh sein, wenn die Saufbude auch Flaschenbier offeriert. Doch auch da kann einen Ungemach ereilen: Es ist beileibe nicht selbstverständlich, zum Pils in der Pulle auch ein Glas zu reichen. Im Gegenteil – durch das sinnlose Anschauen amerikanischer Vorabendserien gilt es geradezu als hip, die Jauche direkt aus der Pulle in sich reinzuschlabbern. Das sieht infantil aus und ist einfach nur ekelerregend. Der Flaschenhals, an dem der Hipster rumnuckelt, ist direkt nach dem Arschloch des Braunbären die versiffteste Gegend auf dem Planeten. Er ist im verdreckten Lkw zur Schankwirtschaft spediert worden, und danach haben ihn diverse Virenträger angegrabscht. Würde mich nicht wundern, wenn von seinem Abstrich neues Leben auf diesem Planeten entstehe könnte. Und – achtet mal drauf – kein Thekenschwengel wischt den Flaschenhals auch nur symbolisch ab, bevor er die Pulle dem Gast serviert. – So, Freunde der Bierkultur, bevor ihr jetzt noch weiter Gerstenpisse mit Rosinenaroma zusammenbraut, rettet doch zuvor die ganz normale Saufkultur.

Rhabarberschorle

Der erste warme Frühlingstag. Da zieht es den eingepferchten Stadtbewohner aus den muffigen Winterhöhlen hinaus in die Natur. «Natur» heißt für ihn aber nicht «Wald» oder «Wiese», sondern «Biergarten». Die Citybikes werden aus der Unterstelleinrichtung im Hinterhof befreit und heidewitzka strampelt die fröhliche Schar dem Ziel am Stadtpark entgegen.

Dort sitze ich seit 'ner knappen Viertelstunde und labe mich in stiller Einkehr am zeitigen Bier zum zweiten Frühstück, als die laute Bande eintrifft: Am Arsch des Erzeuger-Bikes baumelt ein buntes Hundezelt mit Rädern dran, dort wird das Gezücht verwahrt. Erzeuger-Man höchstselbst ist schon schwer genervt vom sonntäglichen Family-Subbotnik und würde tausendmal lieber mit den Kumpels am Sportplatz Fleischbrocken abfackeln. Erzeuger-Mama steht das Wort «Rhabarberschorle» in unsichtbaren Lettern in die Stirn gemeißelt. Ich wette mit mir selbst, wie viel Minuten vergehen, bis sie es endlich ausspricht. Doch bevor es ans Bestellen geht, muss Eisengestühl unter schrillem Kreischen mit deutschen Untertiteln von seiner ursprünglichen Position entfernt werden, damit alle Beteiligten einen Schattenplatz bekommen.

Recht zeitnah bricht der Servierbursche aus dem Unterholz des Biergartens hervor und hält den mahnenden Notizblock bereit. Ich starre Rhabarber-Woman an: Nun sag es endlich, das Zauberwort aller sommerlichen Zauselfrauen! Doch nein, es gibt noch ein Präludium! «Was für Demeter-Säfte habt ihr denn?» Der Leichtlohn-Migrant mit dem Stift in der Hand versteht nur Bahnhof, entschließt sich deshalb zu der Aussage: «Nix Säfte, is Biergarten!» Längst hat Erzeuger-Man seine Bestellentscheidung im Stillen gefällt und wartet nur darauf, dass sein Weib endlich das erlösende Wort «Rhabarberschorle» in die Freiheit entlässt, damit er «Für mich ein großes Pils» nachschieben kann.

Blöderweise gilt selbst in sich fortschrittlich gebärdenden Strukturen die Regel, Frauen das Erstbestellrecht in gastronomischen Einrichtungen zuzugestehen. Als würde man der Schildkröte den Vortritt lassen bei der Flucht aus einem brennenden Gebäude. Wie dem auch sei, das erlösende Wort fällt nicht, stattdessen erfolgt ein neuer Anlauf in Sachen Getränkekarten-Demütigung: «Solltet ihr aber, denn außer Demeter-zertifizierten Säften enthalten alle anderen Industriezucker.»

Ich war kurz davor, dem sinnlosen Gespräch eine neue und zielführende Richtung zu geben: «Dann trink doch Bier, da ist auch kein Zucker drin.» Doch der Demeter-zertifizierte Gatte ist inzwischen so genervt, dass er alle Unterwürfigkeit fahren lässt und mir zuvorkommt: «Für mich ein großes Pils, und die da will wie immer eine große Rhabarberschorle.» Mist, Wette mit mir selbst verloren. Ich gebe mir noch ein

Bier aus und bestelle ein weiteres für den Mann am Nebentisch. Für ihn dürfte es nach dieser Szene für lange Zeit das letzte sein, und über Los würde er nächtens auch so bald nicht mehr gehen.

Dagmar und Gernot Satorius, beide 47, ein bewusst lebendes Ehepaar

Gernot ist mit 45 doch noch Regierungsrat geworden, zur Feier der Beförderung haben sich die beiden ein Elektroauto gegönnt. Gernot und Dagmar arbeiten hart an ihrem ökologischen Fußabdruck. Wenn sie im Winter zum Tauchen ans Rote Meer fliegen, vergleichen sie vorher den Kerosinverbrauch der Fluglinien. Obwohl sie keinen Atomstrom beziehen, versuchen Dagmar und Gernot, bewusst mit Energie umzugehen. Ihren Kühlschrank haben sie abgeschafft. Gernot huscht lieber zweimal am Tag eben schnell aus dem Institut zum Mutter-Erde-Laden. Für die kurze Strecke nimmt er sein Rad … mit in den Bus. Er will damit ein Zeichen setzen gegen die autoverseuchte Stadt. Dagmar und Gernot werden im nächsten Jahr beide 48 und wollen sich in eine Passivhausanlage für betreutes Wohnen einkaufen. Ihr gemeinsames Hobby ist das Reisen.

GERNOT: Wenn ich daran zurückdenke, der Sommer in der Vaucluse …

DAGMAR: Eigentlich eher im Luberon, Schatz!

GERNOT: Für die meisten ist doch eh alles «Provence».

DAGMAR: Stimmt, da muss man schon etwas tiefer eintauchen in die dortige Kultur, wie wir.

GERNOT: Allein die Weine … merveilleuse, mmmmm!

DAGMAR: Es ist «le vin» und im Plural «les vins», deshalb «merveilleux», mein kleiner Liebling.

GERNOT: Du hast wie immer recht, Schatz. In den fromage de la prute aus Aix-les-vins könnte ich mich reinlegen, dazu eine Tomate und ein frisches Baguette, das ist für mich savoir vivre à la francaise.

DAGMAR: Le savoir, cheri, bitte achte doch mehr auf die generi, wir wollen uns doch nicht blamieren, nicht wahr.

GERNOT: Naturellement!

DAGMAR: Schön, dass wir uns diesmal Zeit genommen haben für Land und Leute. Du hast dein Demi-Sabbatical bekommen …

GERNOT: Minimale sechs Monate.

DAGMAR: Immerhin bei vollen Bezügen, Schatz.

GERNOT: Wir hatten sogar Zeit, den Mont Ventoux zu besteigen … Wie einst Michelangelo – atemberaubend.

DAGMAR: Schatzilein, es war Petrarca, der den Mont Ventoux bestieg, und auch nicht mit dem Pkw wie wir – es war also nicht ganz dasselbe.

GERNOT: Dennoch war es eine tolle Begegnung, man spürte den Geist der Renaissance dort oben, ganz zauberhaft.

DAGMAR: Ich fand es kalt.

GERNOT: … trotzdem zauberhaft, Liebling, da waren wir doch einer Meinung.

DAGMAR: Aber kalt.

GERNOT: Jetzt mäkel doch nicht, Daggi-duck duck.

DAGMAR: Du sollst mich nicht so nennen, Gernoooot.

GERNOT: Und du mich nicht Gernooot, ich hasse diesen

«Wollen Sie mich verkackeiern, Frollein, das ist niemals ein Original Brunzentaler Hüttentraum, das ist ein ganz gewöhnliches Stück Plastik.»

Namen. Um noch mal auf den Mont Ventoux zu sprechen zu kommen.

DAGMAR: Kalt wie im Eisbärenarsch.

GERNOT: So kenn ich dich ja gar nicht, Liebling, so vulgär, meine ich.

DAGMAR: Macht dich das an, du Schlimmer?

GERNOT: Oh là là, und wie.

DAGMAR: Möchtest du mich so richtig nach Strich und Faden durchorgeln, hier auf dem table, cheri?

GERNOT: Ah oui, oh mon amour. Comme la vague irrésolue. Je vais, je vais et je viens entre tes reins.

DAGMAR: Los, besorg es mir, à derriere mon étalon.

GERNOT: Was ist ein étalon?

DAGMAR: Ist doch jetzt scheißegal, nu mach schon, du Idiot!

GERNOT: Jetzt bin ich raus, ich bin nicht mehr in Stimmung, ich bin raus! Raus! Raus! Raus!

...

DAGMAR: Ist noch was vom fromage de chèvres im frigo?

GERNOT: Hmmmmmmm! Was bedeutet denn nun «mon étalon»?

DAGMAR: «Mein Hengst»! Für dich auch ein Brot mit Ziegenkäse, Schatz?

GERNOT: Du, danke, du!

Urban Gagaism

Zwischen Autoabgasen und dem Gestank nach frittiertem Fraß in den durchweg pottenhässlichen Großstädten der BRD sein Leben zu vergeuden, ist sicher nicht für jeden nachvollziehbar. Aber was will man machen, wenn die fußläufige Oper und andere weiche Standortvorteile locken – wie zum Beispiel zugekackte Grünanlagen.

Seitdem man auf dem Lande weniger häufig in die Hände von Räubern fällt als in der Stadt und auch beim örtlichen Blaublüter keine Anspanndienste mehr zu verrichten sind, ließe es sich prinzipiell auch dort aushalten. Einen Riesenvorteil aber bietet die Großstadt: Nirgends sonst darf man ungestraft so dermaßen einen an der Waffel haben wie zwischen all den vielen anderen, die ebenfalls nicht ganz richtig in der Birne sind. Neueste und bisher bekloppteste Marotte ist die urbane Simulation des Landlebens. Obwohl in jeder deutschen Stadt ein mit dreistelligen Millionenbeträgen gepäppeltes Nahverkehrssystem existiert, wollen die Doofköppe jetzt unbedingt überall mit dem Fahrrad hin. Zwischen Bussen und Lkw im Dauerregen Feinstaub und Stickoxide inhalieren – warum, wenn zwei Meter tiefer die geheizte U-Bahn ohne Ampelstopp zum Ziele führt? Gut, mit dem eigenen Auto hätte man keine Chance, deshalb ruht es ja auf dem Anwohnerparkplatz, und sollte man für die Fahrt zum Biobauern eines brauchen, mietet man sich's per Smartphone. Gaga, ballaballa, plemplem!

Nirgends ist die Dichte an Kneipen, Bars und Restaurants so groß wie in unserer Hauptstadt Prekaria, in Hansapetrowsk oder Colonia Lumpur. Was aber gilt dort als hip und angesagt: mit einer Halbliterpulle Billigpils auf dem Trottoir vor der Trinkhalle rumzulungern. Da hätte man auch gleich in Braune Sumpf, Sachsen-Anhalt, wohnen bleiben können. Und es wird noch bekloppter: Während der Eierbaron in Niedersachsen kaum mit einer Million Legehennen rentabel wirtschaften kann, glaubt der urbane Spinner, er könne mit drei altersschwachen Hühnern auf dem Balkon das Welternährungsproblem lösen. Greift der Irrsinn noch weiter um sich, fängt er an, hochkant an der Hauswand Rucola anzupflanzen und auf dem Fahrradgepäckträger Mangold zu kultivieren: Urban Gardening als Urban Gagaism. Städtisches Leben hieß früher mal: «Vor dem Hinaustreten sind die Kleider zu ordnen», auf den Bürgersteig spucken wird bestraft, und dem Schutzmann wirft man keine Steine an den Kopp. Damit bekäme der Begriff «Urbanität» womöglich wieder einen Sinn.

Schweinebraten

Wer hätte je gedacht, dass der deutsche Schweinebraten mal zu einer biologischen Waffe würde – zwar nur zu Vergrämungszwecken, aber dafür anscheinend besser geeignet als Gummigeschosse oder Pfefferspray.

An der Schengengrenze steht dem Schweinebraten eine zweite Karriere bevor. Oder der Wurst, wenn sie denn vom Schweine ist. Mit einem Dutzend Nürnberger zwangsernährt, reiten Migranten so schnell nicht mehr ein ins Abendland. Da die Welt voll Facebook ist und auch der Fluchtwillige sich dort informiert, wenn's um die Attraktivität seiner zukünftigen Bleibe geht, gehört die Schweinefutter-Pflicht zwar nicht ins Grundgesetz, jedoch auf Deutschlands Facebook-Account. Pfui Schaitan, schallt es dann aus dem Migrantenmund, wenn in der «Schlepper Post» die Seite über das «Schweineland Germany» aufgeschlagen wird. Da können Donald Tusk und Thomas de Maizière noch so viel vorm Reiseziel Europa warnen, das ist alles nichts gegen das Bild eines Schweinemastbetriebes in Niedersachsen. Dort, wo sich fünftausend Säue wohlig wälzen, ist der Boden auf Jahrhunderte gegen Migrantenbefall geimpft.

Auch das Oktoberfest in München ist in seiner Bedeutung

für die Flüchtlingsprävention noch längst nicht anerkannt. Zu dem Gebirge aus Schweinshaxen kommt hier die Alkoholpflicht hinzu und sollte auch dem letzten Wirtschaftsflüchtling deutlich machen, dass diese Welt nicht die seine ist. Wenn alle Stricke reißen und selbst Kotelettbilder auf den Asylanträgen nicht fruchten, dann muss an der Schengenaußengrenze über Imbissstuben nachgedacht werden. Da trifft es sich, dass die westliche Balkanroute in Griechenland beginnt. Wer sonst, wenn nicht der Grieche, verstünde sich besser auf das Schnippeln, Garen und Verkokeln von Schweinekadavern: Gyros-Teller, Bifteki und Souflaki, direkt am Drahtverhau serviert, müssten ausreichend deutlich machen, was den Einreisewilligen hinterm Zaun erwartet.

Und wenn erst das Schweinefleisch zur nationalen Wehrspeise Nummer eins geworden ist, dann gibt's ein Einwanderungsgesetz durch die Hintertür. Nur wer freiwillig zum Schnitzelfressen konvertiert, bekommt die Staatsbürgerschaft und darf hier bleiben. Schlechte Zeiten für Veganer, aber die waren ja schon immer höchst verdächtig!

Horst Fritzenkötter, 47, Fleischerei-Fürst

Horst Fritzenkötter hat die kleine elterliche Schlachterei in Ostwestfalen zu einem der größten fleischverarbeitenden Betriebe in Deutschland gemacht. Trotz Millionenumsätzen und einigen hundert Mitarbeitern ist Fritzenkötter täglich selbst im Betrieb und kümmert sich um jede Kleinigkeit.

Heute ist er mit einem Journalisten auf seinem Schlachthofgelände zum Interview verabredet, überwacht aber aus den Augenwinkeln seine Arbeiter an der Verladerampe.

Fritzenkötter: *Ey, eyyyy, ja, du da, bist du total bekloppt, fahr den da weg, du sollst den da wegfahren, Kerlnomal siehst du denn nich, dass der da durch will, fahr den da weg, du blöder Hund. Muss ich hier alles selber machen, oder was.*

Hör zu, normal hab ich gar keine Zeit, du siehst ja was hier los is. Die Bekloppten ruinieren mir noch den ganzen Betrieb.

Ey, fahr den da endlich weg, du Bekloppten du!

Von was fürn Magazin warst du nochmal? Schnitzel-Revue war das, nich. Hilf mir mal auf die Sprünge: Gehört mir die Zeitung oder … nänä jetzt hab ichs, das ist der Schnitzelproduzent. Hör zu, ich hab normal gar keine Zeit, ich erzähl dir mal kurz, was du wissen musst über meinen Betrieb hier, du nimmst das mit deinem Telefon hier auf und dann sind wir in zwei Minuten damit durch.

Ey doch nich dahin, da kommen doch gleich die Thermozüge aus Sizilien, bist du bekloppt oder was, ich komm dir da gleich hin, fahr den da weg.

Und für so was zahl ich Mindestlohn, wegjagen sollte man die alle zusammen. Dauert nochn paar Jahre, dann sind die Zerlege-Roboter bezahlbar, dann können die alle wieder zurück in die Karpaten und Wölfe zählen. – Dies ist der älteste Teil von meine Firma, hier hat schon mein Großvater Schweine geschlachtet. Damals noch nich mit Bolzenschutzgerät. Mitn dicken Moteck vorn Kopp geknallt, bis das Quieken aufhörte und mitn scharfen Messer einmal quer durchn Hals. Und wir als Kinder mitte Schüssel das

Blut aufgefangen. Is seitdem ja alles anders geworden. Heute hab ich hier ne vollautomatische Tötung drin, die Schweine merken nix. Ich sag immer, hier bei mir aufn Schlachthof verleben die Viecher ihre schönste Zeit – also vergleichsweise, wenn man sich anguckt, wie die hier ankommen, darf man keinem erzählen. Die sind dann ja bald vierundzwanzig Stunden unterwegs, wenn die aus Süddeutschland kommen, die ganzen Zwangspausen, die heutzutage die Fahrer machen müssen vom Gesetz her. Und während sich der Fahrer vorne aufm Beifahrersitz Spiegeleier brät, schreien die Schweine hinten nach Luft. So was nennt sich dann «Gesetz», darfste nich drüber nachdenken, sonst schlägste noch einen tot aus Wut. Die armen Tiere kann man da bloß sagen. Da kriegt man schon mal das Kotzen, wenn man in so einen Auflieger reinguckt. So und aus diesem Ausgangsmaterial, da muss ich dann leckere Würste formen. Das ist nicht einfach, da musst du das ganze Register ziehen von dem was grade noch geht, jetzt rein von der Hygiene her gesehen. – Warte mal eben!

Jetzt is hier aber mal Schluss, du kannst dir deine Papiere bei Frau Wesjohann vorne im Kabuff abholen, du Blödkopp. Sag mal, was bringt man euch überhaupt bei da unten bei euch. Komm hau ab, verschwinde, ich mach das gleich, hau ab.

Den Tortenarsch da, den beguck ich mir jetzt schon drei Wochen, jetzt is Schluss. Nix wie Ärger hat man mit diesen Bagaluden. Ein Verbandskollege von mir der macht in Hähnchen. Hat da allein vierzig Vietnamesen rumlaufen, die ihn die Küken durchsortieren, die mucken nicht, die saufen nicht in den Unterkünften, prügeln sich nicht gegenseitig grün und blau – total pflegeleicht. Und dann guck dir meine Brigade hier an, an sich dürfte man denen gar keine scharfen

Partnerschlachthof der Fritzenkötter Bestfleisch AG (FriKö BeAG) in Lwow (Lemberg), Heimat des Original FriKö Serrano-Schinkens.

Messer in die Hand geben, aber mit bloße Hände kriegen sie die Schweine ja nich aussenander. Wie kam ich drauf. Für welches Magazin war das nochmal? Richtig die Schnitzelrevue. Weißt du was, ich lass dir nachhern fertiges Interview von meine Presseabteilung zuschicken. Und du gehst jetzt zu Frau Wesjohann, ich sag ihr, sie soll dirn dickes Wurstpaket einpacken. Magst du westfälische Blutwurst, die quiekt noch so frisch ist die, in der Pfanne mit Zwiebeln und Äpfel – ein Gedicht, sag ich dir. Lass dir was einpacken, ich muss los, heute müssen noch vierzig Tonnen Original-Serranoschinken raus. Alles klar.

Die Mittelstädts im Biergarten

SIE: Alles voller Fliegen und Bremsen, lass uns bitte woanders hingehen.

ER: Bremsen gehen nur an Pferde, die scheinen dich zu verwechseln – außerdem, wenn man raucht, verziehen die sich ganz schnell wieder.

SIE: Typisch, du hast wieder einen Grund gefunden, um mich mit deinen Zigaretten vollzuqualmen. Weißt du eigentlich, wie schädlich Passivrauchen ist.

ER: Noch schädlicher als selber rauchen, nehme ich an?

SIE: Mach dich nur lustig, wenn ich dereinst an deinem Grabe stehe, wird dir das Lachen schon vergehen.

ER: Jedenfalls ein Trost, dass ich mir das nicht mehr angucken muss. – So, ich hol jetzt was zu trinken, was willst du?

SIE: Einen gespritzten Prosecco mit Limette.

ER: So 'nen Weiberkram gibt das hier nicht.

SIE: Was bitte schön ist daran Weiberkram?

ER: Im Biergarten trinkt man Bier, sonst hieße er ja Weibergesöff-Garten.

SIE: Wann hast du dich eigentlich das letzte Mal gewogen?

ER: Was soll das denn jetzt.

SIE: Durch dein ständiges Biergesaufe wirst du immer fetter und fetter.

ER: Ständiges Biergesaufe? Aber du mit deinem blöden Latte macchiato.

SIE: Alkoholfrei, mein Freund!

ER: Dreiviertel fettiger Rindertittensaft.

SIE: Musst du immer gleich vulgär werden.

ER: Ich hol mir jetzt 'nen halben Liter Weizen, willst du jetzt auch was?

SIE: Eine kleine Weinschorle.

ER: Warum nicht gleich Brennnesseltee.

(Er stellt sich in der Schlange an, sie besetzt einen Tisch. Er kommt mit einem Weizen und einem Passionfruit-flavoured-Beer zurück.)

ER: Ausgerechnet den beschissensten Platz, mitten in der Sonne.

SIE: Genieß doch mal die Sonne, dann siehst du vielleicht nicht mehr aus wie eine fette bleiche Made.

ER: Du weißt genau, dass ich sehr schnell einen Sonnenbrand kriege.

SIE: Warum trägst du auch nicht den schicken Strohhut, den ich dir geschenkt habe.

ER: Damit ich aussehe wie Heinz Erhardt auf Urlaub?

SIE: Ach, der Herr rechnet sich noch Chancen aus beim anderen Geschlecht – bei aller Liebe, aber der Zug ist für dich abgefahren.

ER: Jennifer zum Beispiel findet mich noch sehr attraktiv.

SIE: Lass bitte die kleine Schlampe aus dem Spiel.

ER: Jennifer studiert Kunstgeschichte.

SIE *(mit Blick auf das Passionsfrucht-Bier)*: Sag mal, was ist das denn, das ist doch keine Weinschorle.

ER: Irgendson anderes Weiberzeugs, Weinschorle hatten se nicht.

SIE: Jetzt reicht es mir aber, hier und jetzt habe ich die Schnauze gestrichen voll: Du interessierst dich überhaupt nicht für meine Bedürfnisse.

ER: Bloß weil ich dir deine verschissene Schorle nicht mitgebracht habe?

SIE: Die Schorle steht für alles, was du mir angetan hast.

ER: Du bist doch krank, komm, ich bring dich in die ambulante Psychiatrie.

SIE *(an andere Gaste gewandt)*: Sagen Sie's ihm, wer hier von uns beiden krank ist. Na los, sagen Sie ihm, was für ein perverses krankes Arschloch er ist.

ER: Das hier ist unter meinem Niveau, mit dir dämlicher Wachtel spreche ich doch gar nicht mehr.

(Sie schüttet sein Weizenbier um.)

ER: Jetzt bist du total übergeschnappt, weißt du, was ein Weizen hier kostet?

SIE: Und wenn es hundert Euro sind, die zahl ich gern, nur damit du vor Durst verreckst, du mieser kleiner Pisser.

4 Vorsuppe

Die Hühnernudelsuppe ist die deutsche Vorspeise schlechthin. Schon Oma hat sie gekocht, wenn die Kinder krank waren und keinen Appetit hatten. Im Winter schützt sie vor Erkältung und wärmt das ganze Jahr über zuverlässig auch die Seele. Suppe ist Heimat.

Es wird Zeit für die warmen Vorspeisen, für kleine Geschichten aus der trauten Heimat, die uns zeigen, wo wir herkommen und wo wir zu Hause sind. Auch wenn sich unsere Umgebung stark verändert hat, so könnte doch keine dieser Geschichten in einem anderen Land spielen – sie sind alle immer noch TYPISCH DEUTSCH.

Heimat

Im Heimatfilm bespringt der Bock die Ricke, der Forstadjunkt tut's ihm auf der Müllerstochter gleich, und danach heiraten alle vier. So beschaulich ging es früher zu, wenn von Heimat die Rede war, dem Sehnsuchtsort, an dem Mensch und Raum sich einst vermählten, oder wie die Wissenschaft es eher unromantisch formuliert: wo sich ortsprägende Engramme im Gehirn synaptisch verfestigen.

Dieser Ort ist schon früh zu einer Müllhalde verkommen. Deponiert wurde in dieser «neuen» Heimat fast alles, was das Land an miserabler Musik, grottiger Malerei und ekeliger Schnulzenliteratur aufbieten konnte. Das ist nicht schön, aber irgendwo muss der Schrott ja hin. Besser er vermodert in einem TV-Stadl, als dass er uns im wirklichen Leben auf die Nerven geht.

Das Seltsame an der Heimat bleibt, dass sie umso prächtiger strahlt, je verlorener sie ist: Vertriebene Schlesier, Juden in der Diaspora, Auswanderer aller Nationen glorifizieren einen Ort, an dem sie womöglich persönlich nie gewesen sind. So war's zumindest bisher. Erst jetzt ändert sich das: Heimat wird zum Ort des Schreckens. Nur eine Schlagzeile von vielen: «In der Heimat droht ihnen religiöse Verfolgung». Und zwar in der doppelten Bedeutung der Grammatik: Einerseits werden Menschen wegen ihrer religiösen Überzeugung verfolgt, andererseits werden sie von Menschen wegen deren religiöser Überzeugung verfolgt. Heimat ist der Ort, wo die Arschlöcher wohnen, wo man gefoltert und ermordet wird, obwohl man hier zu Hause ist. Die Fremde, einst Ort von Angst und Ungewissheit, wird zum Land der Verheißung: Umwertung aller Werte! Zurück bleibt der Phantomschmerz abgetrennter Identität, die Erinnerung an ein Leben, das man nicht weiter leben durfte.

Nach Jahren in der Fremde, wenn man womöglich noch immer nicht heimisch geworden ist, beginnt das Krebsgeschwür in den Köpfen wieder zu wachsen. Vergessen sind die Gründe, warum man die alte Heimat einst verließ, vergessen sind Verfolgung und Vertreibung, an ihrer Stelle manifestiert sich das Bild von einem Bock, der auf die Lichtung tritt, um der holden Ricke beizuwohnen ... oder so ähnlich, je nach örtlicher Fauna. Jetzt ist das alte Land des Schreckens wieder zum Sehnsuchtsort geworden, die Fremde fremd geblieben und Heimat wird zum explosiven Stoff, der jederzeit in die Luft gehen kann. Wie harmlos war dagegen doch der Försterfilm.

Leben auf dem Dorf als WDR-Produktion – Die Bauernfamilie Dettmer

Wir sind irgendwo in Norddeutschland, dort, wo die Landwirtschaft seit Jahrzehnten von ihrer bäuerlichen Folklore befreit ist. Hier werden keine «Schweine fett gefüttert», hier liest man den «Schweineproduzenten», hier fahren GPS-gesteuerte Maishäcksler durch die Nacht, hier steht die

Hühnergülle als Aerosol in der Atemluft. Kurz: Wir sind im Zentrum der nordwestdeutschen Turboagrarier, in einem Mitte der siebziger Jahre gnadenlos modernisierten Dorf, in Bunkenstedt.

Doch nicht alle haben am Strukturwandel teilgenommen. Durch familiäre Widrigkeiten (Ehelosigkeit, Verdacht auf Homosexualität) oder geistige Unbeweglichkeit («unser Kalli ist etwas schlicht») sind einige Dorfbewohner irgendwo auf dem Weg in die Gegenwart stehengeblieben. Doch dank großzügiger Unterstützung aus Brüssel werden sie als die Untoten der EU-Agrarpolitik weiter am Leben erhalten.

Einer von ihnen ist **Karl-Heinz (Kalli) Dettmer**, Ende vierzig und nicht verheiratet. Seit dem frühen Tod des Vaters bewirtschaftet er zusammen mit seiner resoluten Mutter Wilhelmine Dettmer den Hof. Als eines von drei Geschwistern war er es, der den Hof erbte, da weder Intelligenz noch Antriebskraft für eine außerdörfliche Karriere gereicht hätten («wo soll unser Kalli denn sonst unterkommen»). Die jahrhundertealte Tradition, dass der jeweils Blödeste den Hof erbt, findet in Kalli ihren Höhe- und Schlusspunkt. Denn Kalli ist noch immer unverheiratet, was sowohl die Erbfolge abbrechen lässt und – viel schlimmer – dem Hof eine Arbeitskraft vorenthält. Dementsprechend verkommen sieht es dort aus: Die Trecker ölen vor sich hin, Anbaugeräte sind von Brennnesseln überwachsen, dem alten Fachwerk wurde gnadenlos mit der Kettensäge zu Leibe gerückt, um mit dem Frontlader passieren zu können. Irgendwie kommen Kalli und seine Mutter dennoch über die Runden: ein paar Schweine, ein Dutzend Rinder und die verpachtete Milchquote reichen fürs Nötigste, beide leben von der Substanz.

Wenn's nach Kalli ginge, könnte es auch so weitergehen, er hat sich mit seiner Situation abgefunden und braucht nicht viel zum Leben. Jeden Freitag geht er zur Freiwilligen Feuerwehr Bunkenstedt. Wenn er Geld hat, macht er sich stadtfein und fährt in den «Madame Club» zwei Dörfer weiter.

Kallis beschauliche Tristesse hat viele Feinde. Jeder meint auf Kosten des schüchternen und gutmütigen Einfaltspinsels sein eigenes Süppchen kochen zu können. Doch da haben sie ihre Rechnung ohne Kalli gemacht. Im Fortgang der Serie erleben wir, wie aus dem Simplicius ein gewiefter Taktierer wird, der mit jedem Scharmützel an Selbstvertrauen gewinnt.

Seine Gegner, Mitstreiter und ihre Motive

Wilhelmine Dettmer, seine Mutter: Sie gibt vor, für ihren Sohn eine Frau zu suchen. Kalli muss einen ständigen Reigen von Kandidatinnen über sich ergehen lassen. In Wahrheit würde Wilhelmine natürlich niemals eine andere Bäuerin neben sich dulden, deshalb sind ihre potenziellen Gattinnen allesamt verschüchtert oder direkt blöd. Heimlich sucht auch Kalli nach einer Frau (Katalog, Internet, polnische Spargelstecherinnen), hauptsächlich damit seine Mutter endlich Ruhe gibt und er vom sonntäglichen Dating mit Dorftrampeln befreit wird. Irgendwann kreuzen sich beide Linien in …

Jutta Sickendieck, einer leicht verblühten Enddreißigerin, enttäuscht vom Leben («sitzengelassen») und alleinerziehend mit vierzehnjährigem Sohn. Auch sie wird ihm von Wilhelmine Dettmer an einem dieser beklemmenden Sonntagnachmittage zugeführt. Sie entspricht dem Gattinnenraster Wilhelmines haargenau: schüchtern, nicht zu hübsch und befehlsgewohnt.

Doch bei Kalli klickt es, als er sie trifft. Auf seinen nächtlichen Streifzügen durchs Internet ist er ihr schon einmal begegnet, in der Rubrik «Hausfrauen aus deiner Umgebung warten auf dich». Jutta führt ein Doppelleben, und Kalli weiß davon. Sie erscheint ihm nun in einem anderen Licht, er spricht sie in einer unbelauschten Minute darauf an. Beide teilen fortan ein Geheimnis, zwischen ihnen entwickelt sich eine Beziehung. Vor der Mutter spielt Jutta die Schüchterne und Kalli den Bräutigam wider Willen – im Schober geht die Luzi ab. Alle drei verstehen sich gut, denn zu Jutta gehört ja auch noch Thorsten.

Thorsten Sickendieck, geht auf die Gesamtschule in der Kreisstadt. Er ist ein typischer, das heißt ekelerregender Jugendlicher mit Sechs-Wochen-Klo-Hose, Baseballkappe und schlurfender Scheiß-egal-Grundhaltung. Als seine Mutter anfängt, sich mit Kalli zu treffen, und er mit ihr die Wochenenden auf dem Hof zubringen muss, ist er «mega abgenervt» und ätzt alle anderen an. Doch auch er macht eine charakterliche Entwicklung durch: In Kalli findet er das vermisste männliche Vorbild, einen Vaterersatz, der ihn in Ruhe lässt, keine Vorschriften macht und durch seine stoische Gelassenheit viel cooler ist als die hektischen Besserwisser, als die er erwachsene Männer sonst kennengelernt hat (sein Vater **Olaf** zum Beispiel, Abgeordneter der Grünen im Kreistag). Kalli und Thorsten freunden sich an, im Laufe der Serie zieht Thorsten in einen Bauwagen zu Kalli auf den Hof. Kalli, Jutta und Thorsten bilden ein schlagkräftiges Team, als es darum geht, Gefahr vom Hof abzuwenden, denn die droht überall, etwa in …

Heiko Struckmeyer, der Turbolandwirt aus Bunkenstedt will Kalli Dettmers Ackerfläche kaufen, um dort Windräder aufzustellen und Gülle auszubringen. Mit allen Mitteln (Anzeige bei Behörden, übler Nachrede, Bestechung) versucht er, Kalli dazu zu bringen, den Hof aufzugeben. Darin ist er sich einig mit ...

Nico Brszyglod, Thorstens Vater und Bürgermeister in der Kreisstadt. Der braucht Kallis Hof als Ausgleich für eine geplante Gewerbefläche im Naturschutzgebiet. Kallis Hof liegt am Rande eines Moors, und würden dessen Ländereien vom Kreis übernommen werden, könnte das ganze Gebiet als FFH (Flora-Fauna-Habitat) nach EU-Richtlinie ausgewiesen werden und im Gegenzug der Bunkenstedter Wald für ein ökologisches Gewerbegebiet abgeholzt werden. Nico Brszyglod braucht diesen Erfolg für seine geplante Karriere als Grünen-Abgeordneter im Europa-Parlament. Dafür ist er sogar bereit, mit Struckmeyer einen «schmierigen Deal» einzugehen.

Randfiguren und deren Funktionen

Kallis Geschwister, Rotraud und **Hans-Georg**, sind beruflich sehr erfolgreich. Rotraud ist Single und Anlageberaterin bei einem bundesweiten Finanzdienstleister, Hans-Georg, verheiratet und zwei Kinder, leitet eine Supermarkt-Filiale in der Kreisstadt. Beide sind besorgt um ihren Bruder und nerven bei gelegentlichen Besuchen mit ihrer jeweiligen fachlichen Kompetenz.

Poststellen-Willi bringt täglich die Post und die neuesten Gerüchte aus dem Dorf. Er ist mit Kalli zur Schule gegangen und dessen Vertrauter. Durch Willi gelangt auch die Beklopptheit eines modernen Dienstleisters in den Horizont der Serie («schreib mal gerade hundert Postkarten irgendwohin, sonst werde ich wegrationalisiert»).

Klötenkämpers Lieselotte ist in der Kirchengemeinde aktiv, trägt den Gemeindeboten aus und macht die Haussammlungen – jedoch nur, um in der Privatsphäre der Leute rumzuschnüffeln. Die Informationen gibt sie brühwarm an ihre Freundin Wilhelmine weiter.

Doktor Alexander Maiwald, Inhaber einer Biotechnik-Firma in der Landeshauptstadt. Er kennt Heiko Struckmeyer von illegalen Genmais-Aussaaten und unterhält auch zum grünen Bürgermeister Brszyglod gute Kontakte. Struckmeyer hat Brszyglod und ihm vor Jahren seine alten Kotten im Moor verkauft, ganz in der Nähe von Kallis Hof. Er und Brszyglod sind nun Nachbarn. Brszyglod hat eine neue, viel jüngere Liebschaft an Land gezogen, Maiwald ist «der Pferde wegen» hinaus aufs Land gezogen und hat sich den Kotten zu einem protzigen Country-Life-Overkill ausgebaut. Maiwald versucht ständig, Kalli die letzten Reste seiner bäuerlichen Altertümer abzuschwatzen («Der kaputte Sandsteintrog steht bei dir doch sowieso bloß rum»). Kalli hat eine diebische Freude daran, die alten Sachen, auf die Maiwald so scharf ist, zu verunstalten («Guck ma Doktor, auf die alte Eichentruhe hab ich 'ne Resopalplatte genagelt, kann unser Mama jetzt viel leichter sauberhalten»). Auch Maiwald ist in zweiter Ehe mit einer fünfundzwanzig Jahre Jüngeren verheiratet, nämlich mit …

Ann-Christine hat außer Reiten und Terracotta-Töpfe-Kaufen kein vordringliches Lebensziel. Allerdings reift auch in ihr der üble Keim sexueller Frustration, der irgendwann durch die gelackte Oberfläche brechen kann. Maiwalds erste Frau Renate, mit der er zwei Jahrzehnte lang die Firma aufgebaut hat, ist übel entsorgt worden und danach im LKH gelandet. Deshalb lebt ihre gemeinsame Tochter …

Saskia, mit im Haushalt des Vaters und der Stiefmutter. Saskia hasst alles und jeden: ihre Stiefmutter, ihren Vater, das öde Landleben, ihren Hund, ihre Schule und sich selbst. In Thorsten Sickendieck findet sie einen Bruder im Geiste, dessen Aufblühen sie zuerst mit Ekel, später mit Erstaunen und schließlich mit Begeisterung erfüllt. Beide spielen später eine entscheidende Rolle, als es gilt, die Sauereien ihrer beider Väter aufzudecken und Unheil von Kallis Hof abzuwenden. Unnötig zu sagen, dass Saskia ein rattenscharfer Feger ist.

Die Hauptspielorte in dieser Version

Auf dem **Hof** gibt es immer was zu tun, hier ist Kallis Revier.

Wilhelmines **Wirtschaftsküche** ist intimer, verschwörerischer. Hier schmiedet seine Mutter zusammen mit ihrer Freundin Lieselotte finstere Pläne.

In Thorstens **Bauwagen** treffen sich die beiden Teenager.

Maiwalds **Country-Domizil**: Ort der politischen Absprachen und Schweinereien sowie der Lifestyle-Ambitionen Ann-Christine Maiwalds.

Zusammenfassung

Wir sehen ein ländliches Ambiente, in dem bäuerliche Folklore nur noch als Zitat vorkommt. Unter äußerlichen Anfeindungen findet sich hier eine Gruppe disparater Loser zusammen. Gestärkt gehen sie aus jedem Kampf hervor und verändern dabei ihren Charakter:

Kalli wird vom übriggebliebenen Einfaltspinsel zum selbstbewussten Liebhaber und geschickten Strategen.

Jutta findet doch noch einen Mann, den sie achten kann und der sie respektiert.

Thorsten hat plötzlich, als es um «was geht», Spaß am Leben und Lernen.

Saskia verwandelt ihre globale Destruktivität in Handeln und verliebt sich in Thorsten.

Alwin Werner, 51, Förster, Niedersächsische Staatsforsten

Werner hat seinen Traumberuf ergriffen und ist dabei «ganz schön auf die Schnauze gefallen», er betreut als staatlicher Angestellter etwa sechstausend Hektar Buchen- und Eichenbestand, davon ein Drittel «Urwald», der nicht bewirtschaftet werden darf. Werner bewohnt die Dienstwohnung in der alten Oberförsterei.

Werner: Früher liefen nicht so viele Leute ständig durchs Revier. Du glaubst es nicht, wer da alles heutzutage unterwegs ist. Spaziergänger sowieso, nich nur am Wochenende, die triffst du an allen Tagen. Aber das sind ja noch die Harmloseren, die bleiben wenigstens auf den Wegen und trampeln nicht im Unterholz rum und … kacken nicht überall hin. Ja, so siehts aus, hundert Meter neben der Straße liegt der Wald voll mit Menschenscheiße und Tempotaschentücher. Meine polnische Waldarbeitertruppe weigert sich schon, in diesen Flächen zu arbeiten – und die sind an sich nicht zimperlich. Manchmal hab ich den Eindruck, da gibts welche, die fahren extra zum Scheißen in den Wald – oder zum Vögeln, gibts auch. Frag mich nicht, wie viel vögelnde Paare ich auf meinen

Wildkameras habe, könnte ich nen eigenen Pornofilm von machen: «Rammeln unterm Blätterdach» oder so. Bringt das was, wenn man das im Wald macht? Sich das ganze Ungeziefer und die Tannennadeln in jede Körperöffnung reinholt? Ich versteh das nicht, ich jedenfalls brauch das nicht, ich bin sowieso dauernd im Forst unterwegs, ich muss da nicht auch noch meine Frau beglücken. Aber wie gesagt, die stören mich eigentlich weniger, die scheißen jedenfalls nicht danach, weil das ja womöglich den erotischen Zauber zerstört, könnte ich mir jedenfalls vorstellen.

Dann haben wir noch die Geocacher, das sind total Verrückte, die suchen mit ihren Telefonen nach versteckten Zetteln – diese Figuren triffst du überall, in der Dickung, wo sonst nur das Schwarzwild steht, auf Bäumen, unter Bäumen, eingebuddelt in der Erde ... die sind total bekloppt und verschrecken das Wild im ganzen Revier. Dann haben wir natürlich noch die Hundebesitzer. Ging früher einer dauernd mit seinem Hund spazieren? Das gabs doch gar nicht, hatten die Leute gar keine Zeit zu, mit dem Fiffi zweimal am Tag durche Gegend zu latschen. Heute fahren die ausse Stadt raus, mit ihren Autos bis an den Waldrand und lassen die Hunde frei oder meinetwegen auch anner Leine, kommt aufs selbe raus. Die sind ja zu jeder Tages- und Nachtzeit mittlerweile unterwegs. Das Beste is noch, dass die sich nicht mit den Joggern vertragen, vielleicht vergrämen die sich noch gegenseitig. Wir mähen schon die kleineren Waldwege nicht mehr, damit die da nicht rumtrampeln. Ganz gut geholfen haben auch die Schilder «Achtung Zecken, Borreliose-Infektion!», das schreckt die Leute ab, oder «Eichenprozessionsspinner – Betreten auf eigene Gefahr».

Anders als die meisten Kollegen freue ich mich ja schon

darauf, wenn sich hier ein Wolfsrudel ansiedelt. Lass den Wolf doch die eine oder andere Ricke reißen, aber pro erlegtes Stück Wild hält der doch ein Dutzend Rumlatscher fern vom Revier. Die hätte ich beinahe vergessen, die Mountainbiker, oder noch schlimmer Downhillbiker, die mit ihren Geländefahrrädern durch die Schonung brettern, denen musst du ständig ihre «Trails» kaputtmachen, Bäume drüberwerfen oder am besten hilft Ilex, da habense Respekt vor.

Reiter hab ich noch vergessen, kommen mit Auto und Pferdeanhänger bis an den Waldrand, laden den Zossen aus und hoppeln ne halbe Stunde durch den Wald, son Gaul der scheißt natürlich für zwei. Das Profil von meinem Dienstwagen, son Subaru Forester, alles voller Pferdescheiße.

So, das alles nervt natürlich schon genug, aber es kommt noch schlimmer. Wenn wir im Winter in den Beständen Eichen oder Buchen einschlagen, dann gehts erst richtig los. Ich meine, wir machen das ja nicht, weil wir Bäume hassen oder so, ich hab da ganz klare Vorgaben von der Landesforstverwaltung, wie viel Raummeter ich pro Jahr einschlagen und vor allem wie viel das bringen muss. Die Regierung hat doch den Ertrag aus den Landesforsten schon in ihrem Haushalt stehen, da hab ich noch keinen einzigen Baum umgelegt. Und weil Buche im Augenblick nix kostet, kann ich die nur als Brennholz anbieten.

Ich sag dir, da ist was los im Wald, wenn ich die einzelnen Lose verkauft habe. Da kommen ganze Familien mit Opa und Säugling anmarschiert. Nissan Micra mit 750-Kilo-Klaufix am Haken und dann gehts dabei. Vattern packt die Baumarktsumse aus und fängt an, die Stämme in Portionen zu zerlegen. Dazwischen springen die Blagen rum, Mutti säugt den Kleinsten an der Titte, Opa hat ne Pulle Steinhäger mitgebracht, das ist für die ein Wochenend-Event. An sonnigen Wintertagen haben wir an die zwanzig Brennholzkäufer im Forst, eine Symphonie des Grauens, das Schalenwild ist wohl längst nach Polen ausgewandert.

Ich sag schon immer freitagabends zu meiner Frau, lass uns bloß abhauen, das ist nur eine Frage der Zeit, bis einer der Trottel seine Verwandten zersägt oder unter einen Baumstamm gerät. Und ich will mir das nicht angucken müssen. Früher, als dieser ganze Schwachsinn anfing, als plötzlich jeder in der Siedlung nen skandinavischen Kaminofen haben musste, da kamen die Männer allein in den Wald und haben das halbwegs professionell hingekriegt, die hatten auch wenigstens noch nen eigenen Trecker. Du glaubst nich, wie viel ich von den Kleinwagen mit Anhänger heutzutage am Wochenende ausn Schlamm ziehen muss … wenn ich erreichbar bleibe.

Nä, nix wie weg, wenn im Winter die Sonne scheint und die Brennholzidioten wieder anrücken. Aber auch das sind noch nicht die Schlimmsten. Wenn wir Eichen einschlagen, das sind Stämme, die sind zum Teil ein paar hundert Jahre alt und das sind die, die das Geld bringen. Dann kommt so ne Truppe aus Süddeutschland mit einem Harvester und der erntet die Bäume. Das sind natürlich gewaltige Maschinen, die einen Mordslärm machen. Wenn jetzt welche von den Grünen oder sagen wir deren Hilfstruppen BUND oder NABU, wenn die das mitkriegen, dann rücken die mit ihren Störtrupps an. Das Wenigste, was einem dann blüht, ist eine Diskussion über die Vernichtung von nachhaltigem Baumbestand oder so was, die Klugscheißer von denen gehen mit nem Maßband zwischen die Rückegassen, bei uns müssen

Seitdem alle Waldarbeiter «Rücken» haben, hat die Berufsgenossenschaft verboten, die Bäume unten abzusägen.

die einen Mindestabstand von vierzig Metern haben. So, nun lass eine mal 39 Meter sein, das misst ja keiner so genau nach im laufenden Betrieb, dann sind die imstande und legen den kompletten Einschlag lahm. Da gehen mal eben fünfhundert Euro pro Stunde, in der das Team nicht arbeitet, übern Deister. Ich hab schon alles versucht, Schranken dicht vorm Wald, wenn wir einen Bestand abtreiben, nachts arbeiten, aber das ist zu gefährlich, es hilft nichts.

Eine von den Elsen hat sich neulich an den Forstschlepper angekettet, musste die Polizei kommen, zwanzig Kilometer Anfahrt, die Hornochsen haben sich auch noch festgefahren auf halber Strecke mit ihrem Passat. Hat mich sechs Stunden gekostet die Attacke, sind dreitausend Verlust. Ich mach das nicht mehr lange mit, ich bin manchmal regelrecht mit den Nerven am Ende. Von wegen, ein Traumberuf inmitten von unberührter Natur. Angeschissen! Als Kind schon wollte ich unbedingt Förster werden. Da gabs diese Serie im Fernsehen, «Lautlose Jagd». Förster Poelzig mit dem Deutsch-Langhaar an der Schweißleine verfolgt einen Wilderer, dem er eins auf die Schwarte gebrannt hat. So ähnlich hatte ich mir das wohl erträumt, da ist nun rein gar nichts draus geworden.

Nach dem Studium hab ich die Kollegen bedauert, die einen Job in den Stadtförstereien gekriegt haben, müssen den ganzen Tag im Büro von der Stadtverwaltung sitzen und Festmeterpreise kalkulieren. Und ich, ich hatte das große Los gezogen: Staatliche Oberförsterei, ein Haus mitten im Revier, Baujahr 1903, noch mit Hirschkopf am Giebel, da wo sich Fuchs und Hase Gute Nacht sagen, wie damals bei Förster Poelzig im Fernsehen. Wer hätte geahnt, dass ich hier mitten im totalen Wahnsinn sitze und froh bin, wenn ich am Wochenende in die Stadt abhauen kann. Was ist aus unseren Kindheitsträumen geworden, denke ich manchmal. Geht das nur mir so oder wurden wir alle beschissen?

Leben auf dem Dorf als ZDF-Produktion – Die Bauernfamilie Meyer zu Bregendorff

Mitten in einer der fruchtbarsten Gegenden Deutschlands liegt der über tausendjährige Hof der Familie Meyer zu Bregendorff. In den letzten Jahrzehnten hat auch dieser Betrieb unter den Umstrukturierungen in der Landwirtschaft gelitten. Das traditionelle Fachwerkambiente wurde mit der Kettensäge den Erfordernissen moderner Schlachtviehproduktion angepasst. Es sieht nicht so aus, wie sich ein Landhausstil-Städter einen so alten Hof vorstellt. Derzeitiger Besitzer ist Heinrich Meyer zu Bregendorff, 38 Jahre alt, verheiratet mit Jutta, Vater der drei Kinder Henning (16), Kerstin (12) und Karlchen (7). Im Haushalt leben auch noch Heinrichs Mutter Gertrud und sein Deutsch-Drahthaar-Jagdhund Waldo.

Heinrich Meyer zu Bregendorff

Er ist der Letzte seines Stammes (nach eigener Einschätzung),

... der Letzte einer mehrere hundert Jahre währenden Ahnenreihe von Bauern auf diesem Hof,

... der letzte Vollerwerbslandwirt im Dorf

... und vor allem der Letzte in seiner Familie, der sich überhaupt noch für die Landwirtschaft interessiert.

Wenn er abends mit seiner Familie am Tisch sitzt, lässt er seinem Unmut freien Lauf:

«Nur Dosenfresser um mich herum. Hier weiß doch keiner mehr, wie die Nahrung überhaupt entsteht.»

Seine Familie verzieht dann jedes Mal genervt das Gesicht.

Sie kennt diese Ausbrüche des Vaters schon. Meist bleibt es bei den verbalen Attacken, manchmal kommt es aber auch ganz schlimm:

«Morgen müssen den Ferkeln die Zähne abgekniffen werden. Du, Henning, hilfst Mama dabei, und Kerstin macht mit mir den Güllerundbehälter sauber. Oma macht dann den Rest.»

Manchmal hat Heinrich so einen Hass auf seine «verstädterte» Familie, dass er sie zu oft nutzlosen «Sklavenarbeiten» einspannt. Er weiß genau, dass sie sich nicht trauen, ihm zu widersprechen, denn der Hof erwirtschaftet deren Handygebühren, Modefimmel und Kurzurlaube.

Neben seinen alltäglichen Sorgen bewegt Heinrich aber noch eine viel größere:

«Für wen mach ich diesen ganzen Schiet hier eigentlich?»

Sein Vater hat den Hof an ihn weitergereicht wie der Großvater zuvor an den Vater und so weiter tausend Jahre zurück bis zur Zeit der Sachsenkriege. Und er? An wen soll er das Erbe weiterreichen?

«Schöner Mist. Ich glaub, mein Ältester is schwul, meine Tochter is ne Frau, und mein Jüngster – wer weiß, ob der überhaupt von mir is.»

Sein Sohn Henning ist überhaupt nicht schwul, sondern interessiert sich eben nur nicht für Trecker, Schweine und Mastbullen.

«Das is doch beinahe schwul.»

Seine Tochter Kerstin kommt als Erbin überhaupt nicht in Frage, aber nicht so sehr, weil sie eine Frau ist.

«Die Kerstin, die lass man laufen, die weiß, wo beim Ochsen die Eier sitzen.»

Sie interessiert sich sogar für die Landwirtschaft, allerdings nicht ganz für die väterlicher Prägung.

«Was soll son Pony, Kerstin. Das reißt nich das Radieschen ausse Erde und schmecken tuts auch nich mal. Und bloß fürn Köddel können wir hier keinen durchfüttern.»

In Wahrheit kommt sie deshalb nicht als Erbin in Frage, weil sie ja vermutlich irgendwann heiraten wird.

«Das kann ja heute keiner mehr vorhersagen, was die jungen Dinger einem anschleppen: Neger, Musiker, einen vonne SPD oder alles zusammen.»

Das ginge Heinrich natürlich gar nichts an, wen seine Tochter einmal heiraten wird, aber ...

«So einen Bullenmelker kann ich hier nich gebrauchen aufn Hof.»

Selbst seine Mutter verdreht die Augen, wenn Heinrich über nichts anderes reden kann, die Kinder verstecken ihre Zeitschriften, seine Frau legt die Urlaubsprospekte unter die Tischdecke, wenn er kommt. Nur darum geht's eben: der Hof, der Hof, der Hof!

«Erst kommt der Hof, dann ne Zeitlang gar nichts, dann die Güllegrube, und dann kommt ihr alle mit euern Tüdelkram.»

Solche Sprüche müssen sie sich täglich anhören. Doch wie bei allen liebenswerten Tyrannen haben seine «Untertanen» etliche Strategien entwickelt, um sich seines Zugriffes zu entziehen.

Jutta Meyer zu Bregendorff

Sie hat ihren Mann vor siebzehn Jahren geheiratet, weil er der Hübscheste, Größte und Schneidigste war – schon damals im Konfirmandenjahrgang. Alle ihre Freundinnen waren in ihn verliebt. Für den Hof Nummer eins im Dorf hatte sie sich damals nicht interessiert und tut es auch heute kaum. Sie hätte auch einen Arbeiter geheiratet, wenn er genauso fesch gewesen wäre wie Heinrich. Mit den Jahren hat sie nach außen hin akzeptiert, dass sie nach «dem Hof» nur die zweite Geige spielt im Leben ihres Mannes – jedoch insgeheim wünscht sie sich ein wirkliches Leben zu zweit, in dem man mehr Zeit füreinander hat.

«Wenn erst die Kühe weg sind, dann könnte man die Ställe doch zu Ferienzimmern umbauen. Heinrich könnte die Gäste dann mit Trecker und Planwagen rumkutschieren, und ich sorge für frische Wäsche und alles. Und im Winter könnten wir um die Welt reisen, ach, wär das schön.»

Im Winter fällt Heinrich Bäume, und ehe er «Gäste rumkutschieren» würde, sägte er sich den Kupplungsfuß ab. Trotzdem versucht Jutta mit stetem Tropfen die Landwirtschaft auszuhöhlen. Ihr größter Traum ist es, zusammen mit anderen Frauen aus dem Dorf in der alten Wagenremise ein rustikales Pseudo-Bauerncafé zu eröffnen: Das Projekt «Häkelgruppe», in dem sich die Initiatorinnen heimlich treffen. Nur einmal hat sie das Thema gegenüber ihrem Mann angesprochen.

«Heinrich, der alte Rosthaufen da in der Remise, der brächte doch bestimmt fünfhundert Euro beim Schrotthändler und ich könnte da drin dann ein bisschen aufräumen.»

Gott sei Dank hatte sie nicht schon von sich aus den Schrotthändler angerufen, denn bei dem «Rosthaufen» handelte es sich um einen Lanz-Verdampfer-Bulldog, Baujahr 1928, Heinrich hätte ihr die Hölle angewärmt.

«Den hat mein Großvater damals für dreizehn Billiarden Rentenmark gekauft, der hat hier Bleiberecht auf ewig.»

Trotz dieser Rückschläge arbeitet Jutta stetig an ihrem Projekt, bepflanzt hier mal ein paar alte Treckerreifen mit Stiefmütterchen oder hängt dort mal eine rostige Zapfwelle dekorativ an die Hauswand. In ihrem Bemühen findet sie – was auf Bauernhöfen sehr selten ist – Unterstützung in ihrer Schwiegermutter.

Gertrud Meyer zu Bregendorff

Denn sie litt ähnlich unter ihrem Mann Rudolf wie Jutta heute unter Heinrich, auch für ihn gab es nichts anderes als «den Hof». Statt die ihr zugedachte Rolle als «Hofoma» zu spielen (die Bauersfrau im Haushalt entlasten, damit diese «aufm Trecker» mithelfen kann), möchte sie jetzt, nachdem ihr Rudolf endlich gestorben ist, das Leben noch ein wenig genießen. Heinrich erkennt seine eigene Mutter nicht wieder, wenn sie schick gekleidet in der Hollywoodschaukel sitzt, einen Hera-Lind-Roman verschlingt und einen

«Schiet sich kümmert»,

dass die Enten ausgebrochen sind und das ganze Korn vollscheißen. Größter Konfliktpunkt: Oma will ihren Führerschein machen, um Ausflüge zu unternehmen.

Die Kinder Henning, Kerstin und Karlchen

Schon früh mit den Nachteilen des Großwerdens auf einem Bauernhof bekannt geworden (wenn die Schulkameraden im Freibad waren, mussten sie bei der Ernte helfen), haben sie mittlerweile einen richtigen Hass auf «den Hof» entwickelt. Besonders Henning, der designierte Erbe, interessiert sich eher für Computer, lebt zurückgezogen in seinem Zimmer und versucht in den Rechner der Schule einzudringen. Nur Kerstin hält zum Vater, weil sie sich davon ein Pony verspricht. Der kleine Karl besitzt noch die natürliche Faszination aller Kinder für alles, was dreckig macht, und hat seinen Spaß auf dem Hof. Er ist insofern nur ein Problem, da Heinrich ihn als Produkt eines Seitensprungs seiner Frau ansieht – «damals als ich mit den kaputten Bein inne Klinik lag».

Dummerweise mag er ihn als das Nesthäkchen von all seinen Kindern am liebsten. Was ist, wenn da ein richtiger Bauer heranwächst?

Mögliche Themen:

Henning soll von der Schule fliegen wegen Haschischrauchen. Das Gras wird auf dem elterlichen Hof konfisziert.

Kerstin hat sich ein Pony «nur geliehen» – alle stecken unter einer Decke, nur Heinrich weiß nicht Bescheid.

Die neue Terrasse oder die automatische Abferkelbox – Geld ist nur für eines da.

Oma hat einen Mann über Anzeige kennengelernt.

In der Kreisstadt wird die Stelle einer Frauenbeauftragten ausgeschrieben – Jutta hat sich beworben.

Jutta hat einen Urlaub gebucht, Heinrich hat eingewilligt – die letzten Tage vor der Abfahrt.

Bregendorffs könnten Bauland verkaufen, allerdings müsste Heinrich dann seine Gülle woanders verteilen. Alle sind dafür, außer einem. Alle malen sich aus, was mit dem vielen Geld Schönes zu finanzieren wäre.

Jutta möchte einen Whirlpool, dort, wo jetzt die Schweineweide ist.

Oma hat endlich ihren Führerschein, aber kein Auto.

Kerstin hat eine Austauschschülerin aus dem Kosovo zu Gast.

Nebenan zieht ein Paar aus der Stadt ein: Barbour-Jacken-Landhausreiche. Alle finden «die Neuen» toll, außer einem.

Steffen Struckmeyer, 52, Turbolandwirt

Struckmeyer hat sich mit zwei anderen Landwirten der Börderegion zu einer GbR zusammengeschlossen. Gemeinsam bewirtschaften sie eine Biogasanlage, drei Windräder und 950 Hektar Ackerland. Zum Maschinenpark gehören diverse Schlepper, Rübenvollernter und Mähdrescher. Jetzt, während der Frühjahrsbestellung, ist Struckmeyer mit seinem Schlepper unterwegs, allerdings nicht mehr auf, sondern neben dem Acker.

Struckmeyer: Das meiste macht der Xerion 3800 automatisch, der hat ja schon das Sequence Management drin, is die beste Gerätekommunikation, die es von meine Meinung her gesehen zurzeit aufn Markt gibt. Integrierte Zapfwellenautomatik, sechs Lenkprogramme, mit allem Pipapo und ich sag mal 379 PS Leistungsspitze, da bleibt kein Auge trocken. Is natürlich geleast, ich hab den alten Trecker weggegeben, der hatte kein GPS und wenn der Bengel draufsaß, hat er dauernd mit sein iPod ins Motormanagement rumgefummelt, da hab ich gesagt wech damit, der war ja auch schon drei Jahre alt, aber für Osteuropa tut ders noch. – Ich hab jetzt hier 150 Hektar Triticale gesät, das is Weizen und Roggen zusammen also ne Kreuzung, da muss man nich so viel spritzen und ich sag mal so: Umwelt und dies und jenes, aber das Schlimmste is ja: Herbizide kosten man ne Menge Geld. Als ich den Betrieb damals von unsern Vadder übernommen hab, da hatten wir, ich lüg jetzt mal, lass das vierzig, fünfzig Stück Milchvieh gewesen sein, paar hundert fette Schweine, Ferkelsauen, Zuckerrüben, den ganzen Schamott, da warst du den lieben langen Tach mit unnerwegens: Dann brüllte hier ne Kuh, dann lag da der Weizen am Grund, es war ewig was.

Das würde ja ne Frau heute wie unse Brigitte, die würde sowas ja gar nich mehr mitmachen, ne. Wir sind ganz normal wie andere Sterbliche auch drei Wochen anne See in Sommer und über Weihnachten Malediven, ne. Is alles automatisiert. Ich sitz mit Badeschlappen anne Hotelbar in Mataheiti oder wie das bei denen heißt und guck aufe Webcam in mein Schweinstall zuhaus – das is für mich Urlaub pur. Ich mein, die dreihundert Fette, die wir noch haben, das lohnt vorne und hinten nich, die hab ich bloß noch, weil wir den Stall da stehen haben, aber nächstes Jahr mach ich Brigitte da Dekoladen von, mit Terracotta, rostige Kerzenständer und den ganzen Schiet. Schön paar Hängebauchschweine davor für die Kinder. Das bringt mehr als die ganze Schweinerei.

Ich hab zu unsen Bengel, den Hendrik, hab ich schon gesagt, sieh zu, dass du ein paar tausend Hektar in Osteuropa inne Finger kriegst, hier in Dschörmeni da gehen für uns demnächst die Lichter aus. Hendrik ist jetzt im März ist er sechzehn geworden, da muss der Bengel allmählich auf eigene Füße stehen. Da wo er is, aufe Infiltrierte Gesamtschule, sag ich immer dazu, da lernt der sowieso nur noch Blödsinn: Medienkompetenz, Islamkunde, das is ja wie frü-

«Scheiße, Wind von hinten.»

her weibliche Nadelarbeit, nix wie Quatsch, mit dem Wissen muss der in der jetzigen Wirklichkeit nich ankommen. Ich hab zu ihn gesagt: Hendrik, nimm die mittlere Reife noch mit und dann machst du in dem Beklopptenbunker die Tür von außen zu. Ich schick ihn dann fürn Jahr nach Kanada, da hab ich nen Jagdkumpel, der bewirtschaftet 80 000 Hektar Mais, alles von Sofa aus.

Kann sein, dass der Bengel danach gar nich mehr zurück will auf unse 950-Hektar-Klitsche mit den ganzen Grünen umzu und diese Froschversteher alle. Also, ich finde ja auch, dass man mehr Rücksicht auf die Natur nehmen sollte, aber muss das immer auf dem Rücken von uns Bauern passieren.

Wir haben hier im Land ja jetzt auch nen Grünen als Minister, wie heißt das jetzt noch mal, «Minister für Ernährung, Verbraucherschutz ...» und dann kommt erstmal ne ganze Zeit gar nix und dann erst Landwirtschaft. Da weißt du doch schon Bescheid, wie so einer tickt.

Früher wars auch schon mal einer von die Grünen, ne Frau, das war noch nich so schlimm, die ging so mehr auf Verbraucherrechte, vergammelte Wurst, Salmonellen-Pudding und so weiter, die ließ uns wenigstens in Ruhe arbeiten. Aber dieser Vogel hier, der treibt jede Woche bald ne neue Sau durchs Dorf. Ich guck mir das noch ne Zeitlang an, weißt du, dann häng ich den ganzen Schiet an den Nagel. 950 Hektar Brennnesseln, Bracheprämie, lass mich vom Land als Wolfsberater anstellen und back mit meine Brigitte Kuchen für das Hängebauch-Café, wo sich die grünen Spinner den Dinkelschiet in den Muckefuck stippen. Ist doch wahr.

So, ich seh grad, der Trecker meldet sich auf den Tablet, noch vier Minuten, dann is er fertig dann holt er mich hier ab und wir beide fahren noch eben nach Hauptgenossenschaft hin: Er muss neue Spritfilter kriegen un ich unterhalte mich nen büschen mit die nette Dame hinter den Tresen – ich sag immer, man lebt nich ewig, und wer weiß, ob's morgen regnet. Jau, bis die Tage. Da kommt er schon, der Xerion, is das nich herrlich, ja früher war nich alles besser.

Umgehungsstraße

Die satten Bewohner der Speckgürtel Mitteleuropas leben in einer Welt voller Illusionen: Sie glauben an einen alles verzeihenden Gott, an ein gemütliches Leben vor dem Tod, aber vor allem an die Existenz der Umgehungsstraße.

Wobei die Umgehung immer auch das neu Durchschnittene zeitigt, das dann wiederum nach Umgehung schreit. Viel bedeutsamer als dieser logische Widerspruch ist allerdings die in einer Umgehungsstraße asphaltgewordene Geisteshaltung. Sie steht symptomatisch für ein Land der egoistischen Arschgeigen. Lkw, die zu jeder Jahreszeit frische Kiwis und südostasiatische Meerbarben in den Discounter bringen: Auf jeden Fall, doch wenn sie durch das malerische Fachwerkidyll brettern, dann krakeelt das Mittelstandsweibchen Feurio und gründet eine Bürgerinitiative: Pappschilder säumen alsbald die Trasse, auf denen steht geschrieben: «Lieber Bürgermeister, lass uns nicht mit den Brummis allein» oder nach einigen Monaten erfolglosen Protests: «Dieselstinker raus aus Unterfurzbach».

Nicht nur der böse Autoverkehr wird mit verbaler Katzenscheiße beworfen, auch die unselige Energiewende frisst die eigenen Kinder, seitdem die Windräder in die Nähe der Siedlungen mit den Ökohütten vorrücken. Das alte Egoisten-Prinzip «Heiliger Sankt Florian / Verschon' mein Haus / Zünd' and're an!» zeugte immerhin von einem fast schon sympathischen, weil ehrlichen Hass auf die Mitmenschen. Der Geist der Umgehungsstraße versteckt sich hinter Gedusel und Gefasel und ist demzufolge ungleich widerwärtiger. Die rußenden Schwerlaster sollen zwar bei anderen Menschen vorbeidröhnen, aber nicht, weil die mir scheißegal sind und deren Kinder meinethalben an Pseudokrupp verrecken können – das wäre wenigstens ehrlich. Nein, der Lasterverkehr muss verschwinden, weil er böse ist, und wenn man ihn nicht mehr sieht, wird alles gut.

Da lob ich mir doch die Bürgerinitiative, die das Flüchtlingsheim verhindern möchte, da in der trauten Nachbarschaft sonst die Immobilienpreise sinken. Da wird noch ehrlich auf den Teppich gekackt, keiner versteckt sich hinter Kindeswohl oder kramt das Brutgebiet des zweischläfrigen Ritzenkrauts hervor. Doch Erfolg haben seltener die ehrlich Widerlichen als vielmehr die verlogenen Anwälte des Gemein- und Naturwohls. Doch bedenke stets, die Umgehungsstraße der anderen ist die Durchfahrtsstraße durch dein Zuhaus.

Erna Klumpe, 78, Textilhaus Teufel, Münsterland

Das alteingesessene Textilhaus Teufel wird in der dritten Generation als Familienbetrieb geführt. Der Großvater der jetzigen Inhaberin, Clemens Teufel, hatte noch als Kiepenkerl die weitverstreuten Bauerndörfer abgelaufen. Nach zwei Modernisierungen, der ersten in den späten Sechzigern und der zweiten Ende der Neunziger, erstreckt sich das Ladengeschäft nunmehr über das Erdgeschoss von drei nebeneinanderliegenden Häusern. Erna Klumpe wird in drei Wochen den Laden für immer schließen.

Klumpe: Ich hätte ja schon viel früher zugemacht, wenn ich einen Käufer oder wenigstens einen Mieter für das Geschäft gefunden hätte. Jetzt endlich vor zwei Monaten hat sich einer auf meine Anzeige gemeldet. Ein sehr netter junger Mann, er verkauft gotische Kleidung, konnte ich mir partout nichts drunter vorstellen, aber dann hat er mir ein paar Stücke gezeigt, pechschwarze Gehröcke, Spitzenkorsagen und lange Frauenkleider mit Drudenfüße hintendrauf.

Ich sag zu ihm, junger Mann, das kauft doch hier aufm Land niemand. Haben Sie denn keine Manchester-Buchsen oder wenigstens Lodenjacken so in Trachtenform, die wurden immer viel verlangt. Nein, sagt er, das wär ihm egal, was die Kastenköppe hier ausse Gegend verlangten – da musst ich doch bitten – «Kastenköppe», so eine Unart, das über andere zu behaupten. Jedenfalls wollte er in dem Laden gar nichts verkaufen, er bräuchte den nur als Adresse für seine Internetz-Präsenz und die Schaufenster als Foto für seine Hohmpätsch. Da wird doch der Hund in der Pfanne verrückt, zahlt hier über tausend Euro Miete für dass er ein Foto machen kann von unserm Geschäft. Die Welt wird immer komischer.

Und dann hat er noch gefragt, ob er den Namen «Textilhaus Teufel» auch mieten könnte, da würde er noch mal zweihundert drauflegen. Warum denn, hab ich ihn gefragt, wollen sie denn nicht, dass ihr Geschäft ihren Namen trägt. Nein, hat er gesagt «Textilhaus Teufel», das wäre als «Läibl» fast noch mehr wert als die Räumlichkeiten. Ich verstehe die Welt nicht mehr, aber die zweihundert Euro hab ich natürlich gerne mitgenommen, von die kleine Witwenrente von meinen Theo kann ich keine großen Sprünge machen. Und man hilft ja auch jungen Leuten gerne, die sich ne Existenz aufbauen wollen.

Hier guckense mal, wir haben drei Fensterfronten, ach was war das damals schön nach dem Umbau, als alle Nachbarn kamen und staunten, wie sich unser Geschäft rausgemacht hatte. Na ja, aber nach 2000 fing das an, dass immer weniger kamen, erst die Jungen nicht mehr, die kauften inne Stadt bei Friedhelms Family oder ließen sich was mit der Post kommen, dann starben die Alten nach und nach weg und als auch noch das Strumpfparadies und Tegelhüters dichtmachten, da kamen gar keine Leute mehr her. Na ja, so ist der Lauf der Welt, jedenfalls hat dieser junge Mann, ich sag immer junger Mann, der is auch schon über vierzig, jedenfalls will der nicht die ganze Fläche für sich nutzen für seine gotische Kleidung, sondern hat ein Schoppinschopp-System, fragense mich nicht, was das schon wieder ist, da kommt noch eine gewisse Frau Tatjana, die hat ein Tattu-Studio und verkauft auch wie der junge Mann in diesem Internetz sechs Tois, wenn se da man nich schnell ausverkauft ist, aber ich lass die jungen Leute gewähren, verstehe da ja sowieso nichts von.

Ich muss sehen, dass ich die nächsten drei Wochen noch so viel wie möglich von den ganzen Sachen hier verkaufen kann, dass ich den Laden besenrein übergebe. Was ich ja ein bisschen komisch finde, der junge Mann hat hier den Laden noch nicht mal übernommen, da erzählt mir der Pfarrer, dass er sich schon ne Grabstelle gekauft hätte auf dem Friedhof mit sechs Plätze. Ob er mit seine ganze Familie hierhinziehen will oder seine Eltern nach hierhin umbetten, er hat ja noch nich mal ne Wohnung. Als ich ihn drauf angesprochen habe, sagt er, nein noch wollte er am Leben bleiben, die Gräber hätte er sich für die «Fotoschuhtings» gekauft. Sind wohl Verwandte von ihm, er hat ja auch so nen komischen Namen,

Celin und Lilith-Gaea planen einen gemeinsamen Freitod, falls sie das Geld für ein hippes Mausoleum über Crowdfunding zusammenbekommen.

«Iwaschuta», das wäre ursprünglich wohl ungarisch, meinte er. Na ja, können nich alle ausn Münsterland stammen, muss auch andere geben.

Jedenfalls hat er mich und auch den Pfarrer schon eingeladen zu der Eröffnung in vier Wochen, er sagt, das wäre der einzige Tag, an dem der Laden tatsächlich geöffnet würde, danach nur noch im Internetz. Ob ich ihm irgendwie helfen könnte, hab ich ihn gefragt für die Eröffnung, Kartoffelsalat machen oder meinetwegen auch Brötchen schmieren. Das wollte er nich, aber ob ich jemanden wüsste, der ihm eine Ladung Mist vor die Tür kippen würde, damit den Tag jede Menge Fliegen bei der Eröffnung da sind. Da hat er sich nen

Witz erlaubt, aber mit ner alten Frau kann mans ja machen. Ich schmier einfach Brötchen mit Cervelatwurst und welche mit Käse, das kommt bei allen Leuten immer gut an. Ich wünsche dem jungen Mann jedenfalls viel Erfolg, is doch schön, wenn wiedern bisschen Leben einkehrt ins Dorf. – So, ich schließ jetzt ab, ist schon fünf nach halb sieben, kommt sicher keiner mehr.

Der deutsche Mann im Sommer

Die Lächerlichkeit hat viele Gesichter, das des deutschen Sommers sind Männer, die auf Rasenmähern sitzen. Sie hocken auf den viel zu kleinen Treckern wie Braunbären, die im Zirkus auf Dreirädern durch die Manege zuckeln. Der Bär immerhin macht das nicht freiwillig.

Die Rasenmähermänner werden von niemandem gezwungen, ja, sie mähen sogar mit Vergnügen, nicht wenige davon wohnen nur deshalb in den rasigen Vororten, um ihren Traum vom Aufsitzmäher verwirklichen zu können. Ganz Gewitzte kaufen sich sogar einen gelb-grünen Pussytraktor von John Deere, damit er zumindest farblich an einen richtigen Trecker erinnert. Was ist eigentlich los mit dem männlichen Teil der furzigen Brut in diesem Land? Ihre Großväter bretterten noch mit der Halbkette nach Russland, Volker und Michael aber sitzen auf einem lächerlichen Zwölf-PS-Gebilde aus dem Baumarkt. Nun ist es weder wahrscheinlich, dass sie mit dem Teil den Iwan angreifen, noch ist das überhaupt gewünscht. Sicherlich demonstriert eine

Nation ihre Harmlosigkeit kaum überzeugender, als wenn sie ihre wehrfähigen Kerle in den Vorgärten auf Mini-Treckern rumorgeln lässt.

Doch sollte man die traumatischen Nebenwirkungen bei Aufsitzmäherfahrern nicht unterschätzen. Man schaue sich nur die alten Reiterstandbilder in den Städten an, sitzt da etwa auch nur einer der Fürsten auf einer Ziege oder einem Shetlandpony? Warum hat sich das Christentum nur langsam in Nordeuropa durchgesetzt? Weil der Sohn Gottes auf einem mickrigen Esel unterwegs war, quasi dem Aufsitzmäher des Orients, schwer vorstellbar, dass dieser untermotorisierte Kollege die Menschheit erlösen könnte. Damals hatte man noch ein Gespür für peinliche Posen. Doch was ist daran überhaupt so peinlich?

Die ganzen Proportionen stimmen nicht: der Oberkörper des Mannes ragt viel zu weit über das Fahrzeug hinaus, seine Beine umkrampfen den Batteriekasten oder was immer sich unter der vorderen Plastikhaube verbirgt. Im Schritt fummelt der Aufsitzer an dem tellergroßen Minilenkrad herum, und es sieht aus, als seien nicht nur seine Gedanken, sondern auch seine Hände ganz woanders. Allein die Sitzposition erinnert eher an einen kackenden Pandabären denn an das Selbstbild vom Cowboy auf der Grasnarbe.

Es geht los: Mit ohrenbetäubendem Lärm startet das Aggregat, und unser Ritter von der traurigen Gestalt kurbelt Runde um Runde über die Rasenfläche. Richtige Männer bewegen sich aber nicht im Kreis herum, das machen Goldfische im Glas. Männer fahren geradeaus, denn sie haben ein Ziel. Diese Witzfiguren offenbar nicht, denn sonst achteten sie mehr auf ihre rasenmähende Performance. In Adiletten, Schlabberschlüpfer und verwaschenem Pur-T-Shirt auf einem kleinen Kullertrecker über die Tiergarten-Mischung brabbeln, das ist der Tiefpunkt männlicher Selbsterniedrigung. Doch es gibt Hoffnung: Der Rasenroboter wird dem sommerlichen Elend bald ein Ende bereiten.

An Dämlichkeit übertroffen wird der Rasenmähermann nur von jenem Geschlechtsgenossen, der mit nacktem Oberkörper auf einem Campingstuhl hockt und in gleißender Hitze die Baumarkt-Staketen mit flüssigem Nervengift anpinselt.

Hier werden eindeutig Prioritäten gesetzt: Das Überleben des Zaunes ist wichtiger als das des Menschen. Noch Jahrzehnte nach dem Dahinscheiden des Zaunpinslers erfreuen sich seine Nachkommen am konservierten Fichtenprofil. Warum aber ist der Pinsler obenrum nackt, während er die Latten versiegelt? Wohnt dem Ganzen eine sexuelle Komponente inne? Steht die Umfriedung für das weibliche Prinzip und der Pinsel selbstredend für gleichnamiges Organ am Manne, mit dem er das lebenspendende Ejakulat aufträgt? Wie sonst ließe sich die unsinnige Barrümpfigkeit des Deutschen beim Pinseln erklären? Drinnen hockt das Eheweib, draußen lockt die schlanke Zaunlatte, da fällt die Entscheidung leicht. Und schon streift der erregte Beschäler das Doppelrippleibchen über den Kopf, holt den Klapphocker aus der Garage und freut sich auf das Oben-ohne-Pinseln am Lattenzaun.

Ein um die andere Stakete wird mit dem ausgasenden Holzschutzelixier bestrichen, schon nach wenigen Minuten ist der Pinsler leicht beduselt und weiß nicht mehr, wo er ist. Die am verlässlichsten wirkende Dröhnung besteht aus Xylamon in der Exportversion für den usbekischen Markt, einer Außentemperatur von über dreißig Grad in praller Sonne und ein paar eiskalten Pullen Gerstensaft aus Oettingen. Diese Troika des Schreckens haut den stärksten Germanen aus dem Hemd, aber das hat er ja schon längst abgestreift.

Die größte Gefahr des pinselnden Deliriums lauert in der Phase des Hocker-Weiterrückens. Wie leicht verlässt einen da der geschwächte Sinn fürs Gleichgewicht, der Halbnackte purzelt rücklings in die Gosse, ein Lkw kommt hurtig des Weges, und des Pinslers zugedröhnter Kopf zerplatzt wie eine überreife Wassermelone. Äußerst selten allerdings ereignet sich solch Ungemach, denn noch ehe den Gatten komplett die Selbstkontrolle verlässt, belfert die Eheteilnehmerin aus dem Stubenfenster und ruft die Rothaut zurück ins Eigenheim. Beim Eintritt in die kühle Behausung trifft den Pinsler prompt der Schlag, und Mamma schleppt ihn auf den Diwan vor das Fernsehgerät. Hier ruht er nun mit verbrannter Pläte und verätzter Lunge, doch träumen tut er von schlanken braunen Staketinnen, die er, eine nach der anderen, mit seinem Pinsel bestreicht.

Ruhe wohl, deutscher Mann im Sommer. Danke, dass es dich gibt.

5 Antipasto

Die Antipasti der italienischen Küche bestehen aus kleinen Gerichten und dienen als Auftakt eines mehrgängigen Menüs.

In italienischen Restaurants ist es üblich, vorbereitete Antipasti in einer Vitrine zu präsentieren, aus denen der Gast nach seinem Geschmack auswählen kann.

Mit den italienischen Antipasti kam die Exotik über das Essen zu den Deutschen. Die Vorspeisen waren kalt und wurden dem Gast nicht einfach vorgesetzt, er durfte sie selbst zusammenstellen – was für eine seltsame Welt und der Beginn der Globalisierung in allen Lebensbereichen. Kapitel 5 ist unserem Umgang mit dem Fremden gewidmet, es endet – gar nicht seltsam – mit Endzeitphantasien.

Der Winnetou-Komplex

Der Deutsche hat's nicht so mit den Fremden, weil die ja keine Deutschen sind – so weit, so logisch. Meist ist ihm das aber auch egal, solange sie woanders wohnen.

Im Grunde ist es ihm sogar recht, denn dann kann er sich umso deutscher fühlen, wenn er die Zeitung aufschlägt und von undeutschem Verhalten im Ausland liest, also Armut, Hungersnot und Naturkatastrophen. Fassungslos schüttelt er dann den Kopf und legt das Presseorgan neben sich auf die Toilettenumrandung. Die allermeisten Deutschen sind keine Rassisten, schließlich kann jeder ein Deutscher sein oder werden, wenn er sich ganz doll anstrengt, sagen wir mal Winnetou, ein hochanständiger Kerl, dem man ohne zu zögern seine Frau leihen würde. Apachen sind Ehrendeutsche, alles famose Kerle, die an Manitou glauben, der übrigens auch Deutscher ist. Apachen reiten den ganzen Tag durch die Prärie und schießen mit Flitzebögen auf Bisons oder erdolchen das Riesenbiest mit dem Bowie-Knife. Tollkühne Burschen, einer wie der andere.

Wenn aber die Fremden plötzlich nicht mehr durch die ferne Prärie reiten, sondern zu Fuß durch Österreich latschen und das auch noch in unsere Richtung, ist der Deutsche erst mal irritiert. Tief im Inneren weiß er ja, dass Winnetou und seine Apachen nur durch seine Phantasie reiten und die Wirklichkeit ganz anders aussieht, aber die Vorstellung vom edlen Wilden lebt in ihm weiter. Abgesehen von den unheilbar verblödeten Flüchtlingsheim-Anzündern rastet beim Deutschen der Umarmungsmodus ein. Es wird an Bahnhöfen tiriliert und mit Fähnchen rumgeflattert, Menschen flippen aus, als sei uns der Messias erschienen. Selbst im befreundeten Ausland, das uns seit siebzig Jahren zu kennen glaubte, fasst man sich an den Kopf: Was ist aus dem alten Weltkriegsmonster nur geworden? «Willkommenskultur» ist nach «Blitzkrieg» das meistzitierte deutsche Lehnswort im englischen Sprachraum. An sich ist das schön! Doch wie alle Idealisierungen wird auch diese enttäuscht werden, denn die Neuankömmlinge sind nicht Winnetou und Ntschotschi, sondern, wie sich schon sehr bald herausstellt, Menschen wie du und ich. Und wie wir sind, das wissen wir ja, und mit uns haben wir's auch nicht immer leicht – im Gegenteil.

Migration als Chance

Die millionenfache Einwanderung ist eine ganz große Chance, sagen alle, die das sagen müssen. Aber es stimmt: Wir sind nicht mehr allein mit unserer vergeigten Demographie.

Vor den neu Eingewanderten gehen erst mal eine ganze Menge Deutsche in den Ruhestand: Ick bün all hier, und du, mein Freund Ali Baba aus dem Morgenland, du zahlst schön meine Bezüge, ätsch. Den Atommüll können doch die Migrantenrangen wegräumen, wo sie schon mal da sind. Und nach ein paar Jahrzehnten, wenn die syrische F2-Generation am Start ist, schicken wir die zurück in die Levante. Dort entsteht Deutsch-Morgenland, eine picobello Kolonie, in der alles flutscht, so wie in Israel, bloß eben mit Deutsch-Syrern und ohne Hisbollah-Beschuss. Ja, da will doch keiner mehr bei den Vier-Euro-achtzig-Cappuccino-Griechen Urlaub machen oder bei Erdoğan, dem alten Verbrecher. Als Rentner wohnen wir dann in Deutsch-Morgenland, während die ehemaligen Ureinwohner bei uns zu Haus im Land des Nieselregens am Band stehen und das Bruttoinlandsprodukt zusammenkloppen.

Einwanderung wird es natürlich immer geben, Zäune hin oder her. Aber wenn wir erst mal genug Migranten durch den Wesenstest geschleust und zu richtigen Deutschen gemacht haben, dann sorgen die schon dafür, dass die bucklige Verwandtschaft draußen bleibt. Die haben ja nicht dieses Nazi-Trauma, die können viel freier agieren am Schengenwall. Zwomal links schwenk und nach hinten weggetreten, sehr verehrte Kollegen aus dem Kosovo. Gelehrige Migranten sichern so letztlich unsere Wehrbereitschaft. Singen und sich rhythmisch bewegen können die sowieso besser als unsereins, da ist vielleicht auch mal wieder einer der vorderen Plätze beim Eurovision Song Contest drin. Und das mit dem Islam, das legt sich, spätestens wenn wir den auch kirchensteuerpflichtig machen.

Es geht alles seinen geregelten Gang, morgen ist auch noch ein Tag, und sogar den renitenten Griechen haben wir bald wieder im Griff: Für die zig Milliarden Stütze sortiert der uns jetzt das Flüchtlingsmaterial vor, damit uns die Abschiebekosten nicht die schwarze Null ruinieren. Alles klar, das schaffen wir! So sieht's aus, und morgen kommt der Nikolaus.

Almut Stubbe-Knäblein, 54, evangelische Gemeindepastorin

Nach einer stürmischen Zeit als Studentenpfarrerin und drei Jahren in der Gefangenenseelsorge freute sich Stubbe-Knäblein auf einen ruhigen Ausklang ihrer beruflichen Laufbahn und trat die Stelle als Pastorin in einer netten Vorstadtgemeinde an. Zwei Jahre nach ihrer Entscheidung hat sie die Schnauze gestrichen voll.

Stubbe-Knäblein: Man kann machen, was man will, es kommt ja keiner mehr. Die Verkündigung steckt in der Scheiße, um es mal ganz deutlich zu sagen. Wir haben neuerdings freies WLAN in der Kirche, wir nennen das Godspots, fand ich eine pfiffige Idee. Oder man bekommt Treuepunkte für jeden Gottesdienstbesuch. Ist die Zehnerkarte voll, kann man zwischen einem sehr schönen Topfset und der reich illustrierten Fotobibel wählen. Es hilft nichts, vor zwei Wochen waren außer mir nur Opa Strakeljahn und ein pickliger Konfirmand in der Kirche, wir haben dann lieber in der Sakristei Karten gekloppt als den ganzen Sermon runterzuorgeln für die paar Piepel. Na ja, so hab ich wenigstens eine Predigt in Reserve.

Selbst wenn «Sprittig of Passion» spielt – das ist unser Gospelchor –, kommen nicht mehr Besucher. Dabei sind die gar nicht mal sooo schlecht, für Weiße, meine ich. Das Bestattungsgeschäft läuft auch nicht mehr rund. Die Hälfte der Grabstellen ist leer, wir bieten schon das Doppelgrab zum Preis von einem, aber kauft ja auch keiner, wenn erst mal nur einer tot ist – die Leute sparen halt an der Ewigkeit. Sogar hier von uns aus fährt zweimal im Monat ein Mercedes-Sprinter mit den eingefrorenen Gemeindemitgliedern nach Tschechien zum Aufbrennen, da können wir mit unserer altmodischen Erdbestattung preislich nicht mithalten. Ich weiß auch nicht weiter, sagen Sie's mir, warum ist die Frohe Botschaft heute nicht mehr attraktiv? Hat Gott der Welt nichts mehr zu sagen?

Vor ein paar Monaten hat sogar Margot Käßmann hier gepredigt, viele haben nur ein Selfie mit ihr gemacht. Es war so demütigend, Margot ist unter Tränen abgereist. Um wieder etwas Pepp in die Gemeindearbeit zu bringen, hab ich eine Hüpfburg vor der Kirche aufgestellt, da können Eltern ihre Kinder abgeben während des Gottesdienstes, daneben gibt's sogar einen Getränkestand, Pils ein Euro für Männer, die darauf warten, dass ihre Frau aus der Kirche kommt – oft ist es ja nur die Frau, die noch Kirchenmitglied ist wegen der Steuern. War auch nichts. Drüben im Teppichbodencenter ist jeden Sonntag Schautag, Pils nur fünfzig Cent, als Gedeck mit einer Bratwurst ein Euro, da kann der Herr Zebaoth nicht gegenanzapfen.

Mir fällt auch nichts mehr ein, ich glaube nicht mehr an die Verkündigung, es ist alles so eine verdammt deprimierende Scheiße, wenn Sie den Ausdruck verzeihen. Gott hat Burnout, oder wir verstehen nicht mehr, was er mit uns vorhat. In der Bibelarbeit mit den paar Konfirmanden, die ich noch hab, zeige ich Zombiefilme, um den Jungen und Mädchen das Leiden Jesu nahezubringen. Das läuft ganz gut sogar, aber wenn ich im Anschluss an die Filme zur Diskussion einlade, sind alle verschwunden. Das verstehe ich einfach nicht, das ist doch der eigentliche Punkt, sonst bleiben es doch nur stumpfe Gewaltorgien. Na ja, ich hab's wenigstens versucht und mach das erst mal weiter, weil

Evangelisch-lutherischer Prayground mit WLAN-Godspot und Jesus-Upload.

der Kirchenvorstand das Sky-Abo für ein Jahr bewilligt hat.

Die letzte Hoffnung sind für mich die Flüchtlinge. Ich veranstalte zweimal im Monat einen sogenannten «Abrahamitischen Abend», Sie verstehen, «abrahamitische Religionen», das sind Juden, Christen und Muslime zusammen. Jedenfalls kommen da immer recht viele hinten aus den Unterkünften, leider nur Männer. Ich hab dann Tiefkühl-Schawarma besorgt oder wir machen Falafel, es gibt für jeden als Give-away eine Prepaidkarte für Anrufe in die Heimat, und wenn keiner von den Tschetschenen kommt, ist es auch ziemlich friedlich. Hier spüre ich, dass Gott noch unter den

Menschen weilt, auch wenn jedes Mal zwei, drei Stühle und die Hälfte vom Besteck fehlen, aber immerhin hat irgendwie Versöhnung stattgefunden auf 'ne Art.

Wenn ich manchmal abends allein zu Hause sitze, hab ich schon überlegt, ob ich nicht zum Islam übertrete, um diesen Menschen näher zu sein. Ich meine, das Verkündigungs-Knowhow ist ja da bei mir, das müsste bei einem Mitbewerber doch auch funktionieren. Aber die nehmen ja leider keine Frauen. Also mach ich hier erst mal so weiter. «Du kannst nicht tiefer fallen als in Gottes Hand», hat Margot ja damals in ihrer Predigt zu ihrem Rücktritt gesagt. Ich weiß nicht, ob sie sich der Doppeldeutigkeit dieses Verses bewusst war, ich bin jedenfalls da unten angekommen. Na ja, es ist, wie es ist, eigentlich wollte ich ja damals Maschinenbau studieren, aber es waren andere Zeiten, und da hab ich eben auf Theologie umgesattelt, so ist es eben im Leben. Ich muss noch zu zwei hohen Geburtstagen, dann hab ich's hinter mir für heute. Gott sei Dank!

Der Kalte Krieg

Der Kalte Krieg ist zurück! Na und! Für die meisten Westdeutschen über fünfzig war es die schönste Zeit ihres Lebens. Wer von ihnen kannte schon eine Atombombe persönlich und fühlte sich von ihr bedroht? Die Sowjetunion, zärtlich «der Iwan» genannt, war eine anonyme Macht hinter Stacheldraht.

Heute liegt «der Russe» im Urlaub am selben Pool wie wir. Was ist wohl besser? Na bitte! Waren die ersten Jahrzehnte des Kalten Krieges zwar noch etwas muffig und von Naziheimatfilmen durchseucht, so erlebten die Babyboomer ihre Jugend als weitgehend heiteres Jahrzehnt zwischen der Durchsetzung der Antibabypille und dem Aufkommen von Aids. Wen wundert's, dass gerade dieser Generation der Abschied von der guten alten Zeit besonders schwerfällt. Von den großen gesellschaftlichen Konflikten dieser Jahre, den Protesten gegen den Nato-Doppelbeschluss oder die Atomkraft, bleibt das tolle Gemeinschaftsgefühl in Erinnerung, von der Öko- und der Frauenbewegung bleiben das Bioregal bei Aldi und die Gleichstellungsbeauftragten in den Landkreisen.

Der Glaube daran, dass die Welt sich tendenziell verbessern ließe, war das Heimatgefühl des Kalten Kriegs. Nicht nur die Menschen im Ostblock lebten hinterm Zaun, die im Westen auch – nur auf der besseren Seite. Beiden gemeinsam war, dass man von den Problemen der jeweils anderen Welt nichts verstand. Unterm Schirm der nuklearen Bedrohung gediehen Kultur und Fettlebe. Ausländer kamen in homöopathischen Dosen ins Land, brachten leckeres Essen mit und räumten den Müll weg. Die gescheiterten Staaten Afrikas und Lateinamerikas hießen noch «Entwicklungsländer», das politische Bewusstsein war auf dem Niveau evangelischer Kirchentage und dabei noch nicht mal peinlich.

Studenten bekannten sich zu Mao und Stalin, wurden tatsächlich ernst genommen und mit Berufsverboten belegt, wie niedlich. Eltern wollten nicht die Kumpels der Kinder werden, Lehrer hatten nur einen Arm. Fernsehen war der Inbegriff von Furzigkeit, die Jugend hörte über Mittelwelle

London oder Luxemburg. Die drohende nukleare Ausrottung der Menschheit hatte was Beruhigendes, musste man sich deshalb um naheliegende Probleme nicht ganz so viel Sorgen machen. Es gab kein Internet, und das Fernsehprogramm endete noch vor Mitternacht. Das waren die goldenen Jahre des Kalten Krieges.

Johann «Johnny» Bröseke, 37, Waffennarr und Leiter einer Neighbourhood-Watch-Gruppe

Bröseke engagiert sich für die Mitbürger in seiner Wohnsiedlung, er ist jemand, «der die Sache selbst in die Hand nimmt». Bröseke sitzt auf der Terrasse vor seinem Fertighaus an einem Gartentisch mit Wolldecke, darauf diverse zerlegte Waffen.

Bröseke: Der eine interessiert sich für Modelleisenbahnen, der andere für Ballett, ich sammel Waffen aus den Weltkriegen. «Du und deine albernen Schießprügel», hat meine geschiedene Frau früher immer gesagt, die kam da irgendwie nicht mit zurecht. Gut, man muss sich entscheiden können im Leben, ich hab mich für die «Braut des Soldaten» entschieden, den Karabiner 98, haha. Wenn ich hier abends so auf meiner Terrasse sitze und sagen wir mal das MG 42 auseinandernehme oder die Schmeißer, dann komm ich runter, das ist wie Meditation.

Gaby und ich wir haben hier gebaut vor … das is jetzt schon bald zwanzig Jahre her wegen der Ruhe. Wir waren beide berufstätig und am Wochenende wollten wir einfach nur unsere Ruhe haben, ab und zu mit den Nachbarn grillen, aber mehr nich. Dann wurden vor sechs Jahren drüben auf der anderen Seite Mehrfamilienhäuser hochgezogen, alles Wohnungen mit B-Schein, muss ich ja wohl nich sagen, was das heißt. Mit der Ruhe wars dann vorbei, die Ersten waren noch keine drei Wochen eingezogen, brannte schon der Mülleimer an der Bushaltestelle. So ging das weiter: Alte Sofas flogen aus den Fenstern und die ganze Nacht eine Schreierei, wenn se sich in besoffenem Kopp anne Wäsche gingen.

Als dann auch noch die Murats hier hinzogen – ich hab nix gegen Türken, bin sogar Fan von Galatasaray Istanbul – jedenfalls dann wars total vorbei: Autos aufgebrochen, Zäune umgetreten, in Urlaub fahren konnte man sich gar nich erlauben, du hättest ja dein Haus nich allein lassen können – und die Stadt, was machte die? Stellte einen Sozialarbeiter ein. Der machte sogar noch gemeinsame Sache mit denen. Ich hatte mal nen Rottweiler, durch Streicheln wäre da auch kein anständiger Hund draus geworden. Jedenfalls nach zwei Jahren ist mir die Hutschnur geplatzt und ich hab hier die Bürgerwehr gegründet, oder wie wir sagen «Neighbourhood-Watch», das klingt nich so nach Reichswehr. Seitdem is Ruhe im Karton.

Deshalb, bei gutem Wetter im Sommer reinige ich meine Waffen immer aufer Terrasse, dass die das sehen. Sind natürlich alle entmilitarisiert, aber das wissen die Murats ja nich. Sollen ruhig zugucken, wie ich meine Bewaffnung in Schuss halte, das bringt mehr als diese ganze Kuschelsozialarbeit, meine Meinung. «Zero Tolerance», ist das nich sogar wissenschaftlich bewiesen, sag ich doch. Ich weiß nicht, was die drüben in diesen sogenannten Bundesländern, was die

Schnelle Eingreiftruppe der Neighbourhood-Watch «Singvogel-Viertel» in Angriffsformation.

eigentlich gegen Flüchtlinge haben. Die werden bewacht, dürfen nicht hin, wo sie wollen, kriegen alles vorgesetzt und mit etwas Glück werden sie nich integriert und schnell wieder abgeschoben – is jedenfalls der Plan. Das sind doch leicht zu verwaltende Menschen sind das doch.

Diese Pegidas die sollten mal hierhin kommen, wo die ganzen Schwarzfüße integriert sind, da fängt das Problem doch erst an. Wenn sie eigene Autos haben, mehr Geld inne Finger undundund, dann holen sie alle Verwandten nach hinten aus der Steppe, die noch nie ne Wasserspülung gesehen haben undundund, das sind doch die Probleme, vor denen wir stehen. Nein, Flüchtlinge dagegen hab ich überhaupt nix, die sind noch so verschreckt von diese ganzen Bomben da unten und dem Terror, die sind handzahm.

Wir haben sogar einen in der Neighbourhood-Watch, Mohammed heißt er wie sonst, der läuft für uns Streife hinten bei den Unterkünften, wo se die Iraker untergebracht haben. Er is von zu Hause aus jesidischer Kurde und hat sowieso sonen Hals gegen die da sind in dieser Unterkunft, aber er versteht denen ihre Sprache und kann auch fließend Würmchenschrift lesen undundund, der Mohammed besorgt uns die ganzen Informationen über was da hinten vorfällt. Wenn wir abends mal grillen, gibts extra für ihn was vom Schaf. Und so wie der Mohammed bei uns in der Gruppe mitmacht, auch und gerade im Dienst an der Waffe, könnte ich mir sogar vorstellen, dass der mal bei uns in Deutschland Fuß fassen kann mit allem Pipapo, eigenes Auto, Wohnung, diesen ganzen Wohlstand, den wir aufgebaut haben in all den Jahren.

So, die P8 noch durchziehen, dann guck ich auf DMAX die Folge über das neue G36, meiner Meinung nach überschätzt, aber …

Tierabwehrspray

Unter der verschämten Bezeichnung «Tierabwehrspray» offeriert eine große Drogeriekette derzeit Selbstverteidigung in Arbeitnehmerhand. Da hemmt kein fehlender Waffenschein die Freude an der Attacke, da darf alles besprüht werden, was einem nicht gefällt – der Wauwau vom Nachbarn, die Singvögel im Garten, der Reklamebote durch den Briefkastenschlitz und selbstverständlich auch der antänzelnde Maghrebiner.

Was weder Mutti und ihre Spießgesellen noch Petry und die Pegiden geschafft haben, das nimmt sich nun der deutsche Einzelhandel vor: Migrantenvergrämungswaffen für jedermann. Sobald der Ausländer auf Armlänge eingewandert ist, setzt es was mit der Pfefferspraydose. Harharhar. Der Gasangriff allerdings will gelernt sein. Das ist wie mit dem Freiluftpinkeln gegen den Wind – ehe man sich's versieht, wird man selbst zum Opfer.

Wenn sich der Staat tatsächlich oder auch nur eingebildet aus der Verantwortung für die Sicherheit seiner Bürger zurückzieht, dann dürstet es die Insassen nach Selbstjustiz. In den USA gehört es sogar zur kulturellen Identität, sich gegenseitig mit Schnellfeuergewehren umzupusten. Dagegen mutet des Deutschen Drang zum Reizgas geradezu ponyhofmäßig an. Aber gemach, hier geht's ja gerade erst los mit der individuellen Wiederbewaffnung. Pfefferspray gehört zu den niederschwelligen Waffen, da bedarf es keines hohen Auslösereizes. Man weiß ja schließlich, es bringt den Gegner nicht gleich um und den Sprüher nicht für Jahrzehnte in den Knast.

Somit sind viele Situationen denkbar, in denen das Giftgas aus der Handtasche auch deeskalierend wirken kann. In einem dieser nie enden wollenden Ehestreitgespräche setzt eine Prise Tierabwehrspray eine deutliche Zäsur, und es ist Ruhe im Karton. Im Streit mit dem Nachbarn muss man nicht mehr sofort die Spaltaxt schwingen, sondern kann ihm vorerst und kollegial das Augenlicht verätzen. Beim zwischengeschlechtlichen Missverständnis par excellence, ob denn «Nein» nun auch wirklich «Nein» bedeute, spricht ein drohender Strahl aus der Ampulle eine deutlichere Sprache. Gut für die Frau. Verzichtet sie drauf, hat auch der Mann was davon, dann kann er sich immer noch mit der Formel herauswinden: «Aber sie hat doch gar nicht gesprüht.»

Gehört die Spraywumme erst zur Standardausrüstung des Bundesbürgers, dann wird das unser aller Leben einfacher machen: Nicht lang schnacken, Dose auspacken! End- und sinnlose Debatten mit Politessen, Anwohnern und Schutzbefohlenen gehören der Vergangenheit an, ffft ffft und die Nervensäge ist nicht mehr im Geschäft. Sprühen sich bei flächendeckender Verbreitung die Germanen schließlich gegenseitig aus dem Verkehr, dann profitiert auch der Staat vom outgesourcten Gewaltmonopol, das dann ja gar keines mehr ist. Ffft ffft und dahingestreckt liegen die Kontrahenten, die Ordnungsmacht knipst das Endergebnis, und alles ist wieder gut. Eines aber wird jetzt überdeutlich, und damit kehren wir zum Anfang unserer Überlegungen zurück: Ein Burkaverbot muss unbedingt her, denn wer weiß, ob «Tierabwehrspray» den schweren Kattun aus der Levante durchdringen kann.

Die Stunde der Apokalyptiker

Die Stunde der Apokalyptiker hat wieder geschlagen. Sie wissen es längst: Deutschland ist im Arsch, Europa sowieso, die Menschheit erst recht und zum Schluss fliegt der ganze vermaledeite Planet auseinander. Die Endzeitpropheten kriechen wieder aus ihren Schlangengruben.

Und so fing alles an: Der Zug der Flüchtlinge über den Balkan vernichtet den Schengenraum, jedes Land verschanzt sich hinterm Stacheldrahtverhau, und davon geht Europa in den Arsch. Allen Zäunen zum Trotz erreicht der Flüchtlingsstrom das gelobte Land der 38,5-Stunden-Woche, und Florian Silbereisen wird nie mehr zur Leitkultur gehören. Stattdessen brüllt der Muezzin durch den Morgennebel, und die Scharia ersetzt die Straßenverkehrsordnung. Hat sich der Apokalyptiker erst einmal daran satt gezittert, holt er zum ultimativen Szenario aus: Die Menschheit geht in den Arsch. Denn in seiner Logik ist die ohne das alte Deutschland weder überlebensfähig noch -berechtigt, darin ist der Apokalyptiker ganz Althegelianer: Schließlich hat der Weltgeist auf seiner Reise durch die Geschichte in Deutschland seine endgültige Heimat gefunden, danach kann nichts mehr kommen.

Sobald good old Dschörmeni abschmiert, verliert der Rest komplett die Orientierung. Zuerst bricht die Mülltrennung weltweit zusammen, dann werden alle Atomkraftwerke hochgefahren, und an den Supermarktkassen auf der ganzen Welt gibt's wieder kostenlose Plastiktüten.

Die Länder Südeuropas geben jetzt schon dreimal so viel Geld aus, wie sie erwirtschaften, aber bald ist da keine reiche Tante mehr im Norden, die ihnen das Taschengeld überweist. Alle im Arsch. Weiter hinten in den Ländern des zerschossenen Orients stirbt mit Deutschland auch die Utopie vom besseren Leben. Selbst wer noch nicht geflohen war, wusste früher immerhin: Nicht überall auf der Welt ist es so scheiße wie zu Hause, es gibt noch Hoffnung. Die Existenz Griechenlands oder Siziliens taugt aber nicht zum Hoffnungsschimmer für die Mühseligen und Geknechteten aus der Levante. Deshalb weiß der Endzeitlüstling, dass nach Abschmelzen des produktiven Kerns Europas auch die Peripherie bald breitbandig die Kimme zukneift. Erde im Arsch.

Danach segelt der Planet noch ein paar Milliarden Jahre orientierungslos ohne Deutsche durchs All, später geht die Sonne aus, und ALLES ist im Arsch. Nur eines wurmt den Apokalyptiker. Er geht viel zu früh selbst in den Arsch und darf niemals prahlen: Siehste, hab ich doch gesagt!

Der Traum von der Weltherrschaft

Die gute alte Tante Weltherrschaft wollten schon viele erobern. Doch zierte sich das störrische Weib, stets kurz bevor der Eroberer den Sack zumachen respektive raushängen lassen konnte.

Rom wurde in den Sümpfen Nordgermaniens auf Normalmaß zurechtgestutzt. Wie es dem Größten Fanatiker aller Zeiten mit seinen Weltherrschaftsgelüsten erging, hat der ein oder andere womöglich noch im Geschichtsunterricht erfahren dürfen – wenn nicht, ich mach's kurz: Er wurde Zweiter. England rulte einst die waves und Spanien tat's davor, doch heute sind sie froh, wenn sie überhaupt noch einer ernst nimmt. So kommen und gehen die Weltherrschaftsanwärter wie die Scheißhausfliegen im Sommer. Einige haben wir schon längst vergessen, oder wer weiß noch, wie der Herrscher hieß, der das größte Landreich aller Zeiten zusammenklaute? Stalin? Falsch. Ist aber auch egal. Denn auch ihn begrub die Geschichte wie alle seine Vor- und Nachfahren.

Nun hat es also Volkswagen erwischt. Entstanden aus einem feuchten Traum des Führers, gereift durchs Wirtschaftswunder, zu imperialer Blüte aufgestiegen durch technischen Vorsprung und Ruhe im Karton bei den Malochern. In der Wolfsburgschanze regierte der graue Patriarch, und immer wenn es ihm gefiel, kaufte er sich eine neue Autofirma dazu: Tausend-PS-Boliden, italienische Motorräder und englisches Tafelsilber. Keine Traube hing dem alten Fuchs zu hoch. Doch wenn einem so viel Großes stets gelingt, die Scheiße bis zum Himmel stinkt. Da ist es nur eine Frage der Zeit, bis die Götter neidisch werden. Die alten Griechen haben es gewusst und deswegen nach großen Siegen den Missgünstigen im Olymp ein Opfer dargebracht. Hunderttausend jungfräuliche VW Golf im Meer versenken, den VFL Wolfsburg in die dritte Liga schubsen oder zugeben, dass man bei den Abgaswerten das Komma zwei Stellen nach links verschob – eins von den dreien hätte womöglich den Zorn der Götter besänftigt.

Doch stattdessen forkelten die alten Platzhirsche auf offener Bühne einen Schaukampf aus. Wie's zuerst schien, gewann der freche David gegen den greisen Goliath. Doch das ist nur ein frommes Märchen aus dem Alten Testament. Zuallerletzt gewinnt immer Goliath. Und wenn er dabei das ganze Reich mit sich in die Tiefe reißt – das macht ihn umso größer, denn ewiger Ruhm bemisst sich nicht am Sieg allein. Wer siegte in Waterloo? Eben! Und wer verlor? Genau!

6 Starter

Der Starter ist ein Hilfsaggregat zum Starten von Verbrennungskraftmaschinen, in der Regel elektrisch betrieben. Für kleinere Verbrennungsmotoren werden statt eines Hilfsaggregats auch Kickstarter verwendet. In der Beleuchtungstechnik bezeichnet man als Starter die parallel zur Lampe, aber in Reihe zu den Glühwendeln angeschlossene Glimmlampe, die die Zündung der Leuchtstoffröhre einleitet.

Man ahnt es schon, in diesem Kapitel geht es um Technik und weniger um die Einleitung zu einer Speisenfolge, obwohl es auch dort – vornehmlich in anglophil geprägten Menüfolgen – die «Starters» gibt, wohl deshalb, weil «amuse-gueule» nicht nach hippem Start-up klingt, sondern eher nach einer zum Glück vergessenen Praktik im barocken Liebesspiel. Aber wer weiß schon, was in den Köpfen der modernen technikaffinen Menschen vor sich geht.

Als es noch kein Navi gab

In den Zeiten, als es noch kein Navi gab, waren die Leute auf andere Art und Weise bekloppt als heute: Sie erklärten einem den Weg, und der Glaube an den Menschen als vernunftbegabtes Wesen schmolz schneller dahin als Softeis im Novemberregen. Äh was? Egal, man ahnt, was gemeint ist.

«Entschuldigen Sie bitte, wo geht es denn hier nach Renzinghausen?»

In hundertundeinem von hundert Fällen kommt die spontane Antwort: «Da sind Sie hier ganz falsch!»

Ach was, wenn nicht, wäre ich ja bereits in Scheiß-Renzinghausen, du Idiot. Nach der ersten Schrecksekunde springt der alte Zweitakter im Schädel des Gegenübers doch noch an, hat aber die Frage unterwegs schon vergessen.

«Wohin wollten Sie noch mal?»

«Renzinghausen!»

«Ach so, dann wollen Sie bestimmt zu dem Erotik-Outlet.»

«Nein, möchte ich nicht.» (Möchte ich natürlich schon, aber was geht es den Bordstein-Honk hier an.)

«Hier gleich rechts in die Waldostraße ...»

Ich bin verblüfft: In diesem Kaff gibt's eine Waldorfschule, sieh mal an.

«Waldo, wie der Hund!»

Alles klar, Weltbild wieder gerichtet!

«... und ab da folgen Sie einfach den Schildern ‹Schweinepest Sperrbezirk› ungefähr bis wo meistens son blauer Renault Scénic parkt, danach müssen Se dann die Dritte rechts rein. Oder die Zweite, wenn man den Gustav-Adenauer-Weg nicht mitzählt.»

Wer zum Teufel ist Gustav Adenauer, denke ich, zeichne aber im Geiste eine Straßenkarte, wobei ich nicht genau weiß, wie ein Renault Scénic aussieht. Aber das erübrigt sich ohnehin nach dem darauffolgenden Hinweis des eingeborenen Kartographen.

«Warten Sie, heute is ja Freitag, da fährt Hans-Gerd immer zu seinem Schwiegervater ins Heim.»

So rätselhaft dieser Satz im ersten Moment erschien, so einleuchtend ist er im nächsten.

«Der Scénic, der steht dann da nich. Dann erklär ich Ihnen das mal andersrum. Fahren Sie von hier?»

Von wo sonst?

«... also von hier, wo wir jetzt sind, circa fünfhundert Meter geradeaus, da gehts links ab, da fahren Sie jetzt nich rein, denn da gehts nach Klein-Renzinghausen, das wird oft verwechselt, deshalb sag ichs jetzt. Also da nich rein, sondern weiter geradeaus, bis Sie ein Schild sehen ‹Renzinghausen 2 km›. Kann man gar nich verfehlen.»

«Warum haben Sie das nicht gleich gesagt, ist ja ganz einfach?!»

«Andersherum wäre im Prinzip landschaftlich reizvoller und Sie haben einen unverbauten Blick auf die Grabeskapelle des heiligen Wundbrandt von Ollerdissen, wo drei seiner Nasenhaare als Reliquie verwahrt werden, und da dachte ich ...»

Selbst wenn's die Arschhaare des derzeitigen Popen wären, kein Interesse.

«Das Erotik-Outlet ist das Haus am Ortseingang mit die rosanen Fahnen.»

Der Gedanke an päpstliche Poperzenbehaarung ließ mich kurzzeitig unvorsichtig werden: «Kann man davor parken?»

«Haha, wusste ich doch, dass Sie da hinwollen, hab ich gleich gesehen, weil Sie ne Sonnenbrille aufhaben, obwohls düster is wie …»

«… im Arsch des Pontifex?»

«Oder so, viel Spaß, kaufen Sie keine Penisringe, die sind alle viel zu groß für welche ausser Stadt.»

Halt die Fresse!

Ein ständiges Gepiepse

Wer war eigentlich der Erste, der uns mit ständigem Gepiepse auf die Nerven ging? War es der Volvo in den Siebzigern, der uns ungefragt mitteilte, dass wir die Nylonstrippe nicht angelegt hatten?

Piep, piep, piep, piep, schnall dich endlich an, du Gurtmuffel, piep, piep, piep, piep, piep. Jaaaa, ich hab's verstanden! Ich will doch nur kurz in die Garage … piep, piep, piep, piep, piep. Der Terror-Schwede gab keine Ruhe. Selbst wenn man den Beifahrergurt auf der Fahrerseite einsteckte … piep, piep, piep, piep … So leicht ließ sich die skandinavische Nachtigall nicht übertölpeln, denn es gab einen Gewichtssensor im Beifahrersitz, und der bemerkte sofort, dass nur ein virtueller Sozius angeschnallt war. Ganz Schlaue legten sich vier

Sack Zement auf den Nebensitz und simulierten damit das Lebendgewicht ihrer Gattin. Doch in der heimischen Garage angekommen, registrierte der Überwachungssitz, dass die fette Gemahlin trotz abgestelltem Motor im Fahrzeug verblieb – warum auch nicht, sie bestand ja nur aus Zement –, das aber wusste der Schwede nicht und warnte präventiv vor zeitigem Gattinnentod durch Ersticken in der Fahrgastzelle, piep, piep, piep, piep. Zumeist hatte man bis dato schon das Garagentor verriegelt, durfte es nun wieder aufschließen und die vier Sack Zement vom Beifahrersitz wuchten.

In den frühen Achtzigern folgte dem Nichtanschnallgepiepe das Diebstahlswarngemöpe. Aus völlig unvorhersehbaren Gründen fernab vom Aufenthaltsort des Besitzers oder eines etwaigen Langfingers setzte sich das Gerät in Betrieb: möp, möp, möp, möp, möp. Ein Ausschalter war werksseitig nicht vorgesehen.

Seitdem Gepiepe und Gemöpe auf der Welt sind, ist es aus mit der Ruhe: Heute piepen rückwärtsfahrende Müllautos durch die Wohnstraßen, Mähdrescher und Maishäcksler durch die lauschigen Sommernächte, und wenn man den Kühlschrank länger als zwanzig Sekunden offen stehen lässt, dann geht's auch zu Hause los: piep, piep, piep, piep, piep, piep. Jaaa, du Dreckstück! Darf ich vielleicht noch etwas Milch in meinen Kaffee gießen, oder meldet die Ökopetze das dann online an das CO_2-Reduktionskommissariat? Dereinst werden wir am offenen Grab eines Freundes stehen, und aus der Kiste tönt es möp, möp, möp, möp, möp. Scheiße, der Akku vom Herzschrittmacher ist leer!

Kam neulich im Fernsehen: Wolfgang Schrage berichtet

Schrage: Hamse neulich nen Bericht drüber gebracht über die Gefahren von diesen neumodischen Handys, hör zu! Dass nämlich wenn man da die ganze Zeit draufguckt, dass man dann nich sieht, was vor einem passiert oder sagen wir mal einfach nur steht, ich sag mal Laterne, hamse da in diesem Bericht direkt auch vor gewarnt, war ganz interessant. Wie viel Mal, schätz mal, guckt son Halbwüchsiger heute pro Tag auf sein Handy. Schätz mal! Na los, hau irgendne Zahl mal raus. Achtzig Mal? Das glaubst du auch nur. Achtzig Mal, schön wärs. Hundertachtzig Mal glotzt der am Tag auf sein Handy und damit kommen wir zurück auf Punkt eins: die Laterne, so sieht das nämlich aus.

In dem Bericht ging es auch noch weiter, da ging es direkt ging es da um Ohrenkrebs, also wenn man nich draufguckt auf sein Handy und damit telefoniert, is auch nich gut. Ja, was nun, sagst du: warme Scheiße oder kalte Scheiße. Entweder du läufst hundertachtzig Mal pro Tag vore Laterne oder du kriegst Ohrenkrebs. Schwere Entscheidung. Manche haben auch gar keinen normalen Daumen mehr, wie unsereins sag ich mal. Das geht mehr so in Richtung wie die Greifwerkzeuge von diesem langschwänzigen Viehzeug auf Madagaskar, hamse in dem Bericht gesagt und Tatsache hatten se einen von diesen Feuchtnasenaffen, so heißen die, den hatten se ein Handy in seine Pfote gedrückt und der konnte das sofort astrein bedienen, jetzt nich sagen wir mal, so SMS eintippen, aber sonst alles. Packste dich annen Kopp. Wir entwickeln uns zurück, schuld sind die Smartphones.

Nä, warn ganz interessanter Bericht, ich meine, wäre

sogar RTL gewesen, obwohl guck ich sonst eher weniger, sagen wir mal höchstens nach dreiundzwanzig Uhr, wenn unser Mama schon Matratzenhorchdienst macht, weißt du doch, diese Filme die se nach elf zeigen, is nix für unser Mama, regt se sich nur wieder auf, wie dünn die alle sind. Ach da fällt mir ein, wasse noch in diesen Bericht gesagt haben, nämlich dass man vorsichtig sein soll, was man da reinspricht in son Gerät, wird alles abgehört. Das is ja klar, wenn man da durche Stadt latscht und vor sich hinquasselt, kann ja jeder mithören. Früher, Telefonzelle, das waren noch Zeiten, kriegt keiner mit, was du gesagt hast. Obwohl der Geruch das war nich schön, kalter Zigarettenrauch und Maurerfürze, nä, da ekelte man sich regelrecht vors Telefonieren, aber kein Ohrenkrebs, das war der Vorteil.

Ich hab dann auch nich ganz zu Ende geguckt, wasse da noch gesagt haben, aber es war regelrecht interessant, muss ich sagen, wo ich auch sonst nich viel auf das gebe, wasse so alles erzählen in Fernsehgerät, aber dieser Bericht über die Gefahren des Smartphones, das war mal regelrecht fundiert, das ging mehr so in Richtung Wissensvermittlung, is auch mal ganz schön, dass man, wenn man gar nich damit rechnet, direkt sozusagen Wissen vermittelt kriegt. Hätte mans gewusst, dasses an dem Abend in RTL gar nich um sagen wir mal, nein hör zu, nein nich was du denkst, nein dasses da ausnahmsweise nich um irgendsonen Blödsinn geht, den se sonst immer zeigen, also dasses da an dem Abend um diesen Bericht über die Gefahren des Smartphones ging, hätte man das vorher gewusst, sagen wir mal zum Beispiel Programmzeitschrift oder dasse da nen Hinweis irgendwo rechts unten auf der Mattscheibe platziert hätten, also hätte ich das vorher gewusst, ich hätte mir doch gesagt: Och, hätte ich mir gesagt,

Schrage, nu bist du so alt geworden, ohne dass du Bescheid weißt über die Gefahren des Smartphones, schaffst du den Rest auch noch ohne.

Aber dann gerätst du aus Versehen in diese Wissensvermittlung und bleibst da fasziniert hängen. Also was heißt «fasziniert», ich knabber immer gerne bein Fernsehgucken diese Chips aus Schweineschwarten und wenn unser Mama das sieht, sagt sie schon immer «Packst du mit deine Fettfinger die Fernbedienung an, dann bricht hier aber die Hölle los, das zieht alles in die Ritzen und geht nie wieder wech», sagtse schon immer. Deswegen konnte ich gar nich wegschalten diese Sendung, obwohl ich an sich mehr so andere Sachen gucke, mehr so mit Frauen, die auch was fürs Auge sind, diese in diese Warnsendung über Smartphones, nä, also da kann ich genauso gut unser Mama bein Kartoffelschälen zugucken, dafür hat man den Fernsehgerät ja schließlich nich, dasses da is wie zu Hause. Wie kam ich drauf, ach richtig, diese Sendung über die Gefahren des Smartphones, war regelrecht interessant. Muss ich noch kurz erzählen, was auch noch mal ganz interessant gewesen is, war die Sendung über die Echsen auf Galapagos, kann aber ne Wiederholung gewesen sein, ich meine, ich hätte die schon mal auf dem Programm gesehen, dass direkt hinter RTL auf unse Fernbedienung liegt. Da zeigense, wie auf diese Inselgruppe alles drum zu Wasser is und an Land nix wie diese Riesenviecher, hör zu, muss ich von Anfang an erzählen, hör zu ... wo willste denn jetzt schon wieder hin?

Ab sofort Mikromort

Jedes Jahr in der Urlaubszeit rückt eine sperrige Maßeinheit ins Bewusstsein. Es ist nicht der Body-Mass-Index, der anzeigt, ob der fette Arsch zu Recht getragen wird, sondern der Mikromort.

Damit wird ausgewiesen, welches Sterberisiko einem Ereignis oder einer Handlung innewohnt. So kann man 370 Kilometer mit dem Auto fahren oder zwei Tage in New York leben, um einer Abkratzwahrscheinlichkeit von eins zu einer Million, also einem Mikromort, ausgesetzt zu sein. Warum ist das von Interesse? Keine Sau wird sich durch solch abstrakte Zahlen davon abhalten lassen, Auto zu fahren, zu fliegen oder sich ausschließlich von Tiefkühlpizza zu ernähren. Diese Tode gelten seltsamerweise als quasi «natürlich», also unvermeidbar.

Ein Urlaub in der Türkei oder auf dem Sinai dagegen nicht. Auch wenn man sich hier nicht unbedingt – dank höherer Sicherheitsvorkehrungen – einen höheren Abnippelkoeffizienten einhandelt als in Bad Harzburg oder auf dem Darß, so denkt doch das schissige Hirn: «Ach was, Tunesien muss ja nich, auch der Klötenforst in Nordhessen kann um diese Jahreszeit ganz traumhaft sein.»

Der Mensch an sich hat's ohnehin nicht so mit der Wahrscheinlichkeit, sonst fürchtete er sich mehr vorm eigenen Ehegestöber als vorm serbokroatischen Finsterling. Doch dank Mikromort wird das Sterberisiko endlich transparent aufbereitet und sogar addierbar. Mein Rat heißt demnach: Während des Freeclimbing-Urlaubs im Jemen möglichst nicht Kette rauchen und keine anzüglichen Witze über vorderasiatische

Gottheiten rumposaunen. Ruckzuck ist das Mikromort-Fässchen gefüllt und bei einer Million ist das Sterberisiko per definitionem gleich hundert Prozent. Und was das heißt, ist klar: Man fällt tot in den Sand.

Anders als beim ökologischen Fußabdruck – auch so eine beschissen moderne Maßeinheit, die einem jeden Spaß vergällen kann – lassen sich die Mikromorts nur zeitgleich addieren. Ist man mit einer mutigen Arschbombe die Viktoriafälle hinuntergesprungen – laut Tabelle nahe an der Millionengrenze – und hat, oh Wunder, unversehrt überlebt, ist man die vielen Mikromorts auf einen Schlag auch wieder los. Anders verhält es sich beim Zigarettengequarze, eine Packung Fluppen sind zwölf Mikromorts und mit jedem Päckchen kommen zwölf dazu. Was lehrt uns das: Lieber springen wir mit nacktem Arsch ins Alligatorbecken, denn wenn wir es überstehen, ist das Konto wieder auf null, und wenn nicht, hat Schnappi 'ne anständige Mahlzeit bekommen und wir einen rückstandsfreien Abgang von diesem Planeten, was wiederum gut ist für den ökologischen Fußabdruck und für den Body-Mass-Index geradezu ein Traum.

Alle werden Beifahrer

Als ob man nicht schon genug entmündigt würde durch den Staat mit seinen abertausend Vorschriften zur Lebensgestaltung zwischen Mülltrennung und veganem Vögeln nur noch unterm Fahrradhelm. Jetzt fällt einem auch noch die Autoindustrie in den Rücken.

Autonomes Fahren heißt die beknackte Idee, an der jetzt angeblich alle rumforschen. Wozu? Hat sich jemals einer beklagt, dass er am Steuer sitzt? Im Gegenteil, gibt es eine beklagenswertere Rolle als die des Beifahrers? Hinnehmen müssen, was der Kretin am Volant sich da zusammenorgelt. Bei jedem Gangwechsel zuckt das eigene Gekröse, und man möchte am liebsten das Handschuhfach vollreihern. Jeder nicht überholte bleiern vor sich hin trödelnde Rentner treibt den Beifahrer in den Wahnsinn.

Wenn auch noch die eigene Gattin – Mutter aller Klischees – beim Auftauchen des Ortseingangsschildes am Horizont den Boliden auf 40 Stundenkilometer herunterbremst, dann frisst der Beifahrerfrust blutige Sicken in die Magenschleimhaut. Man darf ja nix sagen, wegen des Ehefriedens, schwört aber insgeheim, den Rochen nie mehr ans Lenkrad zu lassen. Umgekehrt treibt es das Eheweib in den Wahn, wenn es auf dem Todessitz miterleben muss, wie der fette Kapaun zur Linken den Asphaltrambo raushängen lässt.

Selber Herr oder Frau der Maschine sein, darauf kommt es an, das ist das Wesen des Autofahrens. Wenn ich kotzen will, kann ich ja fliegen, und wenn ich mich rundherum über alles aufregen möchte – dafür gibt es die Deutsche Bahn. Wenigstens im eigenen Pkw möchte ich die Illusion bewahren, meines eigenen Schicksals Schmied zu sein. Schon von Kindesbeinen an lenken wir irgendwas: Bobbycars, Dreiräder, Autoscooter, als Erwachsene wollen wir lieber Führungsaufgaben wahrnehmen, als uns bei Zalando in den Arsch treten zu lassen. Lenken ist ein menschliches Grundbedürfnis, irgendwohin transportiert zu werden ist was fürs Schlachtvieh. Wer nur hat den Autokonzernen eingeredet, der Markt dürste nach autonomen Selbstlenkerautos? Der Markt war es selbst, denn wenn die Leute schon keine Stromautos kaufen, dann muss man ihnen eben was anderes andrehen, und der Verweis auf die höhere Sicherheit hat bisher noch jeden Schwachsinn unters Volk gebracht.

Deshalb nun aber sage ich euch: Der autonome Gefangenentransporter wird über uns kommen wie einst die sieben ägyptischen Plagen und das Reifenluftdruckmanagement. Und wir werden uns fügen und still und leise in die Tüte kotzen, wenn der Autopilot wieder mal unverhofft in die Bremsen tritt. Amen!

Zukunft – ein Gespenst

Ein selbstlenkendes Landfahrzeug rast gegen einen Lkw, weil es ihn für ein Schild hält – alle Insassen tot! Die Zukunft ist ein Gespenst aus Amerika! Doch wieso brettert das autonome Auto gegen das eingebildete Schild? Wollte der rasende Rechner Selbstmord begehen?

Welche Absichten haben die denkenden Maschinen tatsächlich? Können sie schon «böse», genau wie wir Menschen? Was wird das für ein Gefühl sein, wenn einem der Pflegeroboter einen Blasenkatheter durch den Harnleiter schiebt? Der technische Fortschritt rückt uns Altwesen unmittelbar auf die Pelle, zum Teil auch darunter. Dem Kassenpatienten schnitzt der autonome Chirurg die Wampe auf und setzt ihm eine Schweineleber ein – wenn er Glück hat und Dr. Robot ihn nicht versehentlich für einen Lkw hält und statt der Leber einen Partikelfilter in die Karkasse friemelt. Scheiß doch der digitale Hund drauf, Menschen braucht eh bald keiner mehr. Erotik ist eine App auf dem Smartphone und Sex ein Pimmel oder eine Muschi aus dem 3D-Drucker – gleichbleibende Qualität wird zugesichert. Seitdem der Thermomix auch kotzen kann, darf er mittags mit an den Tisch, wo er doch so menschlich ist. Lieferando bringt den Fertigfraß aus okkulten Schmurgelküchen, Sterberando räumt im Herbst den toten Opa ab, bereits vorgeschnitten im Styroporkarton auf dem Elektroroller.

Der technische Fortschritt lässt sich nun mal nicht aufhalten, schwadroniert der Fatalist und zeigt einmal mehr, was für ein blödes Schwein der Mensch als solcher ist. Der sogenannte intelligente Stromzähler ist nicht schlauer als die Steckdose, hat jedoch im Gegensatz zu dieser einen Auftrag mitbekommen: Pass schön auf, was der alte Arsch verbraucht, wenn's zu viel wird, ziehen wir's ihm von der Lebenserwartung ab. Wie das? Im Balg des Endverbrauchers werkelt nämlich der Cousin des Stromzählers, der «intelligente CO_2-Zähler», und zählt, was unser Zellhaufen in die Umwelt emittiert. Ist die beantragte Emissionsmenge erreicht oder der ökologische Fußabdruck sonst wie zu groß geraten, knipst der kleine Kobold unter der Bauchdecke das Licht aus. Und dann kommt Sterberando mit der Styroporkiste … Aber das hatten wir ja schon. Gibt's überhaupt noch eine Nische in der ganzen Vier-Punkt-null-Scheiße, in der der Mensch, wie wir ihn kannten, selber «autonom» irgendwas tun kann, und nicht das Auto, die Wohnung und der Rasenmäher? Ja! Er kann bisweilen – und wenn's nur der eigenen psychischen Gesundheit dient – mit einem Fünfkilohammer den digitalen Gespenstern die analoge Welt zeigen.

Virtual Reality

Menschen schnallen sich einen Kasten vor den Kopp, in dem so 'ne Art Fernsehprogramm Vier Punkt Null läuft, der Blödsinn nennt sich Virtual Reality. Ist Ausn-Fenster-Gucken nicht mehr virtual genug? Reicht nicht der Anblick all dieser Walking Deads mit den Novemberfressen, die nach irgendwohin unterwegs sind, wo es genauso scheiße ist wie dort, wo sie gerade herkommen?

Nein, die will man nicht sehen, denn das ist ja die Real Reality, die man nicht ausschalten kann und sich zwangsläufig angucken muss, wie zum Beispiel die Arbeitskollegen oder den Zottel in der Dreiraumbutze, in der man wohnt. Deshalb läuft in dem Kasten vorm Kopp besser was mit Nackten, wo man mit seinem Avatar-Lümmel 3D-mäßig mitmischen darf. Auch ganz reizend ist es, Leute abzuknallen und sie direkt vor der eigenen Fresse verbluten oder kaputtschleimen zu lassen. So weit, so virtual, diese Reality. Was aber passiert in dem Augenblick, da man sich die Daddelkiste wieder abschnallt: weg sindse, die splitternackten Auslösereize mit den vielen Körperöffnungen, und abknallen darf man auch keinen mehr. Schöner Mist. In der Real Reality steht der alte Tapir an der Spüle und rubbelt sich die Hornhaut von den Hufen. Wie gerne würde man sich jetzt den Kasten wieder vor die Runkel schnallen, den fetten Tapir anklicken und rüberziehen in die Abknall-Reality. Und dann aber ratatatata wegpusten. VR-Brille absetzen, und sieh mal an, der Tapir an der Spüle ist verschwunden. Das wäre 'ne feine Sache. Aber dummerweise hilft uns die Ersatz-Reality nicht für zwei Pfenning bei der Lösung häuslicher Probleme.

Und da muss die Frage erlaubt sein, warum wir uns die Scheiße antun sollen? Bloß weil es geht, wie wir uns auch die ganze andere Scheiße reinpfeifen, die der Kalifornier auf dem Unisex-Lokus ausbrütet.

Die virtuellste aller Realities ist immer noch das Schachbrett, da wird auf hohem Abstraktionsniveau eine Schlacht geschlagen. Voll blutig und koppabmäßig, man muss allerdings über eine stramme Sättigungsbeilage im Schädel verfügen, um das dürre Gerüst auf dem Brett mit Leben zu erfüllen. Wem das zu hoch ist, für den gibt's Mensch-ärgere-dich-nicht. In dieser Reality aus Pappe wird die Geschichte von vier Familien auf der Flucht erzählt, die ein sicheres Drittland erreichen wollen, sich aber gegenseitig umbringen dürfen. Auch voll brutal, braucht allerdings ebenfalls etwas Zündmasse unter der Frisur. Das Beste aber an den uralten virtuellen Wirklichkeiten ist, dass man dabei Bier trinken und Chips fressen kann. Und wenn man fertig ist mit Old-School-VR, dann ist die alte wirkliche Wirklichkeit immer noch dieselbe und vielleicht sogar ein bisschen netter als vorher.

Automatenwelt

Als der Zigaretten- und der Kaugummiautomat noch der Inbegriff technischen Fortschritts waren, hatte niemand Angst vor der Zukunft. Aber seitdem dank Kondomautomaten das Erröten beim Erwerb von Lümmeltüten der Vergangenheit angehört, hat die Automatisierung endgültig die Herzen der Menschen erobert.

Heute muss niemand mehr mit ekeligen Menschen Kontakt aufnehmen, um seine Grundbedürfnisse zu stillen. Die ölige Bulette aus dem Automatenfach, dazu ein frühes Pils, hinterher die Plastikbraut und 'ne Packung Fluppen. Mensch, was willst du mehr! Zu Hause steht der Erlebnissimulator in der Schrankwand und täuscht über die Dumpfheit des eigenen Daseins hinweg. Wer dennoch den Austausch mit seinesgleichen sucht, hinterlässt seinen unausgegorenen Frust auf einer Idiotendeponie im Internet. Im Wesentlichen ist das Leben heute von vorne bis hinten durchautomatisiert, und man wundert sich, warum die Einführung von Staubsaugerrobotern und Omaarsch-abwisch-Automaten jetzt als Quantensprung gesehen wird.

Längst haben wir unser ehemaliges Leben an die Maschinen delegiert und sind auf dem besten Wege, auch noch das letzte Quäntchen Eigenverantwortung abzugeben. Noch sind wir das Bindeglied zwischen Supermarkt und Kühlschrank, aber nicht mehr lange, und der Froster entscheidet, was wir zu fressen kriegen. Den kleinen Kobold, der über den Teppich schnurrt und den Staub einsammelt, mag man noch begrüßen, doch der Spaß hört auf, wenn Kollege Kühlschrank auf Geheiß der Gesundheitsüberwachungs-App kein Bier mehr ordert.

Die Zeitenwende ist nah: Automaten nehmen uns nicht mehr nur die Mühen des Alltags ab, sondern auch die Entscheidung darüber, was gut für uns ist – oder vielleicht auch für sie. Das kleine Helferlein ist zum unentbehrlichen Feind geworden, und wir waren so blöd, den Teufel aus dem Sack zu lassen. Darum geschieht es uns ganz recht, wenn demnächst ein Automat bei uns den Stecker zieht, weil wir es umgekehrt zu rechter Zeit versäumten.

Günni Beckmann, 54, Vorsitzender des Vereins «Analogisch»

Beckmann, seit einem Jahr in passiver Altersteilzeit, hat seither sein Leben umgestellt: alles nur noch analog. Mit Gleichgesinnten gründete er in Darmstadt den Verein «Analogisch». Dessen Mitglieder treffen sich einmal die Woche in der Gaststätte «Schnitzelbunker», um über weitere Protestaktionen gegen die Digitalisierung zu beraten, aber auch, um praktische Hinweise auszutauschen, wie das eigene Leben «analogischer» zu gestalten sei.

Beckmann: Telefonieren geht ja schon lange nicht mehr, jetzt haben die Dreckschweine auch noch UKW abgeschaltet. Ich hab so nen Hals, wenn ich die ganzen Idioten sehe in der Stadt, die haben alle nen Stecker im Kopp, da bläst ihnen der Ami die Gedanken in die hohle Birne. Hahaha, was heißt «der Ami bläst ihnen», die Idioten machen das doch freiwillig. Selbst! Muss man sich mal vorstellen. Stecker im Ohr und Gehirn ausgeschaltet.

Fahrrad geht auch schon nicht mehr. Hat mich doch letzte Woche so ein Dreckschwein von Hilfsbulle angehalten, weil ich keinen Digiconverter in meinem alten Göricke-Damenrad eingebaut habe, mit dem man Emissionsbonuspunkte sammeln kann. Ich hab ihm gesagt, dass er sich die Punkte in seinen digitalen Arsch schieben kann. Und was war? Zack Fußfessel, direkt auf der Straße, hat mir das Dreckschwein angelegt, eins von diese neumodischen Dingern, die dauernd blinken und piepen, wenn man seinen Haftkreis verlässt. Irgendwann schlag ich noch jemanden tot, ganz altmodisch mit ner Dachlatte oder oder, ist ja auch scheißegal.

Wie lange würden die Waldorf-Eltern ihren Kindern noch verheimlichen können, dass es mittlerweile Smartphones gibt.

Weißt du, was jetzt rausgekommen ist, stand gestern in der Zeitung, ha, in der einzigen, die es noch gibt auf Papier, die BILD, hab ich früher nie gelesen, aber jetzt wos die letzte is, die noch nicht von den Dreckschweinen … jaja ich weiß, ist auch längst Digitaldruck, ohne Kompromisse gehts nicht. Weißt du, was da drin stand … wars gestern, ist an sich ja auch scheißegal, da stand, dass die ganzen analogen Vinylplatten und Plattenspieler, dass das auch alles Beschiss ist. Freund von mir, der Volker ausm Verein, hat sich gerade im letzten Jahr einen alten EMT fertiggemacht, hat ihn allein an Teilen fünftausend Schitcoins gekostet, bar geht ja auch nicht mehr, wie mich das alles ankotzt, jedenfalls stand da, dass die angeblichen Vinylscheiben getarnte Datenträger sind und die angeblichen Nadeln bei den Plattenspielern sind kleine Laser. Deshalb funktionierten die neuen Vinylplatten nicht auf Volker sein EMT. Nur noch seine alten Heino-Platten, aber die findet selbst er scheiße. Musst du dir mal vorstellen, da kaufen sich die ganzen Idioten teure Analogspieler, alles Beschiss. Fällt denen aber gar nicht auf, weil alte Vinyls gibt's ja so gut wie gar nich mehr, sind ja verboten, wegen – was war da noch mal fürn Gift drin, wo man von tot geht, wenn Kinder das fressen – is auch egal. Hast du schon mal ein Kind gesehen, dass zwanzig LPs in sich reinfrisst, so viel glaub ich muss man verputzen, bevor man was merkt.

Wie mich das alles ankotzt, aber wer noch welche hatte, das konnten die damals über das Kameraauge im intelligenten Stromzähler konnten die das rauskriegen, zack hattense dich am Kanthaken. Eine ausm Verein schreibt sogar noch mit Maschine, die Monica von Olympia, isn Klassiker hab ich damals noch drauf gelernt. Aber was willste machen, unsere Vereinsnachrichten schreiben wir natürlich auch auf Computer, sonst ist man als Organisation ja nicht schlagkräftig genug. Nelson Mandela hatte übrigens auch einen Rhodesian Ridgeback, das ist der Hund, den die Weißen da unten hatten in Südafrika, der Anführer von den Schwarzen hatte einen weißen Hund, so ist das mit unseren Computern auch. Man kann nicht immer gewinnen, mal bist du der Baum, mal bist du der Hund. Wie kam ich da jetzt drauf, ist auch egal. Willst du noch ne Gerstenschorle. Nich? Ich auch nich, schmeckt sowieso nich mehr, die digitale Pisse, würde mich nicht wundern, wenn Saufen morgen auch noch verboten wird. Ich muss da durch. Ja, alles klar, da nich für. Guck mal, dahinten steht wieder einer von den Dreckschweinen, sequentielle Radweggeschwindigkeitsüberprüfung. Mal gucken, vielleicht ist heute der Tag und ich hau ihm eins in die Fresse, mal gucken. Sieh zu! Alles klar!

Das Internet der Dingsbumser

Den einen mag es noch erschüttern, dass sein Kühlschrank mit dem Scheißhaus kommuniziert, den anderen freut es, dass die Jalousie von selber weiß, wann es draußen dunkel wird. Doch in einem sind sich beide einig: Es sind ja nur die Dinge, die miteinander sprechen, damit hab ich nichts zu tun.

Denkste! Der Kothaufen mit der Pelle drum herum ist selbst zum Ding geworden, und nicht erst dann, wenn er beim Gerichtsmediziner auf dem Esstisch ruht. Der ureigene Sinn und Zweck des Säugetieres Mensch, nämlich die Annäherung der konträren Geschlechter zwecks Verpaarung, ist verdinglicht wie kein zweiter. Es sind nicht mehr die Augen, die einander in spontaner Zuneigung begegnen, woraus sich danach in hormonellem Überschwang ein Paar ergibt. Die Datenprofile der Internetklitschen sprechen miteinander und entscheiden, wer zu wem unter die Bettdecke schlüpft.

Die Verweildauer beim Partner ist bei online arrangierten Beziehungen doppelt so lang wie bei wild verpaarten Säugern. Das Internet der Dingsbumser ist nicht nur erfolgreicher, sondern auch effizienter als das Rumgestenze in der

Betonwildnis. Warum monatelang durch Schubberkneipen strolchen oder smalltalken über Nudelspeisen, wenn zwei Klicks im Netz die Chose auch bewerkstelligen. In der bäuerlichen Gesellschaft erstreckte sich der Balzradius vielleicht über zwei, drei Dörfer und beschränkte die Auswahl auf eine Handvoll besteigbarer Maiden oder halbwegs hygienischer Hengste. Will heißen, es bestand nur eine Chance auf den Zugriff, ging die daneben, musste die Konsequenz aus dem urogenitalen Fehlgriff bis zum bitteren Ende getragen werden. Das war allerdings weniger furchtbar, als es aus Sicht heutiger Romantiker klingt, denn die Verpaarung diente der Kinderproduktion und nicht wie heut dem eigenen Glücksversprechen. Mit Verstädterung und gestiegener Mobilität wuchs die Zahl potenzieller Partner bis ins Unermessliche und ist heute an einem Punkt angelangt, da die Datenflut nur noch vom Rechner bewältigt werden kann.

Nun ergibt sich allerdings folgendes Paradoxon: Mit der Entscheidung für die eine oder den einen verbleibt eine riesige Menge knapp Zweiplatzierter im Reich der Ungepoppten. Und jeder weiß, die Vorstellung, dass hinterm eigenen Partner die Welt noch weitergeht, bringt Unruhe in den Unterleib. So schafft die internetgestützte Verpartnerung nichts als Ungemach, und da Liebe ohnehin nur eine Projektion ist, kann man sich auch wie in der guten alten Zeit einfach die Nachbarin schön saufen.

Chip unter der Haut

Rindern brannte man mit dem Eisen das besitzanzeigende Logo auf den nackten Arsch, Hunden tätowierte man eine Nummer ins Ohr, Kälbern knipste man eine Marke in den Lauscher. Keiner von ihnen ließ das freiwillig geschehen, bedeutete es doch, dass man ab jetzt einem anderen gehörte.

Dieses Wissen scheint heute verloren, denn auf der jüngsten CeBIT ließen sich sogenannte mündige Bürger tatsächlich einen Chip unter die Haut jagen. Und ich dachte bisher, für Intelligenz gäbe es einen absoluten Nullpunkt. Falsch vermutet, nach unten ist alles offen. Seit Facebook hat der Homo sein zweites «sapiens» im Titel ohnehin schon abgegeben. Nunmehr ist der zweibeinige Flachwichser auf dem Niveau eines Golden Retrievers angelangt. Sorry, das war jetzt gemein, der Hund lässt sich schließlich nicht freiwillig chippen wie Onkel Doofmann, sein Herrchen.

Es kommt noch schlimmer, geködert wurden die Chip-Probanden nicht etwa mit dem Versprechen ewiger Jugend oder zumindest straffer Titten respektive stahlharter Erektion. Von wegen! Es hieß, man könne mit dem implantierten Fremdkörper eine Tür berührungslos öffnen. Wow! Gab es da nicht schon mal so was wie Bewegungsmelder vor jedem zweiten Supermarkt? Da öffneten sich Türen, ohne dass man den ganzen Kundenstamm hätte durchchippen müssen. Oder habe ich das geträumt? Andererseits ist die Betätigung eines normalen Türdrückers sowieso keine unzumutbare Belästigung, die dringend eines technischen Upgrades bedürfte. Zusätzlich warf man noch einen weiteren Köder aus: Mit dem Chip in der Pfote könne man auch bezahlen.

Sieh an! Doch ähnlich wie beim Portemonnaie muss man trotzdem über Geld verfügen – da haben wir den Haken.

Die Spielerei mit der Tür und dem Geld war ohnehin nur Ablenkung, um den wahren Hintersinn zu verschleiern. Schlussendlich speichert der Datenträger unter der Pelle den kompletten digitalen Menschen. Und der steht dann nackt vor jedem Lesegerät, das er passiert. Die datengepiercte Flunke übermittelt seine Bewegungs-, Einkaufs- und alle sonstigen Profile in die Cloud von NSA und Amazon, was ja ohnehin dasselbe ist, und am nächsten Morgen erhält er eine Mail von seiner Krankenkasse. Darin heißt es, er möge doch bitte nicht so viel Döner fressen, da die ambulante Analyse seiner Furzgase in der Fußgängerzone ein erhöhtes Infarktrisiko ergeben hätte, bei Nichtbefolgung droht die Verdopplung der Beiträge oder gar der Rausschmiss aus der Solidargemeinschaft. Zutiefst erschrocken greift unser Mann zum Schälmesser und pult im Unterarm nach dem Spion. Doch der ist längst gewandert und versteckt sich hämisch grinsend unterm zweiten Rippenbogen. Hier wartet er auf seine letzte Mission: Pumpe abschalten, wenn sich der Chipträger einfach nicht mehr rechnet.

Zukunft der Arbeit

Das aktuelle Zauberwort zur Zukunft der Arbeit lautet «Industrie 4.0». Gibt's an sich schon in der öffentlichen Verwaltung, da bedeutet es «Vier arbeiten, kommt null bei raus!».

Hier aber ist gemeint: Die Maschinen kommen ohne uns zurecht. Nicht bloß, dass die Autos selber fahren, wir müssen auch gar nicht mehr mit. Sehr schön: Dann kann der Audi allein unsere Oma im Seniorenknast besuchen, und Oma kann dann ihren Rollator runterschicken, der mit dem Audi Kaffee trinkt und von früher labert. Ist keine schlechte Idee. Für die Arbeitswelt heißt das: Wolfsburg wird 'ne Geisterstadt, jetzt auch tagsüber, keine Sau muss mehr auf Schicht, läuft alles von selbst. Menschen braucht man nur noch, um sie rauszuschmeißen, wenn die Maschinen Scheiße gebaut haben. Es muss immer einen Doofen geben, also einen richtig Doofen. Da sehe ich eine rosige Zukunft für Thomas Middelhoff.

Tun wir mal so, als wären wir Optimisten und der ganze Digital-Kram und das Vier-Punkt-null-Gewese würden bedeuten, alle müssten nicht mehr ständig irgendwohin ausrücken und malochen. Also, sollte dieser unwahrscheinliche Fall tatsächlich eintreten, dann droht eine neue Menschheitskatastrophe: Selbstverwirklichung als Volkskrankheit und landesweite Epidemie.

Dass ICH mich selbst verwirkliche, prima, aber warum alle anderen auch? Auf der Suche nach dem eigenen Selbst ist schon so mancher auf ein faules Ei gestoßen, das besser verborgen geblieben wäre. Wenn ich mir vorstelle, dass achtzig Millionen Analogkäsefresser noch mehr von ihrem SELBST nach außen stülpen, als mich jetzt schon zu Tode nervt, dann nehm ich mir 'nen Strick ... und binde damit die Schlimmsten auf den Bahngleisen an. So was kann doch keiner wollen. Selbst wenn die meisten von denen ganz harmlos sind, wir wissen doch alle, wo das endet mit der Selbstverwirklichung. Bei Frauen: Seidenschlipsmalerei, Kerzenreste kneten oder sich vor strammen Jamaikanern bücken. Bei Männern: Whisky aus Rasenschnitt brennen, sich mit ’ner Harley auf die Klappe legen oder sich vor strammen Jamaikanern bücken. Das bringt eine Gesellschaft doch nicht weiter.

Die bittere Wahrheit lautet: Wie auch immer die Zukunft der Arbeit aussieht, massenhafte Selbstverwirklichung an ihrer statt muss in jedem Falle verhindert werden.

7 Appetizer

Appetizer sind kleine appetitanregende Vorspeisen oder Getränke. In der Pharmazie bezeichnet man damit ein Mittel, das selbst nach nichts schmecken muss, trotzdem aber zum Verzehr von Speisen anregt.

Anregen, verführen, auf etwas Lust machen soll das siebte Kapitel. Das Geschriebene selbst ist der Appetizer, der zum Weiterlesen verführen möchte. «Serienjunkies» finden hier die längst überfälligen Fortsetzungen der Vorgängerkapitel. Wer sie schon da nicht mochte, einfach weiterblättern zum Kapitel 8.

Die Mittelstädts wollen nach oben

(Hans-Georg und Rebecca warten vor dem Lift.)

ER: Lass uns zu Fuß gehen, ich krieg Platzangst in den Dingern.

SIE: Platzangst ist Angst vor großen Plätzen, was du meinst, ist Klaustrophobie.

ER: Aha, Frollein Schweinchen Schlau weiß wieder alles besser.

SIE: Geh doch zu Fuß, wenn dein Herz das noch mitmacht.

ER: Mein Herz schlägt noch astrein.

SIE: Sicher! Und wer ist letzte Woche vom Heimtrainer gekippt? In deinem Alter sollte man jede unnötige Bewegung vermeiden.

ER: Wenn du damit den ehelichen Verkehr meinst, nur zu gerne, da fällt mir der Verzicht leicht.

SIE: Ich, mein Lieber, schlafe schon viel länger nicht mehr mit dir als du nicht mit mir.

ER: Weiberlogik! Da merkt man die ersten Aussetzer des Klimakteriums.

SIE: Ich bin nicht im Klimakterium, damit das klar ist.

ER: Und warum rasierst du dich bitte schön jeden zweiten Tag, SCHATZ?

SIE: Wolltest du nicht zu Fuß die acht Stockwerke gehen?

ER: Jetzt nicht mehr, den Gefallen tu ich dir nicht.

SIE: Das ist doch mir ganz egal, ob du auf halber Treppe zusammenbrichst.

ER: Ebent! Schön die Witwenpension allein verzehren, das könnte dir so passen.

SIE: Witwenpensionen – das liegt in der Natur der Sache – werden immer allein verzehrt, Herr Studienrat.

ER: Ach, lass mich doch in Frieden mit deiner Besserwisserei. Weißt du was: Du kotzt mich an, Liebling.

SIE: Ganz meinerseits.

(Der Fahrstuhl kommt. Beide treten ein.)

SIE: Stell dich gefälligst nicht so dicht an mich dran.

ER: Früher hast du das gemocht.

SIE: Da hast du auch noch nicht pausenlos diese billige Wurst gefressen.

ER: Das ist extrafeine Mortadella.

SIE: Zerkochte Schlachtabfälle! Du stinkst erbärmlich, geh jetzt endlich weg von mir.

ER: Wie wär's denn, wenn Madame mal auf einen der Knöpfe drücken würden, damit sich der Lift in Bewegung setzt.

SIE: Warum hast du das nicht schon längst getan, statt hier den Stinkewurstatem in der Kabine zu verteilen. Aber bitte!

(Sie drückt auf die Vier.)

ER: Klostermanns wohnen im dritten Stock.

(Er drückt auf die Drei.)

SIE: Bist du jetzt total bescheuert, Klostermanns wohnen seit fünfzehn Jahren hier im vierten Stock.

ER: Wer ist denn mit Klostermanns befreundet, du oder ich, LIEBLING.

SIE: Bloß weil du mit Ralf-Rüdiger dreimal die Woche in «Babsis Zündkerze» versackst, wohnen die noch lange nicht eine Etage tiefer, du Kretin.

Die Mittelstädts im Sommer 2013, als sie für zehn Sekunden miteinander glücklich waren.

(Er drückt auf die Zwei.)

SIE: Und was sollte das jetzt bitte schön?

ER: Ich will hier raus, nur noch raus hier. Du bist so was von widerlich.

SIE: Und wohin gehst du? Wieder Schlachtabfälle fressen, du Schwein. – Und was soll ich jetzt bitte schön Klostermanns sagen?

(Lift hat gestoppt.)

ER *(im Rausgehen)*: Sag ihnen, was du willst, blöde Kuh. Mit dir bin ich fertig.

SIE: Wenn du am Supermarkt vorbeikommst, bring einen Salat mit für heute Abend.

ER: BLÖDE KUH!!! Normaler Salat oder Rucola?

Die Mittelstädts im Theater

(Rebecca und Hans-Georg stehen vor der Aufführung im Foyer.)

ER: Du weißt, dass heute Dienstag ist, Schatz.

SIE: Na und!

ER: Dienstags geh ich normalerweise zum Sport, und du schleppst mich hier ins Theater.

SIE: SPORT! Dass ich nicht lache. Ihr spielt Primitivschach um Lokalrunden.

ER: Schach ist ein Sport, und dies hier ist aufgeblasene Kacke, wenn du mein Urteil hören möchtest.

SIE: Möchte ich aber nicht! Sei froh, dass ich dich überhaupt noch ab und zu mitnehme zu Kulturveranstaltungen, sonst würdest du total verblöden.

ER: Ach nein, und wer von uns beiden liest die «Fit for fun»?

SIE: Was hat das denn mit Verblödung zu tun? Außerdem, wann warst du das letzte Mal im Theater, mein Freund?

ER: Vor zwei Wochen in «Stirb langsam II» in der Bruce-Willis-Retrospektive.

SIE: Im Theater, frug ich!

ER: LICHTSPIELtheater!

SIE: Sehr witzig! Du bist noch blöder, als du aussiehst.

Warum ich so einen Ignoranten überhaupt mitschleppe. Gundula hatte recht, ich sollte mich endlich von dir trennen.

ER: Gundula, die wäre doch froh, wenn sich überhaupt mal jemand ihres verfetteten Körpers erbarmen würde.

SIE: Du glaubst wohl, ohne Mann kann man nicht glücklich werden.

ER: Ich schon, hahahaha!

SIE: Vollidiot! Besser keinen als so ein ignorantes Rindvieh wie dich.

ER: Bitte schön! Dann geh ich eben wieder, stinkt mir sowieso, diese Kissenfurzerkultur. Guck dich doch mal um, nur vertrocknete Weiber und Männer, die unterm Pantoffel stehen. Ich gehe!

SIE: Du bleibst schön hier, mein Lieber. Ich habe keine Lust, mich zu blamieren. Alle starren auf den leeren Platz neben mir, nichts da, du sitzt die zwei Stunden ab, sonst kannst du was erleben.

ER: Ach ja, was denn?

SIE: Da fällt mir schon was ein, mein Lieber, da kannst du Gift drauf nehmen.

ER: Vergiften, das sieht dir ähnlich. Die Waffen einer Frau. Hahaha. Feige Rattengift ins Essen rühren, und so was habe ich mal geliebt.

SIE: Ich dich übrigens nie. Ich hab mich immer schon geekelt vor dir, allein die Füße.

ER: Was ist denn mit meinen Füßen auf einmal?

SIE: Riesig! Verhornt! Und erst der Gestank.

ER: Ich hau ab, ich bin es leid, mich und meine Füße weiter von einer vertrockneten ältlichen Frustkuh beleidigen zu lassen.

SIE: Du kommst jetzt schön mit rein und hältst gefälligst den Rand, Gundula ist auch da und beobachtet uns.

ER: Scheiß-Gundula.

(Beide haben den Saal betreten.)

ER: Das ist doch die falsche Reihe, bist du zu blöd, um die Karten zu lesen?

SIE: Woher willst du denn das wissen, ich habe schließlich die Karten.

ER: Du hast zu Hause gesagt, wir säßen Reihe vier.

SIE: Habe ich nicht gesagt, habe ich überhaupt nie gesagt.

ER: Willst du behaupten, ich lüge? «Reihe vier, Platz 23 und 24».

SIE: Du bist nicht nur unverschämt, sondern auch noch dämlich. In Reihe vier gibt es überhaupt keine Plätze 23 und 24, das sieht doch jeder Vollidiot.

ER: Ach nein, da frag ich doch mal. *(Ruft rüber zu Reihe vier.)* In Reihe vier Nummer 23 und 24 bitte einmal melden.

(Zwei Leute melden sich.)

ER: Wer ist jetzt hier der Vollidiot, hahaha.

SIE: Das war reines Glück. Ist aber auch egal, denn WIR sitzen ja nicht in Reihe vier, sondern in dieser Reihe.

ER: Ist doch alles voll, wo sollen wir denn da noch Plätze finden?

SIE: Dann sitzen andere auf unseren Plätzen, dann müssen die sich eben umsetzen. Los, lass dir mal von den Leuten ihre Karten zeigen.

ER: Ich mach mich doch hier nicht zum Affen, frag doch selber.

SIE: Darauf käme es nun wirklich nicht mehr an, die Leute hier halten dich doch sowieso alle schon für einen Komplettrottel.

ER: Ja, und warum, weil ich mich von so einer blöden Kuh wie dir rumschubsen lasse, aber das hat jetzt ein Ende. Ich gehe!

SIE: Ich komme mit. Du bist imstande und nimmst den Wagen.

ER: Meinst du etwa, ich geh zu Fuß nach Hause?

SIE: Und was ist mit mir?

ER: Vermoder doch hier mit den anderen Mumien in deiner ach so tollen Kultur.

(Er geht weg.)

SIE: Hiergeblieben, du Schwein, lass mir wenigstens den Autoschlüssel hier.

ER: Hol ihn dir doch, hahaha.

SIE: Ich bring dich um!

Volksparteien in der Krise – Erasmus Gasser, Graue Eminenz, Teil 2

(Gasser wird ins Sendestudio geführt, dort begrüßt ihn der Talkmaster Günther Jauch.)

JAUCH: Dr. Gasser, wie schön, dass Sie heute Abend bei uns sind.

GASSER: Gasser reicht, bin ja bloß ein «Dr. phil.». Meine Frau sagt immer «genannt nach dem fetten Murmeltier aus Punxsutawney in Philadelphia, hahaha, den Witz macht sie jetzt schon seit, ach seit Ewigkeiten.

J. Sagt mir jetzt nichts.

G: 1. Februar. Murmeltiertag. Gibt's sogar als Film.

J: Ach ja, da klingelt was bei mir. Um auf das heutige Thema zu sprechen …

G: Ist sogar zum Sprichwort geworden. Murmeltiertag …

J: Jaja, ich weiß. Um auf das heutige …

G: So geht's mir auch. Ich weiß gar nicht, die wievielte Talkshow das schon ist in meinem Leben. Damals bei Werner Höfer … haha, da lagen Sie noch als Quark im Schaufenster, junger Mann.

J: Das heutige Thema lautet: Ist die SPD noch zu retten? – Volksparteien in der Krise.

G: Was Sie nicht sagen. Traut sich denn jemand her von den Brüdern?

J: Der Fraktionsvorsitzende Thomas Oppermann und Frau Mechthild Zuwalek.

G: Nie gehört.

J: Frau Zuwalek ist Mitglied im Ortsverein Salzgitter-Lebenstedt und vertritt …

G: Nicht die, den davor.

J: Thomas Oppermann?

G: War der vorher bei den Grünen?

J: Soweit ich weiß nicht.

G: Bei der RAF?

J: Da hat man solche nicht genommen.

G: Irgendwo hab ich den Namen schon mal gehört.

J: Nun, Herr Oppermann ist ständig in den Nachrichtensendungen, nicht nur bei uns in der ARD …

G: Nein nein, daher kenn ich den nicht. Oppermann, Oppermann … hm. Ich hab's, das Kieswerk in Hedemünden, da war ich eingeladen zum hundertjährigen Firmenjubiläum, Anfang der Sechziger muss das gewesen sein. Hinrich Wilhelm Kopf war gerade zum fünften

Mal Ministerpräsident, seit ihm heißt es ja: Niedersachsen wird durch die Leber regiert, hahaha.

J: Der war ja auch in der SPD, genau wie Thomas Oppermann, um da jetzt mal einzuhaken …

G: Jaha, aber vorher hat der ja stramm mit der NSPD geliebäugelt, is vor kurzem erst rausgekommen.

J: Mit wem?

G: Nun machen Sie mal 'nen Punkt, so jung sind Sie nun auch wieder nich, Freundchen. Hitler, Goebbels, Ribbentrop, Filbinger, NSPD, nie gehört? In welcher Zeit leben wir nur, ist denn alles nichts mehr wert.

J: Doch, doch. Aber die Zeit drängt, und ich würde Ihnen gern die anderen Teilnehmer unserer Runde nennen.

G: Den aus dem Kieswerk haben Sie ja nun schon genannt und Herrn Zuckerbeck, galizischer Jude, nehme ich an.

J: FRAU Zuwalek.

G: Aha. Der Jude vererbt sich ja hauptsächlich über die Mutter, daher!

J: Wie dem auch sei. Dann haben wir noch Professor Ragna Prozeniak vom Institut für weibliche Wählerwanderung der Gender-Universität Mittweida.

G: Nein, nicht Protze! Lebt der alten Witwenstecher auch noch? Mit Protze hab ich an der Georgia Augusta beim alten Krumbiegel zwei Semester «Köpfrituale der Ostgoten» gehört. Ganz famoser Bursche, konnte pissen wie ein Brauereipferd.

J: Das muss sich dann wohl eher um ihren Großvater gehandelt haben. Frau Prozeniak ist erst 34.

G: Kein Alter für 'ne Frau, die Zeiten, als wir beiden nach den Zwanzigjährigen schielten, sind doch vorbei, was, Günther, ich darf doch Günther sagen.

Erasmus Gasser: «Nach dem dritten Bier fragte mich die Queen, ob ich Vizekönig von Sachsen-Anhalt werden wollte – war 'ne verrückte Zeit damals.»

J: … solange Sie mir versprechen, dass Sie zu Herrn Oppermann nicht sagen, er wäre in der NSPD, dürfen Sie mich meinetwegen nennen, wie Sie möchten.

G: Wen haben wir denn da noch heute Abend?

J: Zuletzt begrüßen wir noch Frau Dr. Seltmann-Weiden …

G: Meine Tante aus Braunschweig hatte ein Kaffeeservice von denen, sechsunddreißig Teile, ist nie komplett aufgedeckt worden, soweit ich mich erinnere. Dann ist eine Tasse runtergefallen, und sie hat das ganze Service – also nur noch mit elf Tassen – weggeworfen und die zersprungene zwölfte an Flüchtlinge verschenkt, dass die sich die zusammenkleben konnten. Die hatten ja nichts, ganz einfache Leute aus den schlesischen Gruben. Aber so war sie, die Tante Adelheid, hat die polnischen Knechte damals auf dem Gut mit der Pferdepeitsche regiert, andererseits hatte sie auch ein großes Herz.

J: Aha. Frau Dr. Seltmann-Weiden spricht für die Angehörigen der jungen Generation, sie ist Leiterin des Young CEO Network Germany und …

G: Wer hat denn die ganzen jungen Weiber besorgt für den Abend, das war doch bestimmt Protzes Idee, oder?

J: Frau Professor Prozeniak ist ja ähem, selber …

G: Stimmt, hatten Sie ja gesagt. Na ja, kann trotzdem ein netter Abend werden, obwohl akademische Weiber, da tut sich meist nicht viel, die waren schon früher irgendwie sperrig, hahaha.

(Eine Frau erscheint in den Tür.)

FRAU: Herr Dr. Gasser, haben Sie einen speziellen Getränkewunsch für die Sendung, gazeuse oder lieber stilles Wasser?

G: Ach was, ist ja nach fünf, da genehmige ich mir doch einen kleinen Cognac vorher und in der Sendung Wodka im Wasserglas, wir wollen ja die Damen vom Fernsehrat nicht erschrecken, was, Günther, hahaha, wir sind aus einem Holz geschnitzt, wir beide.

Weder Fisch noch Fleisch – Erasmus Gasser, Graue Eminenz, Teil 3

J *(nachdem er die Teilnehmer der Runde vorgestellt hat)*: Fangen wir gleich bei Ihnen an, Herr Oppermann, provokante Frage: Will die SPD sich überhaupt noch selber retten, oder befinden sich die Parteivorsitzenden seit Jahren in einer Art Todessehnsucht?

G: Wenn ich da gleich mal einhaken darf, Frau Will …

J: Herr Jauch, wenn's beliebt.

G: Selbstverständlich. Von welcher SPD reden wir hier eigentlich, da gab es ja vor einigen Jahrzehnten schon mal einen Vorläufer, die …

J: Hier sage ich einfach mal «Stopp» und möchte, dass Herr Oppermann diese Frage vielleicht …

G: Schönen Gruß an den Herrn Papa übrigens, war 'ne dolle Feier.

O: Was für eine Feier?

J: Herr Oppermann, ich will die Frage einmal anders formulieren: Gibt es so was wie eine uneingestandene Tendenz unter den Vordenkern der SPD, das über anderthalb Jahrhunderte währende Projekt, demokratischer Sozialismus – oder ich will es konkreter ausdrücken – Sozialismus in einem demokratischen Gewand –, gibt es da eine Art Todestrieb, sind über hundertfünfzig Jahre womöglich genug, oder anders gesagt: Ist der Fisch gelutscht, Herr Oppermann?

O: Um Ihr Bild vom gelutschten Fisch direkt einmal aufzugreifen, Herr Jauch, ich denke, und da bin ich mir mit meinen Parteigenossinnen und Parteigenossen von der deutschen Sozialdemokratie sicher einig: Die SPD in ihrer jetzigen Gestalt ist gesund wie ein Fisch im Wasser.

J: Aber heißt es nicht auch «Der Fisch stinkt vom Kopf her», und da sind wir beim Parteivorsitzenden Sigmar Gabriel angelangt, der ja …

G: «Der Fisch will schwimmen» hieß es damals bei den Niedersachsen immer, wenn Matjeswochen waren im Landtag, meine Herren, was konnten die saufen … in allen Parteien, Grüne gab's da ja noch nicht. Seit damals heißt es «Niedersachsen wird durch die Leber regiert». Hahahaha.

J: Ich greife das vielleicht mal auf, Herr Oppermann, Sie als Niedersachse … ein Land, das viele prominente Sozialdemokraten hervorgebracht hat, schmerzt es da nicht besonders zu sehen, wie die alte Tante SPD seit Jahren schon ins Trudeln gerät, oder um es präzise zu formulieren: Sind die politischen Ziele ihrer Partei weder Fisch noch Fleisch?

S-W: Mir reicht es allmählich, ich fühle mich ja wie auf dem Hamburger Fischmarkt. Seit einer Viertelstunde wird hier um den heißen Brei herumgefaselt, statt mal endlich Butter bei die Fische zu geben … jetzt rede ich auch schon so einen Schmarrn. – Wir vom Young CEO Network Germany sehen in der SPD vorwiegend einen Lobbyverein der Menschen auf der demographischen Zielgeraden …

J: Wenn Sie das vielleicht mal für unsere Zuschauer näher erläutern könnten, Frau Seltmann-Weiden.

G: «Bayrisch Blau»! Das hatte meine Tante Adelheid. Nur eine theoretische Frage, hätte man da überhaupt eine Tasse nachkaufen können?

S-W: Ich verstehe nicht ganz …

DR. P: Der alte Knacker hat offensichtlich einen Sprung in der Schüssel.

G: Tasse, Verehrteste, Tasse! Was machen Sie übrigens nach der Aufzeichnung?

J: Diese Sendung ist live, nur als Erklärung für unsere Zuschauer. Herr Oppermann, Frau Prozeniak, eine Frage vielleicht mal an Sie beide gerichtet: Hat die SPD eine Chance, auch jüngere Wählerschichten zurückzugewinnen?

S-W: Welche Jüngeren, ahnen Sie überhaupt, wie viel hochqualifizierte und teuer ausgebildete junge Menschen jährlich diese Gerontokratie hier verlassen, auswandern, um es mal deutlich zu sagen.

J: Die Frage war eigentlich an Herrn Oppermann und …

S-W: Bald leben hier nur noch – um mal den Begriff meiner Vorrednerin aufzugreifen – solche «alten Knacker» wie der Suppenkasper hier aus Niedersachsen.

J: Wir wollen doch bitte nicht den Respekt vor den anderen Teilnehmern der Runde verlieren.

G: Was ist denn eigentlich aus dem Thema «Fangquoten» geworden? Reden hier alle nur noch durcheinander?

O, S-W, P, J: ????????

J: Ich sollte vielleicht an dieser Stelle das bisher Gesagte zusammenfassen: Die SPD ist immer noch die SPD, wenn wir uns darauf in dieser Runde einigen konnten, und ich finde, das ist doch immerhin ein Ergebnis. Noch zwei Hinweise für unsere Zuschauer, den kompletten Wortlaut der Talkrunde finden Sie wie immer auf Teletext Tafel 286, und die nachfolgende Sendung «Aspekte extra vom Bad Wörishofener Symposion zeitgenössischer Höhlenmalerei» beginnt eine halbe Stunde früher. Bis zum nächsten Sonntag, dann zu dem Thema: «Politik unter Alkoholeinfluss – wird ganz Deutschland durch die Leber regiert?» Einen Teilnehmer der nächsten Runde haben Sie schon kennengelernt, es ist Dr. Erasmus Gasser, den ich an dieser Stelle schon mal vorab willkommen heiße. Ihnen noch einen schönen Abend und viel Spaß bei Aspekte extra.

G *(unterm Abspann zu hören)*: Was machen wir drei Hübschen denn jetzt mit dem angebrochenen Nachmittag? Ich kenne da eine ganz famose Absackerbar hinter der niedersächsischen Landesvertretung.

8 Häppchen

Klassisch und fast schon ein wenig nostalgisch sind belegte Partyhäppchen: Schwarzbrottürmchen mit Scheiblettenkäse dazwischen, von Salzstangen durchbohrte Goudawürfel gekrönt von einer Weintraube, Minifrikadellen und Wiener Würstchen, so winzig wie neugeborene Siebenschläfer.

Oder um es ein wenig anders auszudrücken: Allein das Wort «Häppchen» atmet die stickige Luft des Partykellers der sechziger Jahre, dort wo Mettigel und Mariacron La Bostella tanzten. Kapitel 8 ist ein nostalgischer Rückblick.

Zurück in die Zukunft

«Früher war auch die Zukunft besser», wusste schon Karl Valentin vor fast einem Jahrhundert. Die Zukunft von früher ist heute der nostalgische Blick zurück. Man sehnt sich nicht wirklich nach der «guten alten Zeit», sondern nach dem damaligen Glauben an die Zukunft, die ja unsere Gegenwart hätte sein sollen, aber dummer- oder dankenswerterweise nicht ist, je nachdem, ob Sozialismus oder Apokalypse den Blick verklärten.

Wenn sich der Zeitgenosse nach dem Früher sehnt, dann nach dessen Hoffnungen, dessen Glauben an politische Lösungen und der Faszination technischer Innovationen. Wir mögen die alte Zukunft, da uns die derzeitige von wenig erstrebenswert bis belanglos erscheint. Wird es in weiteren dreißig Jahren das iPhone 21 mit Selbstüberlistung geben? Höchstwahrscheinlich schon früher, doch wen interessiert's. Werden Pflegeroboter notgeile Geronten im Ablebebunker einmal wöchentlich abspermen? Kann gut sein. Doch gar nicht seltsamerweise fasziniert uns die Vorstellung fliegender Autos mehr als die von Wichsautomaten.

Zukunft war schon immer eine Rückprojektion auf die eigene Gegenwart, Nostalgie die Sehnsucht nach der Gegenwart des Vergangenen. Man kann es drehen und wenden, wie man will, wir sind alle Gefangene des Hier und Jetzt. Und es wird niemand kommen aus der Tiefe des gekrümmten

Raumes, um uns aus der Scheiße zu ziehen. Genauso wenig wie es vor langer Zeit von Gott gesandte Schlauberger gab, die uns heute noch viel zu sagen hätten. Wie es in dreißig Jahren um die Welt bestellt ist, weiß ohnehin niemand, wer hätte 1985 die Klingelton-Euphorie des neuen Jahrtausends vorhergesagt, wer vor nicht mal zehn Jahren, dass Menschen in Abgründe stürzen würden, weil sie sich mit Hilfe einer Stange selbst fotografieren.

Somit gibt es doch einen Trost, was unsere Zukunft betrifft: Trotz aller Schrecken und Apokalypsen, eins, das bleibt bestehen, die Beklopptheit des Menschen wird nie untergehen. Das ist auch gut so, denn sonst ist diese Welt zu allen Zeiten schwer zu ertragen.

Trübe Tage

Und hier ist das Wetter für das kommende Halbjahr: Der Bodennebel wird sich erst im Laufe des Tages zögerlich auflösen und in örtliche Graupelschauer übergehen, die tageszeitlich von Nieselregen unterbrochen werden. Gegen Mittag verdrängt das Aleutentief die Arktikfront und bringt den Hanglagen der Mittelgebirge Dauerfrost und Eisregen. Fallwinde und Frontgewitter sowie Hagelschlag und Griesel führen nördlich der Mainlinie zu einer Niederschlagswahrscheinlichkeit von 104 Prozent. An der Rückseite des Islandtiefs strömt eisige Luft von Norden herein und führt stellenweise zu Kaltfrontgewittern mit Raureifglätte und Packschnee rund um den Taupunkt. Starke Orkanböen aus

Russland bringen sauren Regen nach Deutschland. In der Nacht fällt die Temperatur auf plus zwei bis minus zwei Grad. Das war das Wetter für morgen und den Rest des Halbjahres. Ich wünsche Ihnen noch einen schönen Tag.

Sehr witzig. Dagegen ist selbst die Lektüre dreier Margot-Käßmann-Bücher ein Stimmungsaufheller. Was tun an solch trüben Tagen? Hatte man ohnehin vor, sich aus dem Dasein zu verabschieden, dann wäre jetzt der richtige Moment. Eine Tüte Rattengift-Generika in Glyphosat aufgeweicht und über den Rucola-Salat geträufelt, und mit dem Einbruch der Dunkelheit gehen auch im eigenen Hirn die Lichter aus. Durch den ätzenden Geschmack der Lehrer-Rauke schmeckt man kaum das Rattengift und legt einen sauberen Abgang hin. Was aber, wenn man am Leben hängt oder sich erst im Juli umbringen will? Dann ist man dem winterlichen Trübsinn gnadenlos ausgeliefert.

Die Ratgeberseiten der Schlaumeier-Journaille raten stets dazu, es in der Zeit um die Jahreswende langsamer angehen zu lassen: Mal ein paar Tage gemütlich in der Jogginghose auf dem Sofa rumfläzen, ein gutes Buch zur Hand nehmen, ein Glas Rotwein trinken, es sich richtig gutgehen lassen. Na dann Prost allerseits. Wer eine Woche lang – auch wenn's nur zu Hause ist – eine Jogginghose trägt und nicht selbstmordgefährdet ist, den soll meinethalben der Schnitter holen.

Ein gutes Buch heitert auch nicht auf, denn dann wäre es kein gutes Buch. Nur absolute Schundliteratur hebt die Stimmung. Und schlussendlich: Wer nach einem Glas Rotwein schon fröhlich ist, zu dem dringt auch der Trübsinn dieser Tage nicht vor. Für alle anderen lautet mein Tipp: Macht eure Steuererklärung oder euer Testament, schreibt einen Brief an die Erbtante, lest das Gesamtwerk von Werner Tiki Küstenmacher, hört alle CDs von Rosenstolz – kurz, macht das, wofür die wirklich schönen Tage einfach zu schade sind.

Herbst des Priapisten – Mike Rosinski, auf jeden Fall über vierzig, gelernter Werbekaufmann

Mike Rosinski arbeitet aber schon seit Jahren als angestellter Hundefrisör im Salon «Vier Voten» in Visselhövede. Er hält sich für den Hauptflachleger der Kleinstadt.

Rosinski: Okay, mein Freund, lass dir vom guten alten Mike mal etwas über das Leben erzählen, lets talk about the liver, wie der Franzose sagt. Wenn du wie Big Mike roundabout Ende dreißig bist, also sagen wir mal zwölfundvierzig oder so, dann hast du alles gehabt und alles gesehen, was der Markt an Material hergibt. Frauen sind für dich wie Mettbrötchen, schweinelecker irgendwie, aber dauernd bleiben Fussel zwischen den Zähnen hängen, und mal unter uns, mein Freund: Würdest du ein Mettbrötchen heiraten? Okay!

Du hast in deinem Leben schon Tausende Frauen nackt gesehen, und irgendwann, wenn du der tausendeinsten den Tanga von den Hüften schälst, sagst du dir: Da hat sich designmäßig wenig getan in den letzten dreißig Jahren. Geile Titten sind immer noch verdammt geile Titten, mehr aber auch nicht, und ein geiler Arsch ist immer noch ein besseres

Ein Single Malt im Tumbler, eine Cohiba zwischen den Fingern und ein paar versaute Gedanken zwischen den Ohren – Erotik pur!

Argument als das gesamte SPD-Wahlprogramm. Doch was soll's, compadre, du hast sie einfach alle schon gehabt: die scharf angebroilerte Tussi aus dem Sonnenstudio, die Frau über vierzig mit dem leichten Karosserieschaden und das Huhn für den Nachmittag. Was kann da noch kommen?

Du versuchst es mit den blutjungen Fohlen, die sich für dich drei Harry-Potter-Schwarten unter den Arsch legen, damit dir beim Nageln nicht die Beine einschlafen. Das gute alte Rein-raus-Business gibt dir einfach nichts mehr, mein Freund. Und je jünger und schärfer, desto mehr kotzt es dich an. Du kannst sie einfach nicht mehr sehen, diese prallen kleinen Titten mit den steifen Nippeln, diese knackigen Ärsche ohne die winzigste Spur von Pampelmusenhaut, diese superflachen Bäuche mit den dezent gepiercten Nabeln. Wenn du ganz weit Ende dreißig bist, my friend, sagen wir mal gerade die sechsundzwanzig gedoppelt hast, dann hast du dich an Pralinen überfressen.

Okay, sie haben wirklich alles gegeben: Mütter haben dir ihre kaum geschlüpften Töchter geschickt, Ehemänner legten dir ihre noch feuchten Gattinnen zur Zweitauswertung freiwillig ins Appartement – es war eine schöne Zeit. Doch es ist vorbei, over and out. Manchmal schreckst du nachts auf aus einem Traum: Du siehst dich knietief in einem Meer von nackten Mastputen waten und alle schreien: Mike, mach's mir noch mal. Und dann schweift dein Blick auf die andere Seite von dem verfickten Putenstall und du siehst einen alten Truthahn mit einem verschrumpelten miesen kleinen Turkey-Pimmel durch die Tür kommen und oben auf seinem genauso schrumpeligen Hühnerhals hat er einen Kopf und das ist der vom guten alten Mike. Scheiße, scheiße, scheiße.

Oldiefestivals

Denken eigentlich die Besucher der Bayreuther Wagner-Festspiele auch, sie seien auf einem Oldiefestival, oder halten sie das teutonische Koloratur-Gegröle für zeitgenössisch relevante Musik? Müssen erst die Ursprungsinterpreten ins Gras gebissen haben, damit man sicher sein kann, der Rezeption ehernen Kulturguts beizuwohnen?

Blöderweise leben bei Ten Years After, The Sweet und dem Electric Light Orchestra nicht nur Teile der Erstausgabe noch, sondern ebenso alle Hörer von damals. Während man davon ausgehen kann, bei einem Klassik-Sommerkonzert auf keine Rezipienten der ersten Stunde zu treffen, so sind bei einem Oldiefestival sämtliche Fan-Untoten aus ihren Gräbern gestiegen. Sie sehen genauso scheiße aus wie vor vierzig Jahren und schunkeln wie angeschossenes Schwarzwild zu den Hits ihrer Jugend. Kann man als Rockfan in Würde altern? Oder ist es das Los dieser Generation, sich Jahre später in eine entstellte Kopie ihres jugendlichen Selbst zu verwandeln? Warum benehmen sich angejahrte Rockfans, als könnten sie die Zeit zurückdrehen? Nein, es ist nicht lustig, wenn glatzköpfige Fettwänste so tun, als spürten sie den Groove von damals, oder wenn schon vor Urzeiten abgekalbte Alttiere selig in den Hüften zucken.

Natürlich haben auch höhere Semester einen Anspruch darauf, sich anders zu fühlen als trockenes Laub, das durch die Fußgängerzone weht. Nur hat die derzeit dahinwelkende Generation noch nicht herausgefunden, wie man das bewerkstelligt, ohne bloß die uralten Rituale der Pubertät bis zum letalen Filmriss zu wiederholen. Im Schlamm zelten, schlechtes Bier saufen und dabei Opamucke hören, das kann es ja wohl nicht sein. Entweder gelingt es der Rockmusik, sich vom pubertären Zufall freizuschwimmen und in eine erwachsene Form der Live-Präsentation hineinzufinden, oder mit der letzten Blondhaarperücke auf der Bühne verschwindet auch die arschwackelnde Jeansjacke im Publikum. Auch gut. Besser tot, als auf dem fliegenden Holländer der Subventionskultur ewig weiterleben zu müssen.

Saturday Night Fever im Siechenheim

Im Jahr 2029 wird der letzte Babyboomer sein Arbeitsleben beenden. Wie wird dieses graue Deutschland aussehen, werden sich auch die zukünftigen Rentner ständig mit E-Bikes auf die Fresse legen und in dünnschissfarbenen Anglerwesten vor Lebensmittelmärkten rumlungern?

Die Generation, die sich selbst für ewig jung hält, hat nicht damit gerechnet, selbst mal zu den Alten zu gehören. Ausgemolkene Hippen mit Vogelfedern im Haar und Männer mit grauen Pferdeschwänzen stehen als lebende Plastinate nackt im Garten der Kamasutra-Seniorenresidenz herum. Die Mär von der ewig währenden Lust lässt sie einander halbherzig begrapschen. Die Beckenknochen klingen hohl, als sie im hingeschluderten Koitus aufeinanderprallen. Saturday Night Fever im Siechenheim der Babyboomer. Von hinten dringt ein erstickter Schrei an keins der tauben Ohren, schon wieder ist ein Alter beim Abstellen seiner Harley unter die Maschine geraten.

Im großen Saal des Endlagers ist heut Abend ein bestuhltes Punk-Konzert, levantinische Kopftuchfrauen schieben dutzendweise Krankenliegen mit Morphiumtropf herein. Obwohl das Konzert auch direkt in die Hörgeräte und Datenbrillen übertragen wird, wollen die Insassen noch einmal die echten Vibes in ihrem Solarplexus spüren. Wenn der erste von den insgesamt drei Akkorden des Abends erklingt, sieht man hie und da einen verhornten Zeh über urindichten Bettlaken gegen den Takt zucken. Werden die Windräder hinten im Feld auch genug Strom liefern für die E-Gitarren?

Zwei früh verblühten Neunzigjährigen wird mit einer

Magensonde veganes Flüssigwürstchen zugeführt, einem ledrigen Greis drainiert die Absaugpumpe Sabber und Schlorze, als ihm die dralle Filipina einen Katheter in die Harnröhre schiebt. Saturday Night Fever im Siechenheim der Babyboomer. Plötzlich stehen ein paar Plastinate in Jeansjacken von ihren Kackstühlen auf und klatschen in die Hände. Fünf Tote werden hinausgetragen, natürlicher Abgang, trotzdem: einer mehr als in Altamont.

Eine Vogelscheuche mit Hells-Angels-Kutte über dem OP-Hemd reckt die gichtige Faust zur Decke. Endlich ertönt der Nachtgong, das Punkband-Hologramm erlischt, und draußen im Garten zieht der nackte Mann mit grauem Pferdeschwanz seine Hand aus der Frau mit den Vogelfedern im Haar. Die heiße Samstagnacht in der Kamasutra-Seniorenresidenz ist zu Ende.

Treffen

Neben reichlich ganzjährig praktiziertem Schwachsinn gibt es in den Sommermonaten eine eigentümliche Form der behämmerten Lebenszeitvergeudung: die Treffen. Bikertreffen, Treckertreffen, Amitreffen, Käfertreffen, es trifft sich einfach alles, was sich irgendwie um ein Objekt gruppieren lässt.

Los ging's vor Jahren mit Oldtimern, heute treffen sich Sammler verranzter Petroleumlampen und leuchten sich gegenseitig einen, Besitzer atavistischer Primitivrechner reisen zum Atari-Treffen, sogar Samsung-S2-Treffen soll es schon geben. Früher bedeutete «ein Treffen» noch intersexuellen Diskurs zwischen den Geschlechtern, heute stiert eine Horde müffelnder Achselhöhlen auf rostige Standmotoren – o tempora, o mores!

Weitestgehend ironiefrei nennen sich deren Eigentümer ebenfalls «Liebhaber». «An jedem vierten Sonntag im Monat treffen sich die Liebhaber historischer Toilettenwagen auf dem Schützenplatz in Wendisch-Zabern.» Um dort was zu tun? Unisono einen in die Schüssel kacheln? Nein, zu «Benzingesprächen», so nennt man das Gelaber und Geätze in Anbetracht der versammelten «Liebhaberobjekte», gleichgültig, ob sie mit Benzin, Diesel oder mit heißer Luft betrieben werden.

Ein Treffen hat den Sinn, zumindest ein Wochenende lang die grundsätzliche Unvereinbarkeit mit anderen zweibeinigen Daseinsformen zu vergessen. Die picklige Fettsau mit den rechtsradikalen Sprüchen würde man im richtigen Leben wohl kaum zwei Sekunden lang aushalten, aber sie interessiert sich eben auch für historische ESBIT-Kocher aus den Dreißigern, und nachdem das Passwort den Insider ausweist (ESBIT heißt Erich Schrumms Brennstoff in Tablettenform), reicht's für ein paar Biere geheuchelter Kumpanei.

So dienen denn die unzähligen Treffen rund um die tote Materie nicht nur deren Verbleib auf Erden, sie stellen auch einen wichtigen Zusammenhalt in der immer weiter individualisierten Gesellschaft dar. Wenn uns sonst schon nichts eint, so doch immerhin die gemeinsame Liebe zum alten DDR-Klappwohnwagen oder den antiken Kunstdüngerstreuern aus den Fünfzigern. Schon sind die Wochenenden gerettet, man kann mit Sack und Pack durch die Republik krajohlen und Gleichgesinnte treffen. Vor langer Zeit gab's dafür Parteien, heute sind's die Mopedtreffen. O tempora, o mores – oder hatte ich das schon erwähnt?

Hans-Peter «Pit» Schwernot, 63, Kabarettist

Schwernot hat seine fetten Jahre überlebt, und das ist keine geringe Leistung. Viele seiner Kollegen von damals haben sich totgesoffen oder sind in einer suboptimalen Fernsehnische elendig verreckt. Schwernot aber lebt noch, und das gar nicht mal schlecht, vielleicht gerade deshalb, weil er keinerlei Ambitionen hat, dieser Welt noch etwas von Wert mitzuteilen.

Schwernot: Die paar Jahre, die ich noch habe, da reiß ich mir doch nicht mehr den Arsch auf. Wenn du so alt geworden bist wie ich, mein Freund, dann bist du ein Archiv aus Erlebnissen und Erfahrungen. Du musst gar keine neuen machen, du hast sowieso schon alles gesehen. Du weißt, wie es ist, wenn dir die jungen Wölfe auf den Fersen sind, aber der alte graue Räuber hat sie bisher noch immer abgeschüttelt. Manchmal guckst du sie dir an, wie sie sich in ihren «eigenen Shows» abzappeln für das bisschen Quote auf ZDF Sonstwo, und du denkst: «Zappel du nur, kleiner Komödiant, warte nur ein Weilchen, dann kommt der Intendant mit dem Hackebeilchen auch zu dir.»

Ich hab das schon tausend Mal erlebt, aber an einer alten

Galapagos-Schildkröte wie mir perlt das irdische Geschwätz der Medienzombies ab wie an einer Nano-Oberfläche. Ich bin seit dem Witzepleistozän auf der Bühne, ich habe sie alle gekannt, und ich habe viele gesehen, die neben mir gefallen sind. Erst spielen sie die großen Hallen, dann die kleinen, dann die Kulturscheunen, zuletzt die Autohäuser. Nur Pit Schwernot nicht, der hat schon die Autohäuser gespielt, als er noch einen Namen hatte – und er hat abgesahnt. Und wenn ich sage «abgesahnt», dann meine ich «abgesahnt».

Das ist das Problem, du musst den rechtzeitigen Absprung schaffen in die Entertainment-Gosse, wo die Herren Kabarettisten sich zu fein für sind. Das ist dein Zuhause, da streichst du eiskalt die Kohle ein, während die Herren Brettl-Idioten noch den Intendanten beknien, er möge doch bitte ihre total kritische Satireshow nicht absetzen – arme Irre. Pit Schwernot hat schon immer zu den unsentimentalen Realisten gehört, denn was ist unser Job anderes als eine kleine, schmutzige Bewitzung von den Doofköppen da draußen.

Und geh mir doch los mit dem ganzen Geschwurbel von Bewusstseinsveränderung und Gesellschaftskritik. Hau einen raus, und wenn alle lachen, dann hast du einen guten Job gemacht, basta. Guck sie dir doch an, die ganzen Osttruppen, die Rostocker Lachmöwen oder Finsterwalder Arschgeigen, die verdienen doch nicht das Schwarze unterm Fingernagel. Wenn die einmal falsch parken vor der nächsten Kleinkunstbühne, müssen sie einen Kredit aufnehmen. Nein, das hat ein Pit Schwernot nie gemacht, untergehen ja, aber bitte mit Stil, aufrecht sitzend im Siebener-BMW und die Privatinsolvenz mit einem Montblanc-Füller unterschreiben, das ist meine Welt.

Okay, wenn du Frau und Kinder hast, bist du am Arsch,

«Zwerchfellmassage inbegriffen» heißt das neue Programm von Strullkötter & Pöppinghaus, handgemachtes Politkabarett vom Allerfeinsten, bei dem das Lachen im Halse steckenbleibt.

dann musst du dich für jeden Scheiß krumm machen, in jede Gala, in jede verschissene Panel-Show die Fresse reinhalten. Aber ein Pit Schwernot hat damals in den wilden Jahren so viel Sperma über die Republik verteilt, der hat nie ans Heiraten gedacht. Heute zahlt sich das aus, heute kann ich einem Veranstalter in den Papierkorb scheißen, wenn sich in seinem Catering der Kochschinken auf den Brötchen kräuselt, weil … weil ich es kann. Ich muss auf niemanden mehr Rücksicht nehmen. Schon gar nicht aufs Publikum, für die paar Jahre, die ich noch habe, liegen vierzig Jahre Witzmaterial zu Hause in der Schublade, die nur darauf warten, ein viertes und fünftes Mal erzählt zu werden. Warum auch nicht, die Leute, die heute in meine Show kommen, die waren ja noch gar nicht geboren, als «Big Pit» den Witz zum ersten Mal gebracht hat.

Nein, ich weine den alten Zeiten nicht nach. Im Grunde ist vieles besser heute, es gibt zum Beispiel viel mehr Frauen, die jünger sind als ich. Ich muss mir und den ganzen Pissesäufern da draußen nichts mehr beweisen, ich hab mein Leben gelebt, und es war ein verdammt gutes Leben. Scheiße, was haben wir gesoffen und gevögelt damals, wie die Geisteskranken. Aber damals ist damals und heute ist heute. Und heute arbeite ich an meinem einstelligen Handicap, gucke in der Stadt den Weibern aufn Arsch und freue mich, dass ich mit den alten Witzen noch das Penthouse finanzieren kann. Wie heißt es so schön in Amerika als Quintessenz des Lebens: «To make the world a better place.» Mein place war und ist auf jeden Fall erster Klasse!

Vorbei ist vorbei

Sechzig ist das neue Vierzig, Dreißig das neue Siebzehn, Eizellen kann man einfrieren für irgendwann einmal, und als Mann kann man noch mit über achtzig Vater werden. Wenn das Leben schon nicht ewig währt, dann sollte doch zumindest alles möglich sein, bis die Rosette das allerletzte Mal einen kleinen Gruß aus der Küche in die Welt entlässt.

Wie wär's dagegen mit der altmodischen Lebensregel «Vorbei ist vorbei». Ich zumindest will nicht mit Ü-50 in die Fertilisationsklinik wanken und im Angesicht der Pornogazette in den Becher ejakulieren. Da gruselt man sich doch lieber bei einem Schoppen Doppelkorn vor der Vorstellung, die eigenen Blagen – die mir glücklicherweise versagt blieben – erstickten an der eigenen Drogenkotze in der Gosse. Oder warum muss ich mit deutlichem Überschreiten der Lebensmitte noch einen Motorradlappen machen? Als klammer Student konnte ich es mir nicht leisten, und nun inszeniere ich das wilde Bikerleben als Farce mit gebügelter Lederjacke und Outlaw-Badge von Hein Gericke. Na bravo: Warum sich nicht einfach zu Hause im Lehnsessel an den Motorradunfällen des Wochenendes ergötzen – an denen man nicht beteiligt war.

Das Leben lässt sich nicht nachholen, vorbei ist vorbei, und das ist doch was. So beschissen die irdische Existenz auch im Einzelnen ausfallen mag, verpassen kann man das Leben nicht, egal wie's ist. Eine gewisse Lässigkeit im Umgang mit dem fiktiven, nichtgelebten Leben macht das reale Dasein deutlich entspannter. Man muss weder in New York gewesen sein noch alle Hautfarben akribisch durchgevögelt haben, um was «vom Leben gehabt zu haben». Müssen denn jetzt alle den Mount Everest bestiegen haben, um in Frieden den Sarg von innen zumachen zu können? Für die meisten Kackstelzen sollte doch das Saarland Auslauf genug bieten.

Und wie sieht's aus mit dem Seniorenstudium, das ist doch okay, oder? Nein, ist es nicht. Studium verpasst? Na und! Dafür was anderes erlebt. Vorbei ist vorbei. Deshalb sollte man doch nicht mit seiner rostigen Karkasse den Kinderchen das Abenteuer Bachelorstudium vermiesen. Setzt euch doch ans Rundfunkgerät und lauscht den Sendungen des Deutschlandfunks – die sind extra für euch gemacht. Das Leben wird wesentlich angenehmer, wenn man es nicht als Abfolge verpasster Chancen sieht. Die falsche Frau geheiratet? Na und, sie wohl auch den falschen Mann. Ätsch! Da ist die Welt wieder im Lot. Wer sich so durchs Leben hadert, der übersieht vor lauter ungenutzten Gelegenheiten das, worauf es eigentlich ankommt. Denn eins ist gewiss: Irgendwann kommt der letzte Schiss, und dann ist's vorbei.

Ludwig Hunteburg, 74, Tiefbau-Unternehmer

Hunteburg hat alles selbst aufgebaut, von der Pike auf gelernt, mit einem alten Magirus von der Post und einer Hanomag K50 fing er damals in den Aufbaujahren an. Heute, sagt Hunteburg oft im Scherz, ist er für siebzig Prozent der versiegelten Fläche in Norddeutschland verantwortlich.

Hunteburg: Is noch keine fünfzig Jahre her, da hab ich hier selber noch gestanden, an dem Motor-Japaner jeden Tag Stunden gekloppt an der Autobahn. Aber glaub man nich, dass wir sonntags nicht gearbeitet haben. Wenn der Alte das Wort «Wochenende» hörte, dann hat er mit der Plattschaufel um sich geschlagen – war ne andere Zeit. Ich hab hier vom Land das Baulos 1027 gekriegt, das sind 23,5 Kilometer sechsspuriger Ausbau der A7 in Ausführung Schwarzdecke plus achtzehn Überführungen und eine Wildbrücke. Weißte, was das is, Wildbrücke: Da können Herr und Frau Schwarzkittel ungefährdet über die Bundesfernstraße schreiten – muss man nich verstehen! Seit Rotgrün is ja vieles möglich, wo man sich früher vorn Kopp geschlagen hätte.

Was das kostet, wenn hier die Baustelle zwei Tage ruht. Son Radlader, der muss normal rund um die Uhr laufen oder die große Vögele da hinten für den Asphalt. Mein alter Herr hat immer schon gesagt: «Erst wollense dauernd Wochenende und dann studieren die Kinder Kunstgeschichte. Das ist dann das Ende.» Wie das noch werden soll in unserem Land! Ich hab eine Straße durch die Kasachensteppe gebaut bis nach Samarkand in Usbekistan und weiter nach Taschkent, die alte Seidenstraße als Autobahn, hauptsächlich mit einheimischen Kräften. So viel linke Hände hast du aufm Mal noch nich gesehen, aber der Wille der war da und nach drei Wochen hatte ich die ganze Bande auf Vordermann gebracht. Anderthalb Kilometer haben wir pro Tag fertigbetoniert – wegen den Temperaturunterschieden geht da ja Schwarzdecke nich – anderthalb Kilometer sieben Tage die Woche, die haben betoniert wie im Rausch die kleinen Schlitzaugen ... oder das is glaub ich mehr so'n Turkvolk, egal.

Und dann guck dir das hier an: Da steht ein Vermögen auf der Baustelle tatenlos rum und Monsieur Baggerführer liegt mit seiner Matka am Badesee. Ich reg mich schon wieder auf, Doktor hat mir gesagt, ich soll kürzertreten. Wenn auch ich noch kürzertrete, dann läuft ja gar nix mehr.

Vor zwei Wochen haben se mir einen von den großen Gradern direkt vonne Baustelle geklaut – unter den Augen der Polizei, die auf der anderen Spur einen Verkehrsunfall aufgenommen hat. Kommen mit einem Tieflader an, fahren den Grader drauf und ab nach Litauen oder dahinten irgendwo, haben wahrscheinlich sogar noch korrekt die Mautgebühren abgerechnet die Brüder. Verdenken kann mans denn bald nich: Is ja quasi regelrecht ne Einladung an alle Spitzbuben der Welt sone verwaiste Baustelle: Ihr Kinderlein kommet und beklaut uns.

Ich hab zu Hause, wo die Baumaschinen stehen, das ganze Gelände mit zwei Meter hohen Natodraht eingezäunt, zusätzlich obendrauf noch eine stromführende Litze – also jetzt nicht tödlich, aber da merkt man schon was – sogar extra so verlegt, dass da Vögel, die sich draufsetzen, dass denen nix passiert.

So und man ahnt es nich, was die von der Gemeinde dazu gesagt haben. Ich soll die Stromleitung wieder abbauen, weil sich ein Einbrecher daran schwer verletzen könnte. Packste dich doch annen Kopp. Muss man nich verstehen, oder. Dafür isse doch da die Stromleitung, dass den Banditen einer durch die Knochen geht und sie von ihrem Vorhaben Abstand nehmen. Erst wollte ich den Fritzen vonner Gemeinde sagen, ihr könnt mich alle mal, wer hat hier schließlich das neue Feuerwehrhaus bezahlt. Aber dann hat mein Anwalt gesagt: Lutze, wir kennen uns schon seit der Schulzeit, Lutze, bau den Draht ab, die Einbrecher können dich verklagen, wenn denen was passiert, hats alles schon gegeben.

Also bitte, da fehlt mir jegliches Verständnis für. Ich hab dieses Land hier mit aufgebaut und muss mich von osteuropäischen Banden beklauen lassen, sonst werde ich von denen verklagt. Nä, bei aller Liebe, da hörts bei mir auf. Die 23,5 Kilometer Schwarzdecke, die investier ich noch in den Standort Deutschland, dann zieh ich zu meinem Kapital, wie mein Steuerberater das immer nennt.

In Kasachstan hab ich ne eigene Jagd. Saiga-Antilopen,

Diese wunderschön erhaltene Hanomag-Raupe mit dem Tiefpflug am Haken hatte Hunteburg seiner Frau zum Siebzigsten geschenkt, seitdem spricht sie nicht mehr mit ihm – «erklär mir einer die Frauen».

sagt Ihnen das was, gehören zu den Kurzschwanzgazellen, stehen kurz vorm Aussterben. Eine mysteriöse Krankheit hat vor ein paar Jahren neunzig Prozent vom Bestand ausgelöscht. Ich hab zusammen mit ein paar einflussreichen Leuten von da hinten eine Stiftung gegründet, um die Art zu retten. Da seh ich noch einen Sinn drin, aber hier in Deutschland … ich bin damit fertig. Wie gesagt, noch die 23,5 Kilometer inklusive Wildbrücke – packste dich annen Kopp –

und auf Wiedersehen, oder eben auch nich. Ich kann die Politik nicht mehr ändern. Wenn ich nicht schon seit Jahren Kasachstan als Ausgleich hätte, wär ich schon längst verrückt geworden.

9 Fingerfood

Als Fingerfood werden Speisen bezeichnet, die man mit den Fingern statt mit Besteck zu sich nimmt. Nicht nur auf Partys, sondern auch bei der Pflege von Senioren soll Fingerfood eine das Essen erleichternde und anregende Wirkung haben.

Mit den Fingern zu essen ist die ursprünglichste Form der Nahrungsaufnahme, wenn man mal davon absieht, gleich die Reißzähne in den noch warmen Arsch des erlegten Mammuts zu schlagen. Ursprünglich geht es auch in diesem Kapitel zu, nämlich um das Verhältnis von Mann, Frau und allem, was sich dafür hält oder dazwischen im Wege steht.

Urlaub – Die Mittelstädts wollen weg

Hans-Georg trägt gehobenen Freizeitlook von Peek & Cloppenburg (sommerliches, blau-weiß gestreiftes Sakko, Sommerhose mit Bügelfalte, weißes Kurzarmhemd), College-Slipper, dazu eine teure Sonnenbrille.

Rebecca ist in Rock und Bluse ähnlicher Ausprägung gekleidet, dazu Pumps und eine Riesen-Sonnenbrille im Haar. Beide ziehen ein teuer aussehendes Samsonite-Kofferset hinter sich her (Rollenkoffer, Golfbag, Beautycase), Helly-Hansen-Jacken im Partnerlook sind über die Koffer drapiert.

SIE: Hans-Georg, gibst du mir bitte mein Ticket?

ER: Ich kann doch beide gleich zusammen vorzeigen.

SIE: Damit ich vor dem Mädel dort wie die letzte unmündige Idiotin dastehe. Vielen Dank!

ER *(gibt ihr beide)*: Hier, dann nimm du doch beide.

SIE: Sag mal, bin ich dein Privatneger oder was.

ER: Rebecca, bitte nicht schon wieder.

SIE: Wer hat denn angefangen, doch wohl der Herr Superschlauberger, der alles besser weiß.

ER: Ach ja, und wer hat denn das ganze Kollegium – meine Kollegen – durchgebumst?

SIE: DU bist dazu ja nicht mehr in der Lage, du Schlappsack.

ER: Schwanz! Schlappschwanz heißt das.

SIE: Das weißt du! Das glaub ich, dass du dafür den richtigen Begriff kennst, da kennt sich der feine Herr aus in der Welt der Impotenz, hahaha.

ER: Halt endlich dein versifftes Maul, du widerliches Stück Dreck. Du kannst übrigens alleine nach Mykonos fliegen, ICH bleibe hier.

(Mittlerweile sind sie bis zum Schalter vorgerückt.)

ER *(macht auf dem Hacken kehrt)*: So mir reicht's jetzt. Ich habe nämlich keine Lust, mit dir altem Miststück auch nur eine Sekunde länger zusammen zu sein.

(Er wendet sich ab, sie läuft ihm hinterher.)

SIE: Na, das sieht dir ja wieder mal ähnlich: Ob ich den Urlaub dringend nötig habe, das interessiert dich nicht.

ER: Flieg doch, ich hindere dich nicht daran, im Gegenteil: Ich werde die zwei Wochen ohne dich genießen, ja GENIESSEN!!!

(Er wirft ihr Ticket zerknüllt auf den Boden, beide entfernen sich.)

SIE: Mit der billigen Nutte aus dem Coffeeshop, in dem du immer rumhängst, das könnte dir so passen, mein Freund.

ER: Jennifer studiert Kunstgeschichte!!

SIE: Auf jeden Fall werde ich dich keinen Moment mit dieser billigen Thekenschlampe in der Stadt alleine lassen.

ER: Na, dann lass uns doch einen flotten Dreier machen, haha.

SIE: Du bist nicht nur ein Dreckskerl, sondern auch noch ein perverses Schwein.

(Beide verschwinden weiter im Hintergrund.)

ER: Das hättest du wohl gerne, notgeile alte Schabracke!

SIE: Bei dir läuft doch gar nichts mehr, du scheintoter Ochse.

ER: Dann ist ja alles gesagt und wir können wieder nach Hause gehen.

SIE: Das hättest du wohl gerne, nichts da, jetzt fliegen wir

erst recht, ich lass mir doch von dir nicht den Urlaub verderben.
(Beide gehen mit zornesroten Köpfen zum Check-in-Schalter zurück und sehen so zerstört aus, als läge die schönste Zeit des Jahres schon hinter ihnen.)

Urlaubsgepäck

Von alten Fahrensleuten werden uns gar unglaubliche Geschichten erzählt davon, wie man einst in den Urlaub fuhr: Mit der ganzen Familie auf dem Heinkel-Roller, Weib und Faltboot hintendrauf, den Zögling vorne zwischen Vattis Beinen und in eine alte Pferdedecke eingeschlagen Unterwäsche für drei Wochen, so ging's über den Brenner gen Italien. Wenig später quetschten sich die Bälger mit Oma und Schäferhund auf den Rücksitz des VW-Käfers, während Vattern vorne am Volant seine Dreißiger-Handelsgold-Zigarre paffte – so zuckelte man sechsunddreißig Stunden nonstop über den Autoput durch das Stammesgebiet der Cevapcici nach Griechenland.

Wie haben sich die Zeiten doch gewandelt. Fährt heute eine Kleinfamilie in den Urlaub, ist der VW-Passat aufgerödelt, als ginge es zum Fronteinsatz an den Hindukusch. Allein für das Entertainment der Nachzucht geht das komplette Kombiabteil drauf: Waveboards, Inline-Skates, Surf- und Scuba-Gerümpel, zwei Ponys und eine Satellitenschüssel für den störungsfreien Zugang zum Zwischennetz, um ständig

Kontakt zu halten mit den anderen Clearasil-vorher-Models daheim.

Damit der Daddy und das Mom im Urlaub auch noch Aktivität vortäuschen können, werden am Heck des Wolfsburgers fünf Fahrräder gefesselt, eins für Mutti und vier für den Herrn der Schöpfung, jede topographische Eigenart der Urlaubslandschaft berücksichtigend. Um der Unterwäsche auch noch den gebührenden Platz einzuräumen, ist oben auf dem Passat eine Art Sarg für Magermodels angeschraubt: Jene Dachbox und der Fahrräderpark am Passatenarsch katapultieren den Spritverbrauch des ansonsten genügsamen Pkw in einen Bereich, der sonst den SUVs vorbehalten ist.

Anfangs zuckelt der Familienpackesel gemächlich über die Autobahn Richtung Kroatien. Doch spätestens in der dritten Baustelle fangen die juvenilen Hintersassen an, sich die Birne einzuschlagen, Vatti verflucht den Tag, an dem er die Durchtrennung seiner Samenstränge abgesagt hat, und Mutti wäre jetzt am liebsten Alleinerziehende, also ganz allein, nur mit sich selbst im Aquarellkurs an provenzalischen Gestaden. Doch der Lumpensammler fährt unbeirrt weiter, bis endlich das Feriendomizil erreicht ist.

Von all dem herbeigeschleppten Gedöns wird nichts jemals genutzt: Die Bälger knüpfen erste Kontakte zur örtlichen Drogenszene, und die Alttiere saufen und fressen sich den Balkan schön. Nächstes Jahr, so schwören sich beide, fliegen wir in den Urlaub und karren nicht den kompletten Hausstand durch halb Europa. Noch wollen sie nicht wahrhaben, dass Urlaub nur dann wirklich schön ist, wenn man ihn gar nicht erst macht.

Alexa

Ein Männertraum wird wahr: Die Frau mit den drei Knöpfen: Ficken. Kochen. Aus. Sie hört auf den Namen «Alexa», stammt aus dem Hause Amazon und wohnt in einem zylindrischen Körper, auf dessen Haupt man ein Bier abstellen kann – die vierte Eigenschaft der idealen Frau.

Den lieben langen Tag steht Alexa stumm in der Wohnung herum, regt sich nur, wenn ihr Herr und Gebieter sie anspricht: He, Alexa, erzähl mal einen versauten Witz. Und schon sprudelt es aus ihr heraus. Welchem Old-School-Weib fiele überhaupt so schnell einer ein, und welches könnte ihn so erzählen, dass die Pointe auch wirklich am Ende stünde. Alexa kann blitzschnell im Internet nach allem suchen, was im versoffenen Männerschädel über die Jahre bereits gelöscht wurde: Wie lautet der Satz des Pythagoras? «Leck mich am Arsch», oder wer hat das noch mal gesagt? Alexa weiß es und erzählt es, ohne dass man mit fettverschmierten Pfoten auf dem Smartphone herumwischen müsste. Alexa, fahr die Jalousien runter, Vati macht jetzt Mittagsschlaf. Alexa, lad mir einen Fickelfilm aus dem Netz, bestell sechs Mal Pizza mit allem und 'nen Kasten Pils, heute Abend kommen Hömmut und Kalleinz zum Skat. Ohne Widerworte erfüllt das gerade mal dreißig Zentimeter hohe Weib den Auftrag und checkt so ganz nebenbei auch noch im Mail-Postfach, ob die genannten Kräfte rechtzeitig informiert wurden.

Nur die Pizzareste auf dem Teppich und die Kotze auf dem Klo wischt Alexa leider nicht am nächsten Morgen auf, denn Alexa hat keine Beine. Mithin kann sie jene auch nicht spreizen und kann dem Manne nur bei dessen hörfunkunterstützter Eigenliebe zu Diensten sein. Amazon erschuf dieses zauberhafte Wesen selbstredend nicht aus reiner Nächstenliebe. Zum einen werden dafür hundertachtzig Dollar einbehoben, zum anderen verfügt Alexa über einen besonderen Draht zu jenem Frankenstein, der sie erschuf. Ganz egal, was man von ihr verlangt, Alexa schaut zuerst bei Amazon. Darin handelt sie nicht anders als das aus Menschenfleisch geformte Weib, nur dass dieses sich nicht fragt, was wohl dem Manne gefiele, sondern ganz ungeniert Damenmode bei Zalando ordert.

Seitdem Alexa genug Deutsch versteht, gibt es sie auch auf dem deutschen Markt. Drei Worte reichen ja fürs Erste: Ficken, Kochen, Aus!

Wildes Urinieren

Den Unterleib leicht vorgeschoben, eine Pratze hält die Hose auf, die andere umschließt den Wurm – da steht wieder einer und pisst in den Park. Wildes Urinieren gehört zum Markenkern des Mannes wie am Arsch Kratzen oder auf den Gehsteig Rotzen.

Der Menschenrüde ist noch viel mehr Tier als seine Zippe. Einhändiges Schnäuzen ohne Taschentuch, im Zinken nach Popeln Bohren, das ständige Befummeln des Geschrötes – der Unterschied zum Gorillamännchen fällt kaum auf. Drum findet es der Menschenmann auch völlig normal, sein Wasser dort abzuschlagen, wo er gerade steht. Immerhin scheißt er nicht mehr in die Blumenbeete. Aber auch nur, weil die technischen Voraussetzungen beim Pullern einfach besser sind: Buchsenstall auf, Piephahn rausgefriemelt und mit sechs Atü an die Hauswand gelullert.

Als die Unterhosenforschung den Doppelripper mit Eingriff rechts abschaffte, war das die bisher größte Attacke auf das Selbstbestimmungsrecht des Mannes. Seither muss der Hosenbund oft ganz geöffnet und die Rückhaltekraft des Schlüpfergummis überwunden werden. Flutscht da der Finger mal unterm Gummi vor, peitscht der Wurm nach oben, und nicht selten trifft der Mittelstrahlurin den wilden Pinkler mitten in die Fresse.

Urban Pipimachen ist in fast allen Städten nicht nur ein Ärgernis, sondern eine Ordnungswidrigkeit. In Hannover, Erfurt oder Kaiserslautern werden dafür bis zu fünftausend Euro Strafgeld eingefordert, in Freiburg wurde ein Wildpinkler sogar von zwei wachsamen Bürgern totgeschlagen – so viel übrigens nebenbei zu der beschaulichen Ökostadt im Breisgau.

Eher lohnt ein Wochenendtrip, wenn nicht gar, bei schwacher Blase, ein Umzug nach Berlin. Hier kann man für maximal zwanzig Euro Strafandrohung seelenruhig in die Rabatten strullen. Ein harmloser Spaß, und beim Preis-Leistungs-Verhältnis sucht er seinesgleichen in ganz Europa. Da wundert es nicht, wenn die pissende Jugend aller Herren Länder oft und gern den Löres in die Spree hält. In Kombination mit dem Bier-Bike wird's 'ne richtig runde Sache: Strampeln, Saufen, Passanten anpullern – was ist dagegen die Berlinale doch für 'ne spießige Veranstaltung.

Doch heißt es auch im Pisserparadies: Vorsicht walten lassen. Ist das Zücken des Wurmes, um die Straße vollzujauchen, mit zwanzig Euro zwar recht preiswert, so lauert auch dort eine große Gefahr. Gelingt es nämlich einem weiblichen Mitgeschöpf, einen Blick auf das Monster im Schritt zu erheischen, dann winkt nicht mehr nur die günstige Ordnungsstrafe, sondern ein Verfahren wegen Exhibitionismus und sexueller Belästigung. Der geübte Urinierwilde hält seine Hand deshalb trichterförmig über den Schlingel und verhindert so den Blick aufs Gemächte. Wer ganz auf Nummer Sicher gehen will, pisst sich einfach in die Hose und wartet, bis es unten wieder rauskommt. Das ist nicht nur in Berlin komplett kostenfrei.

Hartmut und die Männergruppe

Hannover-Nordstadt, Engelbosteler Damm, hier befindet sich das Haus der Männergruppe «Sind so kleine Schwänze». Draußen an der Tür steht natürlich ein anderer Name, damit die vorlauten Türkenbengel nicht jeden Tag laut lachend mit dem Finger auf das Haus zeigen. Am Eingang prangt ein großes Airbrush-Logo, darunter in Frakturlettern «Harley- und Pitbull-Chapter Hanover». Der örtliche Harleyhändler ist auch Mitglied bei den Kleinen Schwänzen. Damit die Tarnung glaubwürdig ist, parkt er täglich wechselnd Maschinen aus seinem Bestand im Hauseingang, während drinnen Zerfetzgeräusche trainierender Pitbulls vom Band laufen.

Heute haben sich die Kleinen Schwänze zu ihrer Weihnachtsfeier eingefunden. Sie beginnt traditionell am Vormittag des Heiligabends mit einer Runde Sauerkrautsaft vom Vorsitzenden.

HARTMUT: «Zum Wohl erst mal, liebe Mittäter und Schwanzträgerinnen, find ich irre, dass ihr gekommen seid zu unserm Weihnachtsschwoof. Der Manni und Hackfresse haben Zimtsterne gebacken, und die Kerzen haben unsere Genossinnen vom autonomen Lesben- und Frauenreferat der Uni gespendet. Jaa, bis hierhin erst mal. Lothar, möchtest du heute vielleicht mit der konstruktiven Selbstkritik anfangen?»

Lothar ist von seiner Frau immer wieder geschlagen worden, und zuletzt hat sie ihm die Afterbehaarung mit dem Plätteisen verschmort. Daraufhin überwies ihn die Richterin als Passivtäter zu der Selbsthilfegruppe «Sind so kleine Schwänze». Bewährt er sich dort, darf er zu seiner Frau zurück, um weiter an sich rumschmoren zu lassen.

LOTHAR: «Ömmmh, ich find's gut von Hartmut, dass wir keinen Baum haben dies Jahr, damit's nich wieder so phallisch abläuft das ganze Fest. Auch gut find ich den Hinweis von Hackfresse, dass wir ‹Süßer die Glocken nie klingen›, dass wir das nicht singen sollen, weil das auf sexistische Weise die sekundären Geschlechtsmerkmale von Frauen verachtet. Tofte, dass das mal von Hackfresse angeprangert wurde.»

Hackfresse übrigens trägt seinen Namen nicht zu Unrecht. Seine geschiedene Frau Elfriede hatte ihm die Moulinette ins Gesicht gedrückt, als er seinen beiden Kindern dabei half, die Alkoholkotze der Mutter aufzuwischen. Das Jugendamt hatte ihm daraufhin den Umgang mit den Kindern untersagt und eine Bannmeile um das Haus seiner Geschiedenen verhängt.

HARTMUT: «Dank erst mal an Lothar für seinen Beitrag. Ich glaube jetzt ist es Zeit für unseren Morgengruß.»

ALLE *(singend zur Gitarre)*: «Ham so kleine Schwänze, winzige Nüsschen dran. Darf man nie dran ziepen, die zerbröseln dann. Lalalalalalala.»

HARTMUT: «So, danke bis hierhin erst mal. Möchte jemand sein schönstes Weihnachtserlebnis vielleicht mal für alle erzählen? – Ja, okay, du, Oliver.»

OLIVER: «Als kleiner Junge hab ich von meiner Mutter mal einen toten Hund zu Weihnachten gekriegt. Obwohl sie Hunde hasste, hat sie diesen tollen Kompromiss gefunden, um mir meinen Wunsch nach einem Spielgefährten zu erfüllen.»

HARTMUT: «Eine total anrührende Geschichte, Oliver. Bis hierhin vielleicht erst mal. Möchte noch jemand? Ja, okay, du, Rolf-Rüdiger.»

ROLF-RÜDIGER: «Mamma – wir nannten ihn als Kinder immer Mamma – also mein Vater hat sich am ersten Weihnachtstag mal nackt aufn Balkon gestellt, und wir haben ihn erst wieder reingelassen, als er blau wurde.»

HARTMUT: «Und was war da so schön dran, Rolf-Rüdiger, wenn du's jetzt in der Rückschau mal selbstkritisch betrachten tust?»

ROLF-RÜDIGER: «Mamma sein Pimmel is am Balkongitter festgefroren und wurde ganz lang, als er versuchte, sich loszureißen.»

HARTMUT: «Ömmmh, verstehe. Seitdem verbindest du Erektion mit Eiseskälte und Balkongitter, das is natürlich rein physisch ein echtes Problem. – So, bis hierhin erst mal, möchte noch jemand was sagen?»

ALLE: «Nö, lieber Plätzchen und Kakao.»

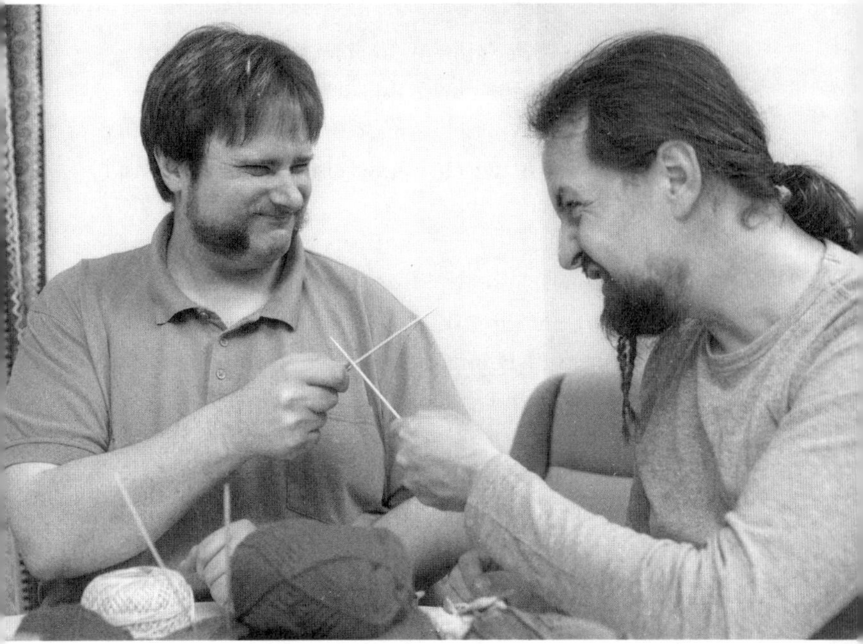

Sind ihre Frauen freitags beim Schießtraining, stricken ihnen Rolf-Rüdiger und Peter an der VHS einen Pullover.

HARTMUT: «Okee, dann bis hierhin erst mal. Vielen Dank, dass ihr bei unserer Weihnachtsfeier so toll mitgemacht habt. Bevor wir ein Lied singen, noch ein Hinweis für die Silvesterparty. Wir schwofen dieses Jahr mit den Schwestern vom Referat drüben aus der Uni zusammen. Und die haben uns gebeten, ob es uns was ausmacht, ömmm, dass wir uns alle vorher ein Stück weit kastrieren lassen, also nur für alle Fälle, dass da auf keinen Fall sexistische Belästigung läuft oder so. Sind da alle mit einverstanden?»

ALLE: «Nö, klar, is völlig in Ordnung.»

HARTMUT: «Supi, der Klötenschneider kommt dann am 27. vorbei, wäre schön, wenn ihr euch rasieren würdet, damit's nicht so fusselt. Also, dann bis hierhin erst mal. Jetzt singen wir zwischendurch ein Weihnachtslied all together, ja.»

Bis tief in den Nachmittag schwoften die Männer und hatten sehr viel Spaß auf ihrer Feier. Nur einige von ihnen verspürten ein leichtes Ziehen im Schritt, wenn sie an die Vorbereitungen für Silvester dachten.

Hand am Sack

Kann ein Mann sich selbst sexuell belästigen? Fragte sich eine Milliarde Fernsehzuschauer, als der metrosexuelle Bundestrainer Jogi Löw 2016 im EM-Spiel gegen die Ukraine seine Hand an den eigenen Sack schob.

Die unmittelbare Vermutung, er richte nur die Planlage seines Gemächts im knappen Designschlüpfer, erhärtete sich nicht, als Löw nach erfolgtem Griff ins Gelege seine rechte Pratze an die Nüstern hielt. Der Jagdhund leckt sich die Klöten, der Mensch nimmt die Hand. Wie sonst sollte er auch den olfaktorischen Ist-Zustand des kleinen Stinkers im Schritt überprüfen? Mit Sicherheit wurde er früh am selben Tag gewaschen, doch die ungünstige Lage in den Falten des Unterbeinkleides beschleunigt die Nachfettung des geruchsemittierenden Schlingels. So erscheint es ganz normal, wenn sein Besitzer dann und wann nachriecht, ob es untenrum womöglich eines hygienischen Updates bedürfe. Jogi Löw gebührt das Verdienst, dieses tabuisierte Moment des männlichen Daseins einer breiten Weltöffentlichkeit vorgestellt zu haben.

Doch damit nicht genug, der Rundum-Check des Maschinenraums hatte eine Fortsetzung. Nachdem vorne klar Schiff gemeldet wurde, arbeitete sich die Jogi'sche Greifzange in den hinteren Bereich vor. Nun wissen alle, nicht nur wir Männer, dass die Afterkimme ein heikler Ort der Körperhygiene ist und so manchen Schabernack mit uns Menschen treibt. Einerseits liegt sie fernab vom Gesichtsfeld ihres Besitzers und kann somit ohne Spiegel optisch nicht überprüft werden. Selbst wenn man einen zur Hand hätte: Im vollbesetzten Stadion vorm Taschenspiegel des Co-Trainers den Pöter blank ziehen, das ginge sicher zu weit. Bleibt nur als Kompromiss, die Pranke in die Tiefen der Unterhose vorstoßen zu lassen. Und siehe da, sie wurde fündig: Ein Fussel – ob aus Arschbehaarung oder Schlüpfergarn gebildet, steht zu diesem Zeitpunkt noch nicht fest – konnte geborgen werden.

Das Ertasten und die Inaugenscheinnahme des Fundes schaffen allein keine Gewissheit, und so wird auch hier der Löw'sche Geruchssinn zu Hilfe genommen. «Aha», sagt danach sein zufriedener Blick, doch wir Fernsehzuschauer werden nie erfahren, wem der Fussel zu verdanken ist: dem Schlüpfer von Hugo Boss oder dem Arsch des Löwen. Sei's drum. Das Zwei zu Null entschädigte für die Ungewissheit.

Alte weiße Männer, alte weiße Frauen

Vor kurzem ist eine Bevölkerungsgruppe, die bisher nicht sonderlich auffiel, in den Fokus der Berichterstattung geraten: alte weiße Männer. Mittlerweile weiß man recht genau über ihre Gewohnheiten und Verhaltensweisen Bescheid: Sie wählen je nach Siedlungsgebiet Trump oder die AfD, sie rotten sich auf innerstädtischen Freiflächen zusammen und brüllen «Lügenpresse», sie weigern sich, Alice Schwarzer als Frau anzuerkennen, stattdessen grapschen sie weit jüngeren Weibchen unter den Rock, was sie aber nicht glücklicher macht, sondern nur noch wütender. Im Gegensatz zu den jungen weißen Männern, die im Irak und Syrien ein gelobtes Land des Friedens und des Wohlstands errichten, treffen sich die alten weißen Männer in verrauchten Hinterzimmern und beratschlagen, wie man diesen Planeten kostengünstig vernichten kann. Noch rätseln sie, ob PS-starke Diesel-SUVs oder Braunkohlekraftwerke die bessere Möglichkeit sind.

Was aber treiben die alten weißen Frauen unterdessen? Sie leben in einem von Chauvis entworfenen Terrarium mit gläserner Decke, obendrauf sitzt mit seinem fetten Arsch ein alter weißer Mann und passt auf, dass niemand rauskommt. Wenn sie nicht gerade irgendwo diskriminiert werden, teilen die alten weißen Frauen Suppe aus in einer der vielen Tafeln der Republik oder engagieren sich in Zumba-Kursen für Flüchtlinge. Jahrzehntelang haben sie einem alten weißen Mann den Arsch hinterhergetragen, jetzt, da die jungen weißen Kinder aus dem Haus sind, wollen sie ihr eigenes altes weißes Frauen-Ich verwirklichen, gern mit einem jungen schwarzen Männer-Du. Anders als bei den alten weißen

Männern ist das aber nicht ibäh, sondern ganz toll. Denn alte weiße Frauen haben ein Recht auf Sex und sind nicht einfach nur spitz wie die AWMs. Das Merkwürdige an Letzteren ist, dass sie einerseits zu den Globalisierungsverlierern gehören, hauptsächlich weil sie doof sind und zu dicke Finger haben für ein Smartphone, andererseits lenken sie gleichzeitig die Geschicke der Welt und zwar Richtung Abgrund. Wenn aber erst die alten weißen Frauen oder besser noch die jungen braunen Mädchen die Welt regieren, dann müssen wir uns über das Schicksal des Planeten keine Sorgen mehr machen. Hoffentlich ist es bald so weit.

Bascha Motiel, 56, Aktivistin und Bloggerin

Bascha Motiel (eigentlich: Barbara Motiel) ist nach ihrem Soziologiestudium in Göttingen in die Aktivistenszene abgetaucht. Jetzt, im Herbst ihrer revolutionären Laufbahn, merkt sie, dass sie nicht in die Rentenkasse eingezahlt hat, und entwickelt eine bissige Alterswut auf alle ehemaligen Mitkämpfer, die sich ins Establishment gerettet haben.

Motiel: Du musst natürlich ne Menge drauf haben, wenn du neben den Typen bestehen willst als Frau. Der Heiner zum Beispiel von der BI «Walde 34» ist so ein Riesenarsch, da denkst du, in welchem Film bin ich denn jetzt gelandet aber hundert pro. Sagt der doch neulich zu mir, ich soll ihm einen Kaffee mitbringen, wenn ich schon rausgehe bei seinem Diskussionsbeitrag. Dafür hätte ich ihm eine reinhauen können, dem Schowi-Arsch. Hab ich in meinem Blog auch gleich was zu geschrieben. Ey, ich bin nicht seit dreißig Jahren in der Szene, um mich von einem Scheiß-Heiner hier anmachen zu lassen. Das ist Fakt, schlicht und ergreifend.

Auf dem Pride's Day kommt der Arsch jetzt auch noch mit auf unseren Wagen, dabei ist er eine ganz normale beschissene Hete. Dann sagt er, der von der CDU, der sei ja auch ne Hete und würde auch auf dem Pride's Day mitlaufen. Schlimm genug, ich hätte dem Typen am liebsten in die Eier getreten, aber bei uns im Komitee, wodrin die ganzen BIs einen Vertreter haben, da wimmelt es ja von Weicheiern. Wir haben damals zum bewaffneten Kampf gegen die Profs an der Hochschule der Künste aufgerufen, Punkt. Da haben die Instagram-Barbies von heute noch Alete aufs Lätzchen gesabbert. Alle viel zu weich für die politische Basisarbeit.

Da diskutieren die doch tatsächlich über Gewalt gegen Bullen, ob das okay is oder nicht. Ey, darüber liegt sogar ein Beschluss vor, der ist bestimmt schon zwanzig Jahre alt. Natürlich ist das okay. Punkt. Die Bullenschweine sind und bleiben die Legionäre des repressiven Kapitals und sind deshalb schlicht und ergreifend Feinde des Fortschritts. Punkt. Ich war sogar mal ne Zeitlang bei den Grünen als Undercover, das war die Zeit, als es um die Verhinderung der Monsterstromtrassen ging, weißt du, wo das Establishment mithilfe der Ökotrottel dem Volk das Geld stiehlt. Ey hallooo, hab ich da gekotzt.

Die Grünen waren ja schon schlimm, aber was sich in diesen freien Protest-BIs an bekloppten locals rumtreibt, das hältst du nicht aus – hauptsächlich einsame alte Weiber, die nach tausend Jahren Ehefolter geistig auf dem Niveau eines

«Heinerdasschowiarsch mit seiner Neuen, der Bitch von der Frauen-Union.»

toten Mäusebussards angekommen sind, und vertrocknete Heimat-Nazis, denen es um die Scheißnatur geht. Da läuft kadermäßig aber auch alles daneben. Fällt mir natürlich Heiner, das Arsch, wieder ein, weißt du, was der zu mir gesagt hat, als ich ihn auf den Vorfall mit dem Kaffee angesprochen habe? Ich soll mich nicht wie eine hysterische alte Zicke benehmen. Jetzt hat er verloren! Ich hab die Sache vor die Mittwochsrunde gebracht, da wird nächstes Mal drüber diskutiert. Ja, scheiße, Heiner, das war's mit deiner Karriere.

Der blöde Arsch hat sich schon beim Innensenator eingeschleimt, weil er die Walde 34 seit Jahren gewaltfrei durchgemanagt hat, glaubt das Arsch, er kriegt irgendwie einen Job als Leiter von einem der Flüchtlingsknäste. Das sieht dem Arsch voll ähnlich, sich auf Kosten ausgebeuteter Migranten zu bereichern. Aber nach Mittwoch ist der Typ erledigt, dann bring ich die Sache mit dem Kaffee vor die Runde zur Sprache und das Heinerschowischwein kann einpacken. Punkt. Dafür hab ich nicht auf alles verzichtet, weißt du, hab ich etwa von meinen Alten ein Mietshaus geerbt wie Superoberschowiarsch Heiner, nein, hab ich eben nicht, hätte ich mir selber erarbeiten müssen, das Scheißmietshaus, hab ich aber nicht, weil ich für die Sache gekämpft habe, dreißig Jahre lang, und andere die haben abgesahnt.

Die Rote Usch ist Frauenbeauftragte in Kiel, Robbi, der Wichser, ist damals mit Trittin nach Europa gegangen, Zachi hat eine Agentur für Nachhaltigkeitskontrolle aufgemacht und kriegt Aufträge aus BaWü und Hessen wie nix. Da könnte ich noch jede Menge aufzählen von denen, die damals in Wackersdorf mit mir am Zaun standen – alle zum Establishment übergelaufen, miese kleine Wichser mit festem Einkommen und Pensionsansprüchen.

Bis auf einen, der sich das auch ausgemalt hat, der Megasuperdrecksheinerarsch, aber dem werde ich die Nummer vergeigen. Mittwoch ist die Ziehung der Heinereier. Damit die Barbieschlampen im Gender-Komitee auch nicht einknicken, hab ich sicherheitshalber den Hashtag «Heinerdasarsch» lanciert. – So, ich muss jetzt mal eben kacken. – Findste unerotisch den Ausdruck, sollte man als Frau nicht sagen? Du bist genauso ein Scheißmegadrecksschowi wie die ganzen Heiners auf dieser Welt.

Das bin nicht ich

«So ein Opel Corsa, das bin irgendwie nicht ich.» Sieh an, Mademoiselle ist kein Kleinwagen, welch profunde Selbsterkenntnis. «Ich bin eher ein Porsche Boxster.» Wow! Welch Überraschung. Ich hätte auf altes Moped getippt: Beulen im Tank, hinterer Kotflügel im Arsch.

Die Selbsterkenntnis ist eine gar trügerische, und ganz tief in einem drin lauert ein Konstrukt, das Ich – wenn man Pech hat, sogar noch jemand: der Körper. Der will ab und an auch noch mitreden: «Mein Körper hat mir gesagt, ein Nine-to-five-Job ist nicht gut für mich!» Na so was! Wie spricht er denn, der Herr Körper, oder ist es eine Frau? Zweimal kurz, einmal lang furzen heißt nein? Jetzt ist es glasklar, der Körper ist ein Mann. Bei der Aufteilung des eigenen Selbst in eine große Gruppe Mitentscheider kann man die eigene Zuständigkeit wegdrücken und ist fein raus. Das Ich macht, was es will, und man selbst steht hilflos daneben. «Du, treu sein, das bin einfach nicht ich!» Da kann man wohl nichts machen.

Schlimmer wird's noch, wenn dieses innere okkulte Wesen Anschluss an eine Kampfgruppe findet. Besonders beliebt ist «Ich als Frau» oder in der bewaffneten Version «Ich als Mutter». Dagegen ist jede Widerrede zwecklos. «Ich als Mann» hingegen provoziert nur ein müdes Lächeln beim Gegenüber. Es ist schlichtweg schwer vorstellbar, dass sich in der männlichen Hohlbirne ein reflektierendes Etwas befindet. Der Mann ist ein primitives, aber ganzheitliches Wesen, sein Ich hat keine zweite Meinung, und sein Körper spricht nicht mit ihm. Der hat einfach zu gehorchen, basta!

Bei der Ausgliederung der Kompetenzen darf natürlich

das Wir nicht fehlen, das ist ein Zwischenwesen, welches sich aus dem Ich und dem Du addiert, manchmal auch subtrahiert. Man findet es in Sätzen wie: «Für das Wir, da bin ich als Frau zuständig, oder wie?» Das ist ja wie jeden Tag Spülen oder Lokusschrubben. Um das Wir muss man sich kümmern, das gibt's nicht einfach so, es entsteht aus einem Prozess, der sich «Beziehungsarbeit» nennt, bei Männern noch verhasster als Handtaschehalten vor der Damentoilette.

Doch zurück zum Ich. Die Biologie zweifelt längst an dessen Existenz. Was da in der Menschenrübe vor sich geht, ist ein einziges Geschwurbel aus Einbildung und Falschinformation. Von innen aus betrachtet sieht man selbst deutlich anders aus, als einen die Mitmenschen wahrnehmen: Männer halten sich für große Jungs und meinen, auf einer Harley gäben sie noch eine überzeugende Figur ab. Frauen sind forever twenty-nine, und ganz zum Schluss glaubt doch jeder: Der Tod, also das bin irgendwie nicht ich. Sondern! Ein Porsche Boxster, oder was? Das kann natürlich sein.

Das Geschenk

Wir beginnen mit einem kleinen Ausflug in die Sprachgeschichte, um der ganzen Perfidie des angezeigten Themas gerecht zu werden. Es geht um das Geschenk, die Tretmine mit Zeitzünder in der Vorweihnachtszeit.

Wie sollte es anders sein in der geliebten deutschen Sprache, auch dieses Wort hat mit «Saufen» zu tun, siehe auch «einschenken» oder «die Weinschenke». Demzufolge darf man wohl vermuten, dass es sich bei Geschenken ursprünglich und ausschließlich um dargereichte Alkoholika gehandelt hat und nicht etwa um Schlips nebst farblich abgestimmtem Oberhemd. Wie leicht und für alle Seiten zufriedenstellend muss das Schenken früher gewesen sein, denn man schenkte einfach ein. Wer heute zu Weihnachten seiner Liebsten eine Kiste Pils unter den Tannenbaum schiebt, ist dagegen eine asoziale Drecksau. Dem blauädrigen Gemahl einen betagten Single Malt zu überreichen, mag noch angehen, umgekehrt ist es ein Affront. Einer Frau schenkt man grundsätzlich keinen Alkohol, und wenn sie eine noch so therapieresistente Schnapsdrossel ist.

Eine Stange Fluppen für Madame kommt auch nicht gut, teure Havannas werden von Mutti nur zugelüllert und gehen dauernd aus. Ja, und jetzt fällt dem Mann schon nix mehr ein. Niemals begehe er den Fehler und folge den Sirenenklängen des Parfümerie- respektive Lingeriehandels. Bergamotte-Öl im Kristallflakon riecht im Laden verführerisch, doch auf der schweißigen Pelle des Alttiers verteilt, vermag es dessen Eigengeruch selten in seine Schranken zu weisen. Auch der hauchdünne Spitzenschlüpfer, frivol durchbrochen an den entscheidenden Stellen, verschwindet womöglich in toto zwischen den feisten Backen der Beschenkten. Drum meidet jeder dieses Minenfeld, der schon mal am Heil'gen Abend eine gelangt bekommen hat.

In ihrer schieren Verzweiflung greifen die Germanen zum Gutschein. Er ist noch immer das beliebteste Geschenk überhaupt und so deutsch wie nur irgendwas. Empathie-Aufwand gleich null, man muss sich keine Minute lang das Hirn zermartern. Im Gegenteil, man zwingt den Beschenkten per

Gutschein, in einem bestimmten Ladengeschäft einzukaufen. Wer schlau ist, wählt ein besonders unattraktives, für Frauen zum Beispiel eine Eisenwarenhandlung oder einen Shop für extreme Übergrößen, für Männer eine Kerzenständerboutique oder einen Herrenausstatter, der nur Slim-Line-Klamotten führt.

Und jetzt kommt der wahre Trick: Da sowohl er als auch sie diesen Gutschein mit nahezu hundertprozentiger Wahrscheinlichkeit verfallen lässt, macht man mit dem Ladenschwengel einen Deal. Nennwert des Gutscheins tausend Euro, Einkaufswert zehn Euro, eine Win-win-Situation. Sollte der Geschenknehmer entgegen aller Voraussicht die Unverfrorenheit besitzen, den Gutschein tatsächlich einlösen zu wollen ... tja, liebe Kinder, das erzähl ich euch das nächste Mal.

Sybille Braun, 32, ganzheitliche Paartherapeutin, Freiburg

Braun hat während ihres Jurastudiums festgestellt, dass sie den Anwaltsberuf weder mit ihrer geplanten Mutterschaft noch mit ihrem Hobby Kite-Surfen würde vereinbaren können. Deshalb hat sie nach dem vierten Semester die Reißleine gezogen und sich zur ganzheitlichen Paartherapeutin (GPT) umschulen lassen. Für den Kurs in Kalifornien haben die Eltern eine Hypothek auf ihr Eigenheim aufgenommen. Sie sind mittlerweile geschieden.

Braun: Das tut mir auch unendlich leid für Ma und Pa, aber ich war ja noch nicht voll ausgebildet und konnte ihnen auch nicht helfen. Als dann die Sparkasse ihre Hypothek an einen Finanzhai verkaufte und der sie danach aus dem Haus geworfen hat, da ist die Ehe halt in die Brüche gegangen. Der Paps hat halt sein Leben lang geschuftet für dieses Haus und als es weg war, da ist was in ihm kaputt gegangen und er hat angefangen zu trinken. Mom hat's nicht mehr ausgehalten und ist in ein Heim gezogen. Wo der Paps ist, weiß ich jetzt halt aktuell gar nicht direkt. Aber das ist eben halt total typisch, wenn man sich nur über materielle Dinge definiert und nicht die Schwingungen einfach zulässt. Gut, dass ich nicht alles von dem Geld, das mir Ma und Pa geliehen haben, dass ich das nicht komplett in L. A. ausgegeben habe, so hab ich wenigstens noch etwas. Denn, okay, meine Praxis, also okay, die läuft natürlich noch nicht so total super, ist ja auch, hey, was haben wir heute für ein Datum, hey, dann feier ich morgen mein Fünfjähriges.

Na ja, ich hab mich halt spezialisiert auf Date Assistance, das läuft drüben super, muss sich aber erst bei uns wohl durchsetzen, schätze ich mal. Also, wenn jemand einen Unbekannten dated, dann komm ich einfach mit und setze mich daneben. Dabei rede ich kein Wort, sondern wirke nur durch die vibes, die von mir ausgehen. Es gibt ein paar, die finden das komisch, wenn da eine stumme Frau die ganze Zeit daneben sitzt, denen ist das dann total peinlich und sie reden auch kein Wort. Meist hock ich mich dann unter den Tisch, weil für mich ist das okay, weil die vibes die gehen auch durch die Tischplatte. Na ja, in manchen Restaurants reagieren die Kellner schon etwas komisch, wenn ich da drunterkrabbel und so zwischen zwei Männerbeinen hocke.

«Sasch meinte vor dem Shooting, es sollte irgendwie refugeemäßig rüberkommen.»

Du, aber is halt mein Job, und ja okay, ich hab mir auch schon mal bei der Gelegenheit was dazuverdient, ist halt alles so teuer geworden.

Und mein Freund, der Sasch, der steckt halt noch voll in seiner Diss, der kann halt nicht so viel dazu beitragen. Deshalb hab ich jetzt seit drei Wochen ein zusätzliches Angebot in meinen Service mit aufgenommen: Paartherapie für Singles, das bietet sonst keiner an. Also Singles, meist Männer oder genau genommen nur Männer, können mich als Frau buchen für drei Tage oder maximal eine Woche, um auszuprobieren, ob eine Paarbeziehung überhaupt was für sie ist. Also ich biete da halt drei unterschiedliche Pakete an. Basic: nur zusammen wohnen, essen und so weiter. Comfort: Ich putze, wasche und bügel auch, und als drittes Paket Highline: Das ist dann mit alles. Die meisten bisher nehmen Basic und wollen dann ein umsonstes Upgrade, aber da läuft nichts. Seitdem ich dieses Angebot mit drin habe, fängt der Laden allmählich an zu laufen, und vielleicht kann ich demnächst ein paar Assistentinnen einstellen. Der Sasch meint, das würde auch helfen, unsere eigene Paarbeziehung breiter aufzustellen. Okay, why not halt! Also mir geht's eigentlich total gut so weit.

Schädel des Mannes

Wenn heutigen Männern das Haupthaar schwindet, fürchten sie um den Leumund ihrer Virilität. Allzu gut haben Transvierziger noch ihre Onkel und Väter in Erinnerung, bei denen sich die Lichtung vom Hinterkopf zur Stirn vorkämpfte oder ein Haarkranz aus grauen Zotteln rund um die polierte Glatze spross.

Peinlichste Gegenwehr war einst die Brückenlösung, will heißen: Resthaar um und aus den Ohren wird einen halben Meter lang gezüchtet und mit einer Art Wagenschmiere längs über die Glatze geklebt. Von einem Planeten fern unserer Galaxis aus betrachtet ähnelt es durchaus vollem Schopfhaar, schaut man näher hin, raubt der Scheitel unmittelbar überm linken Ohr jede Illusion. Herbstliche Mannsbilder früherer Zeiten scheuten sich auch nicht, mittig auf die Kugel einen falben Wischmopp – den sogenannten Fifi – zu platzieren. Wie auch immer man dem Schicksal auszuweichen suchte, es half nichts, mit schütterem Haar war man nur dem Personalausweis nach noch ein Mann.

Das alles wissen heutige Vollglatzenanwärter und steuern beizeiten dem Mähnenschwund entgegen. Sobald sich die erste Geheimratsecke zeigt, wird der Schädel bis auf Stoppellänge runter kahlrasiert – zeig der Fleischmütze die Stirn, gib dem Äquatorialbewuchs keine Chance. Als stacheliger Pimmelkopp ist man nicht nur weiter im Spiel, sondern gilt sogar als besonders sexy. Das liegt wohl auch daran, dass heute der Kopfhaarschwund bereits die männliche Jugend heimsucht, mithin geradezu ein Ausweis selbiger zu werden droht. Abhilfe schafft auch dort die Schädelrasur oder das Sackrattenbiotop rund um Kinn und Nase als Ausgleichsfläche. Innerhäusiges Tragen von Strickwaren überm Kopf hat wohl auch nur den Zweck, das kahle Haupt zu tarnen.

Ein und dasselbe Problem, zwei Lösungen. Nicht das Leugnen des Verfalls sichert den Ausweis ewiger Jugend, siehe Berlusconi und Jürgen Klopp; eher noch garantiert die selbstgewählte Pimmelköpfigkeit eine Rolle als Sexsymbol oder Machtmensch, siehe Yanis Varoufakis und Ferdinand Piëch. Äh, sind die nicht beide trotzdem irgendwo rausgeflogen? Na gut, Schädelrasur ist auch keine Lösung.

Ulf-Peter Laleike, 37, Betonfacharbeiter

Ulf-Peter Laleike hat nach der mittleren Reife eine Lehre in einem Tiefbauunternehmen der Region begonnen und sich über die Jahre zum Kolonnenführer hochgearbeitet. Mit gleicher Konsequenz ging er bei seiner Suche nach einer passenden Ehefrau vor. Nach sechsunddreißig ergebnislosen Diskothekenbesuchen lernte er schließlich Jutta Ziborski kennen. Die Gesamtinvestition der Eheakquisition belief sich, inklusive Getränke, auf damals noch 648 D-Mark.

Laleike: Meine Frau, das ist die Jutta, das ist ein Pfundskerl und für ihr Alter top in Schuss – hat natürlich Gebrauchsspuren, ist ja klar, aber echt, kann man nich meckern so insgesamt. Ich bin super zufrieden mit ihr. Wenn meine Jutti also in Serie gebaut worden wäre, würde ich die sogar weiterempfehlen, auch als gebrauchte. Is nix dran! Okay, dieser eine Umfaller mal beim Skifahren, ganze rechte Seite kaputt, is aber super verheilt, wenn mans nich weiß, sieht man nix von.

Die Jutta ist die Frau in meinem Leben sozusagen, mit der kannste Pferde stehlen und nachher sogar 70/30 teilen, das macht die alles mit, die kleine Jutti.

Ich würde auch gar keine andere haben wollen, ein prima Kerl, sie hat jetzt auch einen Hund, sonen Yorkiepoo, das is ein Designerhund, Mischung zwischen Yorkshire Terrier und Pudel, den hat sie zum Streicheln beim Fernsehen, hab ich ihr letztens gekauft – also auch in dem Bereich fällt nicht mehr so viel an.

Und ich dachte, Jutta wäre auch mit mir super zufrieden, alles tickitacko zwischen uns beiden. Weil ich total pflegeleicht bin, rede nicht viel, bin oft weg mit Kumpels und so, oder im Keller am rummuckeln. Ich meine nur, wenn sie nich will, muss sie mich nicht sehen, die Jutta. Vor ein paar Monaten war ich sogar mal drei Wochen allein im Urlaub auf Mauritius Schnorcheln, damit sich Jutti mal erholen konnte.

Sie kann ja nich so gut weg wegen meiner Mutter, die ist im Seniorenheim und einer muss da immer hin am Wochenende zu Besuch, wir wechseln uns immer ab – aber Mutter ist ja dement, die kennt ja keinen mehr, deshalb hab ich dann zu Jutta gesagt, du Schatz, die erkennt ja sowieso keinen mehr die alte Dame, da kannst du genauso gut immer gehen, is Mutter ja scheißegal, da muss ich doch nicht alle zwei Wochen, jetzt wo auch die Liga wieder angefangen hat und wir das teure Sky-Abo haben – das wäre ja direkt Verschwendung. Das fand Jutta dann schließlich auch, ich hab ihr auch meinen Wagen geliehen, der hat Navi und Klima und alles, sie hat ja bloß nen fünfzehn Jahre alten Laguna. – Was wollte ich sagen, ach so: Deshalb konnte ich während der Bundesligapause nach Mauritius, Jutta aber nich mit, weil: das Heim, das pflegt ja den ganzen Sommer durch.

Na ja, konnte sie sich, also Jutta, mal drei Wochen richtig ausspannen.

Als ich zurück war, Jutta hat mich vom Flughafen abgeholt, bin ich direkt zu Hause an den Kühlschrank und wollte mir ein eiskaltes Pils auf ex – was soll ich sagen, war nix da im Kühlschrank, hatte Jutta nix kalt gestellt, obwohl sie meine Flugdaten ja wusste. Da war ich natürlich schon ein bisschen stinksauer, ich meine, sie wusste ja meine Flugdaten, hat mich sogar selbst abgeholt vom Flughafen.

Ich frag mal so: Ist das zu viel verlangt, dass man da eben drei, vier Flaschen Pils vorher mal eben in den Kühlschrank stellt, wenn der eigene geliebte Gatte nach drei Wochen von der Front zurückkehrt, oder lieg ich da jetzt falsch?

Na ja, sie is dann mitn Rad noch eben zum Kiosk, da gibts immer kaltes Pils und hat mirn paar Flaschen besorgt, aber trotzdem: Ich war leicht stinksauer war ich da, die ganze Erholung war weg auf einen Schlag. Trotzdem, obwohl ich ja nun eindeutig im Recht war, hab ich sie nicht angeschrien oder so, nix!

Kannst du dir vorstellen, wie ich zwei Tage später aus allen Wolken gefallen bin, als ich son Schreiben aufn Küchentisch vorfand vonne Eheberatungsstelle der AWO. Ich rief noch innen Flur: «Schatz, Brief für dich», weil was hab ich mit Ehekram zu tun, das macht bei uns alles Jutta. Aber nix, von Jutta keine Spur, gut, hab ich den Brief aufgemacht, konnte ja auch sein, das war irgendwas mit gemeinsame Veranlagung beim Finanzamt oder Versicherungskram, wo Jutta sowieso nix von versteht.

Von wegen, der Brief war sogar direkt für MICH: Ich sollte mich melden bei diese Stelle zum Sensibilisierungstrainung für Männer – jeden Mittwoch von achtzehn bis zweiundzwanzig Uhr. Vier Stunden Sensibilisierungstraining, was treiben die da die ganze Zeit, da wird ja aus einer Hilti ein Massagestab.

Hab ich da mal direkt angerufen und gefragt, welcher Vollidiot denn auf dieses Brett gekommen wäre. Sagten die mir, der «Vollidiot» wäre meine Frau gewesen, die hätte mich angemeldet und dieses Telefongespräch zeige ja schon deutlich, wie nötig ich das hätte.

Abends hab ich Jutta sofort mal zur Rede gestellt, was der Blödsinn denn sollte – «Sensibilisierungstraining» und wie das überhaupt gehen könnte bei englischer Woche inner Liga, wenn Mittwochsspiel wäre, ob sie sich das schon mal überlegt hätte im Vorfeld überhaupt.

Nä, hättse nich, wär ihr auch piepegal, wenn ich da nich hingehen würde, dann würde sie sich jedenfalls scheiden lassen.

Schöner Mist, das saß ganz schön. Ich wollte an sich gerade mitn Kumpel zusammen umme Häuser ziehen – das machen wir einmal im Monat und unse Frauen wechseln sich immer ab mit Abholen nachts und diesmal wäre Jutta dran gewesen, aber ich hab mich nicht getraut, sie zu fragen, so tief saß der Schock. So kam es dann, weil der Termin überraschend frei geworden is, zu einem Gespräch abends mit Jutta. Wo denn überhaupt das Problem wäre und ob man da nich auch was auf dem kurzen Dienstweg regeln könnte, also dass ich nicht extra zu diesem Mimosen-Training müsste.

Da ging das Geschrei aber los: Wir würden nie was zusammen machen, ich immer nur alleine und sie immer sonnabends zu der alten Schachtel in den Siechenbunker – Junge, ich sags dir, so kannte ich meine Jutta gar nich. Jedenfalls, damit endlich Ruhe war, weil Kabel 1 überträgt ja auch die EuroLeague-Spiele, na ja is egal, ich war etwas in Eile und musste das zum Ende bringen. Da hab ich Jutta also zugesagt; dass ich da in zwei Wochen, wenn das losgeht mit dem Sensibelchen-Getue, dass ich da quasi hingehe.

Da hörte das Genörgel auch sofort auf, muss man auch echt mal zugeben.

Na ja, ich hab jedenfalls nich vor, da tatsächlich hinzugehen, weißt du, wo das ist, dieses Training bei der AWO, direkt neben der Sportsbar, wo se alle Spiele zeigen, da ist dieses AWO-Hauptquartier. Also eher geht ein Kamel durchs Nashornohr als ich da vorbei, wenn se Fußball zeigen.

Deshalb hab ich mir Folgendes überlegt: Ich überrasche Jutta mit einem Kurzurlaub in der Lüneburger Heide, nur sie und ich, nur wir zwei beide mal relaxen und wieder auf den Boden der Tatsachen zurückkommen. Ich hab auch schon alles geregelt: Den Besuch bei meiner Mutter in dem Altenbunker den übernimmt ne Arbeitskollegin von mir, die hat ungefähr dieselbe Statur wie Jutta.

Und ich hab auch schon alles gebucht. Pension «Wildschweinfrieden» kannste von der A 7 direkt hingucken, also prima zu erreichen. Wir haben da das Fürstenzimmer mit eigenem Bad, aber Toilette auf dem Flur. Weil Jutta oder überhaupt Frauen müssen nachts ja doch sehr oft und wenn das mit im Zimmer is, werd ich doch sehr leicht wach davon.

So und das Programm hab ich auch so weit fertig ausgearbeitet: Erster Tag Anreise über das Kreuz Hannover Ost, da baut unse Firma ja gerade die neuen Spannbetonbrücken und ich kenn da jemanden auf der Baustelle, der führt uns da ein bisschen rum – also was es alles so Neues gibt in Sachen Spannbeton. Das is ja auch für Jutta mal ne schöne Abwechslung, weil sie ja sonst auch mit Spannbeton wenig zu tun hat im Alltag.

Abends eintreffen im «Wildschweinfrieden». Weil es spät werden könnte, Jutta muss ja freitags noch bis siebzehn Uhr arbeiten.

Was? Nein, sie geht nich arbeiten, muss sie nich, ich verdiene ja genug. Nein, aber zu Hause hat sie ja auch bis siebzehn Uhr zu tun. Wie jetzt? Ich finde das überhaupt nich komisch. Hausarbeit ist doch Arbeit wie jede andere auch, das muss man genauso ernst nehmen. Wir kommen jedenfalls nich vor siebzehn Uhr weg, das is nun mal ne Tatsache.

Lass uns dann gegen einundzwanzig Uhr im «Wildschweinfrieden» sein, da is bei vielen die Küche auch schon zu. Hab ich also ne Schlachteplatte für zwei Personen bestellt und einen Salat, Jutta isst nämlich kein Fleisch neuerdings.

Zweiter Tag: Besuch des Hermann-Löns-Grabes anschließend Serengetipark Hodenhagen, das ist der einzige Zoo in Deutschland, wo man mit dem eigenen Auto durchfahren kann. Also die Tiere interessieren mich so weit nich, aber ich würde ja meinen neuen Passat nur ungern draußen vor nem Zoo aufm öffentlichen Parkplatz abstellen. Jutta ist für Tiere zu haben, da hat se sicher ihren Spaß. Abends essen in der Pension. Ich hab mich erkundigt, wir dürfen selber kochen aufm Zimmer, kann sich Jutta mal richtig austoben, uns drängt ja keiner.

Der dritte Tag is zur eigenen Verfügung, also ich fahr ins Deutsche Panzermuseum nach Munster, da hamse ja alles: vom Königstiger bis zum Leo Zwei, und alles pädagogisch aufbereitet mit Landkarten von den hauptsächlichen Kriegseinsätzen und abgeschossene Feindpanzer – nein, sehr schön. Kann ich abends Jutta bestimmt viel von erzählen.

Nächster Tag Abreise, diesmal nicht über Kreuz Hannover Ost, sondern über die A 356, das ist die Eckverbindung zwischen A 7 und A 2 und die ist ja ganz aus Beton, hat unse Firma Ende der Siebziger gegossen, die Decke. Wenn Jutta da Fragen haben sollte, bin ich voll für sie da.

Ja, und abends sind wir dann wieder schön zu Hause und das Beste kommt zum Schluss: Kumpel von mir, der hat nen Gartenbaubetrieb und da gibt es son total aggressives Unkrautvernichtungsmittel, das ist hier schon lange verboten, er lässt sich das immer von seiner Frau aus Weißrussland mitbringen.

Urlaub machen, wo andere wohnen – die ehemalige Flüchtlingsunterkunft versucht mit einem «Shabby-Chic-Konzept» verwöhnungssatte Kunden anzulocken.

Den hab ich – ich freu mich jetzt schon drauf, wenn ich das Gesicht von meine Jutti sehe – den hab ich beauftragt, auf unseren Rasen – weil Jutta hats ja so mit ihrem Garten, das ist ihr Ein und Alles – gönn ich ihr – jedenfalls soll er da mit diesem Unkraut-Ex «Ich liebe dich Jutta» in den Rasen schreiben. So, und nun stell dir vor, wir wachen morgens auf, meine Jutti guckt ausm Fenster und sieht das schön in Braun auf grünem Grund. Die flippt doch total aus. Du, ich sag dir, das mit dem Sensibilisierungstraining für Männer, das ist dann aber Geschichte – dann ist alles wieder tickitacko zwischen uns beiden, hundertprozentig.

10 Horsd'œuvre

Horsd'œuvre bedeutet «außerhalb des Werkes» und ist eine Vorspeise außerhalb des eigentlichen Menüs – ihre Zusammensetzung beeinflusst die Struktur des Menüs nicht.

Besser und kürzer hätte ich's nicht sagen können. In diesem Kapitel ist all das versammelt, was woanders nicht hineinpasst. Und warum steht es als Horsd'œuvre nicht am Anfang des Buches? Damit keinem gleich der Appetit vergeht, ist doch sonnenklar.

Dietmar Wischmeyer, 59, Altbaubesitzer

Dietmar Wischmeyer hat sich vor einigen Jahren einen Traum erfüllt und ein altes Haus aus der vorletzten Jahrhundertwende erworben und – wie er glaubte – gründlich renoviert. Bis zu dem Tag, der alles änderte.

Wischmeyer: Das war im letzten Sommer, so gegen Juni, glaub ich, da bildete sich so ein kleiner Fleck an der Decke, sagen wir mal so groß wie ein Euro oder höchstens ein Euro achtzig. Da achtet man ja nicht groß drauf. Warum sollte da auch kein Fleck sein, das Haus ist alt, da kann immer mal was passieren … Sagen wir so, man akzeptiert den Fleck wie einen treuen Hausgenossen, der den Alltag mit einem teilt und auch irgendwie ein Trost ist in dieser beschissenen Welt. «Guten Morgen», sagt man dann beim Frühstück zum Fleck, «du bist ja auch noch da, wie schön.» Er wird zu einem Stück Heimat, zu einem Freund. Nach ein paar Monaten nennst du ihn sogar «Holger».

Doch dann kommt der Tag X, an dem sich dein ganzes Leben ändern wird. Du hast Freunde zum Essen eingeladen, Jessica und Hartmut. Jessica arbeitet als Verkäuferin bei Nanu-Nana und erzählt pausenlos von ihrer Chefin und Pizza, deren Labradoodle-Hündin. Das ist eine Rasse für Hundeallergiker, also sozusagen ein Hund für Leute, die Hunde scheiße finden, und deshalb wahrscheinlich scheißt

Pizza auch dauernd bei Nanu-Nana in den Personalraum, jedenfalls hat Hartmut die ganze Story schon zum tausendsten Mal gehört und schaltet sein Gehirn auf Durchzug. Dabei guckt er die ganze Zeit wie ein brütendes Zwerghuhn in der Wohnung rum. Plötzlich unterbricht er Jessica, was er normalerweise nie tut, weil dann zwei Wochen nix mehr geht zwischen den beiden. Er unterbricht sie, es muss also um was Schweinewichtiges gehen, sagen wir mal Hannibal Lecter guckt von außen durchs Fenster oder der FDP-Wahlkreiskandidat. Da bricht es aus ihm hervor: «Was ist denn das da für ein Fleck da oben?» Dazu muss man wissen, dass Hartmut eine Firma für Altbausanierung besitzt und schon deshalb flecktechnisch wie ein Habicht unterwegs ist.

«Ach so», sag ich, «das ist Holger, der ist da schon lange.»

Hätte Hartmut die Telefonnummer des Landeskrankenhauses in seinem Handy gespeichert gehabt, ich hätte in dem Augenblick für nix garantiert.

So sagt er nur weiter: «Sieht aus wie Rigips-Lepra, ist doch Gipskarton da oben, oder? Kann auch Befall von der serbischen Rüsselmotte sein, die frisst sich immer mehr nach Norden vor … oder die Dämmung ist undicht.»

«Welche Dämmung», kann ich gerade noch antworten.

«Wie, du hast nichts gedämmt?»

«Du, das Haus ist über hundert Jahre alt …»

«Du bist ja ein richtiges Ökoschwein.» Hartmut wird krebsrot: «Auf jeden Fall muss das alles weggerissen werden, du kannst froh sein, dass ich das gerade noch rechtzeitig mitgekriegt habe.»

«Pizza, also der Labradoodle von meiner Chefin, der ist vielleicht mal doof …», versucht Jessica das Gespräch in ungefährliche Bahnen zu lenken.

«Halt mal für eine paar Minuten deine Schnauze, Schatz, ja», unterbricht Hartmut seine Frau. Das würde ihm mindestens ein halbes Jahr Sexentzug einbringen.

«Öhm, wie meinst du das jetzt, Hartmut, alles wegreißen», kann ich gerade noch sagen, da steht Hartmut schon auf dem Esszimmertisch und prokelt mit der Nudelgabel in Holger rum. Ein gelblicher Regen aus Holgerresten schneit auf die Spaghetti Bolognese herab, es sieht aus wie geriebener Parmesan. Hartmuts Unterarm ist mittlerweile komplett in dem Loch verschwunden, das vorher Holger war.

«Da ist ja noch Stroh zwischen den Balken, sag mal, weiß das der Gebäudeversicherer?» Hartmut ist jetzt voll in seinem Element und reißt mit beiden Händen vermodertes Stroh aus dem Loch. Als das Loch so groß ist wie ein Gullydeckel und das Esszimmer aussieht wie Pompeji nach dem Ascheregen des Ätna, kommen endlich die erlösenden Worte: «Na ja, kann man heute nich viel dran machen, ich schick morgen ein paar von meinen Jungs vorbei, die machen das picobello. Brauchst du 'ne Rechnung? Na bitte! Das kostet dich dann bloß ein Nasenwasser, und danach hast du Ruhe!»

Am anderen Morgen um halb sieben klingelt es an der Tür. «Ah, die Jungs!», denke ich noch schlaftrunken und öffne die Tür. Doch falsch geraten, es ist ein VW Crafter mit acht Plastikscheißhäusern und einem Gülletank obenauf.

«Ist das hier bei Wichsmeier?»

«Wischmeyer!»

«Scheißegal! Ich soll hier ein Dixiklo abladen für die Baustelle, hier unten bitte einmal unterschreiben.»

Was zum Teufel soll ich mit einem Plastekackomaten, das Badezimer funktioniert doch tadellos.

Viertel nach sieben schellt es erneut. «Aha, die Jungs.»

Wiederum reingefallen: Es ist ein Lkw mit riesigen furzbraunen Platten.

«Wenn die für Wichsmeier sind, der wohnt hier nicht», brüll ich aus dem Fenster.

«Sondern», brüllt es zurück.

«Wischmeyer.»

«Schön, für den hab ich hier hundertzwanzig Quadrat Thermoflor 2000, einmal bitte hier unten links.»

Da wo einst die Dahlien blühten, vernichten innerhalb weniger Minuten hundertzwanzig Quadratmeter kackfarbenes Thermoflor 2000 jegliche Vegetation. Verzweifelt versuche ich, Hartmut zu erreichen.

«Sag mal, Hartmut ...», doch weiter komme ich nicht, da legt er schon los:

«Sind die Jungs bei dir? Was! Die sollten seit sieben Uhr hier bei mir auf der Baustelle sein. Verdammter Mist.»

Bei «den Jungs» scheint es sich um eine transzendente Bruderschaft zu handeln, die auf zwei Baustellen gleichzeitig anwesend sein kann. Oder, noch mysteriöser ... gleichzeitig auf keiner!

Der Vormittag bescherte mir noch einen Radlader, der den Restgarten wegschob für die Baustellenzufahrt und dabei den Thermoflor 2000 ruinierte. Später brachte mir ein Kipper noch zwanzig Kubik Mineral, die, wie es hieß, «die Jungs» später noch mit der Rüttelplatte verdichten sollten für die Auffahrt. Kleinigkeiten wie achtzig Meter Konterlattung, einen Betonmischer und Eisenmatten lass ich jetzt mal weg. Gegen Mittag sah der ehemalige Garten jedenfalls schon aus wie eine perfekte Baustelleninstallation. Das Einzige, was noch fehlte, waren die ominösen Helden dieser Performance, auch bekannt unter dem Pseudonym «die Jungs».

«Ich schick morgen ein paar von meinen Jungs vorbei, die machen dir das picobello.»

Auch der nächste Morgen blieb jungsfrei, dafür meldeten sich ein Versicherungsvertreter, der mir eine Bauherrenhaftpflicht dringend anriet, und ein Beamter vom Ordnungsamt, der die fehlende Absicherung der Baustelle durch einen Zaun mit einem Bußgeld von hundertfünfzig Piepen abstrafte.

Zwei Wochen gingen ins Land, wie ich hörte, hatten sich Hartmut und Jessica getrennt. Hartmut versuchte, die Hälfte seiner Firma vor den Scheidungsanwälten zu retten, und meldete sich nicht mehr. Jessica hat sich auch einen Labradoodle gekauft.

Bei mir hat der Urwald die Baustelle allmählich zurückerobert. Zwischen den Konterlatten sprießt der Wegerich, auf dem Thermoflor 2000 wachsen äußerst schmackhafte Pilze, deren Namen ich nicht kenne, und das Dixiklo wird von den Wartenden an der Bushaltestelle gegenüber dankbar angenommen.

Das Loch in der Decke hat mich zu Anfang nicht gestört, aber als die Nächte kälter wurden, habe ich eine Rigipsplatte druntergenagelt. Und eines Morgens, ich war bei der zweiten Tasse Kaffee, blickte ich nach oben, und da war er wieder: Holger, mein Freund, der Fleck. Eine Träne der Rührung tropfte in den Kaffee, und ein alter Schlager aus dem Jahre 1966 von Franz Beckenbauer kam mir wieder in den Sinn: «Gute Freunde kann niemand trennen». Manchmal denke ich noch an «die Jungs», und wenn ich durch die Straßen schlendere, dreh ich mich plötzlich um und schaue wildfremden Männern nach: Ja, das hätten sie sein können, sagenumwobene Handwerker, die alles picobello machen und nur ein Nasenwasser kosten, und danach hat man Ruhe.

Weihnachtsgeschichte

Holler, poller Hodensack, bald kommt das Verwandtenpack. Tante Weinbrand und Onkel Helmpflicht aus dem westfälischen Teil des Kongo haben sich in ihren Unterklasse-Pkw gezwängt und brummen gen Wohnort ihres einzigen Neffen. Der arme Bengel, zwar schon Ende fünfzig und selbst längst Großpapa, ist Vollwaise und hat keine anderen Verwandten als den Onkel und das Tantchen mütterlicherseits. Da ist es unbedingte Christenpflicht, den bedauernswerten Jungen an Weihnachten in der Großstadt aufzusuchen, da wo man sich untereinander ja nicht kennt. Und man liest so viel von Aufgehängten und Tablettenfressern an den Feiertagen, wie sie unterm Tannenbaum tagelang dahinverwesen ohne Beistand oder Gottes Segen. Nein, das wollen Onkel und Tante nicht. Allein lebt er in der großen Stadt, die Frau ist ihm durchgebrannt, die Kinder, frech und ungezähmt, studieren fern der Heimat Mediendesign oder bloggen irgendwo irgendwas.

Der Bub mit seinen 58 Lenzen hockt derweil alleingelassen unterm Lichterbaum und ahnt nicht mal, dass die Besucher aus dem fernen Sauerland bereits die Stadtgrenze überschritten haben. Es sind – wir ahnen es – Tante Weinbrand und Onkel Helmpflicht, die putzmunteren Genpool-Reste mütterlicherseits. Ach padautz, was wird das für eine Freude sein, wenn die beiden Faltenbälge unangemeldet in der Tür des Neffen stehen. «Holladrio und juchheissassa, wir sind's, min Jung, die Muhme und der Oheim aus Bad Zwischenhirn, herrje, was bist du groß geworden, die Omama – Gott hab sie selig – hat dir Printen gebacken noch auf dem Sterbebett. Hier, lass es dir schmecken, und nun wollen wir fröhlich sein alle miteinand, denn es ist uns Menschen ein Heiland geboren in der Nacht», sprach das runzlig, punzlig Paar aus dem tiefverschneiten Sauerland und erbat Einlass in die bescheidene Hütte des Neffen. Der war fürbass erstaunt, wusste er doch nicht mal mehr, dass sich im fernen westfälischen Kongo noch ein Seitenzweig seiner Ahnen in eine genetische Sackgasse geflüchtet hatte. So gewährte er den beiden putzigen Gestalten Einlass in sein Heim, kredenzte ihnen vom besten seiner Single Malts, ließ gegen Mitternacht die Haschischpfeife kreisen und zierte sich auch nicht, auf Pay-TV einen versauten Streifen mütterlicherseits mit reichlich nacktem Fleisch auszuwählen. Es wurde eine rauschende Weihnacht. Und noch Jahre später, Tante Weinbrand war längst verblichen und den Onkel hatte der Infarkt ans Krankenbett gefesselt, erinnerte sich der «Bengel» aus der Großstadt mit Wehmut an das schönste Weihnachtsfest, das ihm je beschieden war. Halleluja!

Drei Fragen zum neuen Jahr

Beginnt ein neues Jahr, so ist der Mensch zuweilen bereit, grundsätzliche Fragen des Seins an sich heranzulassen.

Kann ich als Zeichentrickfilmfigur wiedergeboren werden? Gehen wir einmal spaßeshalber davon aus, eine Wiedergeburt läge überhaupt im Bereich des Möglichen, so ergeben sich in diesem speziellen Fall ganz eigene Probleme: Bin ich dann etwa zweidimensional? Was ist, wenn der Film gerade nicht gezeigt wird? Ist das dann ein Zeichentrickfilmfiguren-Koma? Ein Vorteil dieser Reinkarnation scheint mir allerdings schon jetzt einleuchtend. Ich weiß endlich, wie Gott aussieht. Wie Carl Barks oder Charles M. Schulz!

Die zweite Frage, die mich umtreibt, ist die nach der Heiligkeit der Schrift. Bei den Christen trägt das Buch der Bücher sogar den entsprechenden Titel: «Die Bibel oder die ganze Heilige Schrift», im Islam heißt das angehimmelte Werk

«Koran», auf deutsch in etwa «Die Lesung». Trotzdem ist bei den Muselmanen die Printausgabe heilig, bei den Christen darf man die zerlesene Schwarte hingegen ohne Reue in den Altpapiercontainer schmeißen – da fährt einem nicht sofort der Blitz in den Arsch. Machst du das mit dem Koran, ruckzuck fehlt ein Teil der irdischen Hülle. Nun nähern wir uns mit riesigen Schritten der Moderne und fragen, wie es denn ist, wenn wir den Koran auf dem E-Book-Reader löschen oder auf dem PC die Koran-Datei in den Papierkorb ziehen und dann «Papierkorb leeren» drücken. Droht dann die Fatwa per Mail, oder darf genau deshalb der Koran gar nicht auf dem Bildschirm gelesen werden? Nun soll es außerdem reichlich gläubige Muslime geben, die das Werk sogar auswendig können. Ist für sie Demenz strafbar?

Wir sehen, die Anpassung des Islam an die Gegenwart wird mindestens so schwer werden, wie die Bibel mit der Evolutionstheorie oder auch nur mit der Taubenhaltung zu versöhnen. Kommen wir aber nun zur dritten Frage: Warum morden die Terroristen des IS mit den Totmachprodukten der Ungläubigen, sagen wir mal Heckler & Koch oder Glock, kann denn so was gottgefällig sein? Und immer dieses Rumgefahre auf Toyota-Kleinlastern. Soweit ich weiß, gehören die Japaner auch nicht dem Glauben an den einzig wahren Gott an. Dürften die IS-Schergen eigentlich nicht nur auf selbstgepäppelten Kamelen in die Schlacht ziehen und dort mit dem Schleuderblei oder dem Flitzebogen ihre Terrorherrschaft ausüben? Man sollte die Religionswächter der Mörderbande mal auf diese Widersprüche aufmerksam machen. Mit etwas Glück sprengen sie sich dann vor Scham selbst in die Luft – und zwar allein.

«Sie bluten ja!»: Wolfgang Schrage berichtet von seiner OP

Schrage: Dazu fällt mir auch eine Schote ein. Hör zu! Muss ich mal eben erzählen. Meine Krampfader-OP. Das ist ein Schmerz, als wenn einer mit ne Hundeleine permanent auf deine Schenkel einprügelt. Als ichs nich mehr ausgehalten hab, bin ich erst zu Doktor Heuwinkel, nein, das war ja noch sein Vorgänger, sag schnell wie heißt der noch, das war mehr son -ski-Name, komm ich gleich noch drauf. Hör zu! Ich also zu Doktor Heuwinkel, nein, der ... das hatten wir ja gerade, is auch im Grunde egal, wer das is, der hat mich dann ja auch sofort überwiesen, erst in den Johannesstift. Die hatten damals gerade das neue Bettenhaus, ich war ja noch Privatpatient, weißt du doch, wo jetzt der Telefonladen aufgemacht hat, ach, wie heißt der Anbieter denn noch mal, komm ich nich drauf, da jedenfalls, also nich da sondern gegenüber da ist der Eingang vom Johannesstift. Kannst du nich verfehlen, gegenüber is ja dieser ... verflucht, unser Melanie hat doch sogar nen Handyvertrag mit denen, fällt mir nich ein, hör zu, komm ich aber noch drauf, da is wie gesagt der neue Eingang, is aber auch egal, du kannst genauso gut auch noch von der Brösemannstraße reingehen. Heißt die eigentlich noch so, die wollense doch umbenennen, Brösemann soll doch angeblich als Vierzehnjähriger in den Radfahrerverein der NSDAP eingetreten sein. Na ja, weiß ich auch nich, ob das alles richtig is.

Hörzu! Drinnen, wenn du reinkommst in den Neubau von Johannesstift, da findet sich kein Schwein zurecht, überall Türen mit Nummer und Buchstaben drauf und keiner sagt einen, wofür die sind. Ich war ja schon am Bluten wien frisch

«Nein, is wirklich schön da», berichtete Wolfgang Schrage von seinem Südtirol-Urlaub in Ritorno.

kastrierter Binneneber. Stimmt, hatte ich gar nich gesagt, dass unterwegs im Taxi nach den Johannesstift eine Ader – wohl so ne Art Hauptschlagader – aufgeplatzt ist. Kannst du dir nich vorstellen, die Schweinerei. Der Taxifahrer war bedient und hatte sich auch noch verfahren, der wusste nich, dass jetzt der Eingang verlegt is nach da wo gegenüber – jetzt hab ichs, «Vodafone» so heißt der Laden. Unser Melanie hat da bei denen ihren Handyvertrag am Laufen, deshalb.

Also der Taxifahrer war schon bisschen sauer, wegen den Blut und alles, aber Schrage is ja nich blöd und hat mit seinen

Finger die Blutung so weit innen Griff gekriegt. Aber als ich die vielen Türen mit die Buchstaben sah, hab ich das Mädel an den Empfangstisch gefragt, wo ich hin muss zun Rönchen, ach so, hatte ich nich gesagt: Eigentlich war ich nachn Johannesstift nur wegen zun Rönchen. «Sie bluten ja», sagte das Mädel, «so können wir Sie nich zun Rönchen lassen.» So, warts ab, nu kommts aber: Ich sag: «Wieso nich.» – «Weil Sie bluten ja», sagt das Mädel, da können wir Sie nich zun Rönchen schicken, so wie Sie bluten.» Musste dir mal vorstellen, fällt dir nix mehr zu ein. «Sie bluten ja», hat das Mädel gesagt. Werd ich jedenfalls nie vergessen, die Story. «Sie bluten ja, Herr Schrage.» Nä, das hat sie nich gesagt, denn meinen Namen konnte sie ja noch gar nich kennen, ich war gerade erst reingekommen. «Sie bluten ja», vergess ich mein Lebtag nich, wie das Mädel das sagte. Du. Ich hab schon Sachen erlebt, da legste die Ohren an. «Sie bluten ja, Herr Schrage», oder eben ohne «Herr Schrage», trotzdem ne irre Geschichte. Werd ich mein Lebtag nich vergessen.

Die Mittelstädts in der Bäckerei

(Hans-Georg steht mit anderen Kunden vor dem Tresen und wartet darauf, an die Reihe zu kommen. Rebecca tritt hinzu.)

SIE *(laut durch die Menge)*: Ich hab den Namen vergessen!

ER: Welchen Namen?

SIE: Jetzt tu bitte nich so blöd, Hans-Georg, welchen Namen sollte ich wohl vergessen haben, wenn ich zur Apotheke gehe, hä?

ER: Weiß ich doch nicht, bitte sprich jetzt nicht in Rätseln, Liebling.

SIE *(laut zischend)*: Den von deiner verdammten Hämorrhoidensalbe, die ich dir mitbringen soll, wie heißt das Zeug?

ER: Weiß ich nicht, du bringst mir die doch immer mit.

SIE *(in Richtung der Wartenden)*: Kennt jemand von Ihnen diese eine Salbe, die machen immer Werbung in den Fernsehzeitschriften, wie heißt die denn, da ist immer so ein Stück Stacheldraht abgebildet. Die hilft zwar nicht …

ER: Woher willst du das denn wissen? Aha! Deshalb reicht die Tube nur noch zwei Wochen. Aha!

SIE: Nun mach aber bitte mal 'nen Punkt, du willst doch nicht etwa behaupten, ich würde dir deine Hämorrhoidensalbe klauen.

ER: Wer denn sonst?

SIE: Was ist mit Jennifer, dieses angebliche Seminar letzte Woche in dem Hotel. Hat sich da die kleine Schlampe vielleicht an deiner Salbentube bedient.

(Sie gehen gemeinsam Richtung Ausgang.)

ER: Jennifer studiert Kunstgeschichte, ich bitte dich.

SIE: Ist sich wohl zu fein für Hämorrhoiden, so ein akademisches Popöchen.

ER *(in Richtung der Wartenden)*: Ich hab übrigens gar keine Hämorrhoiden, meine Frau kauft die Salbe für sich selbst, will sich das aber nicht eingestehen.

SIE: Das ist jetzt aber die Höhe, mein Freund, du bist ja ein noch größeres Miststück, als ich dachte. Wer weiß, für welche perversen Spielchen du und diese angebliche Jennifer die Salbe sonst noch benutzt habt. Mir wird schlecht, wenn ich nur daran denke.

Nur mal so zwischendurch

In einem Anflug kindlichen Vertrauens in das irdische Geschehen – gefördert durch vorweihnachtliches Eingelulle – glaubt man zuweilen, dass wenigstens die Welt direkt um einen herum halbwegs in der Spur laufe.

Doch dann dringen jüngste Nachrichten an das Ohr des Gutgläubigen, und sofort ist man wieder vom Irrsinn auf dem kompletten Planeten überzeugt. In Schweden, diesem Land voller Spinner, die sogar ihren Möbeln Namen geben, soll das gendergerechte Schneeräumen eingeführt werden. Da prozentual mehr Männer die Straße benutzen und mehr Frauen den Bürgersteig, kann es ja wohl nicht angehen, dass die Straße zuerst und womöglich gründlicher geräumt wird als der Laufsteg nebenan. Gut, dass der Schwede nicht in Berlin wohnt, denn dort wird der Schneematsch von der Straße sogar auf den Bürgersteig geräumt – hier zeigt der Chauvinismus ungeniert seine eiskalte Fratze.

Bleiben wir beim beliebten Geschlechterdiversifizismus: In Deutschland sterben dreimal mehr Männer im Straßenverkehr als Frauen. Typisch, weil sie rasen wie die Geisteskranken und überholen, als sei Gegenverkehr eine Fata Morgana. Sicherlich. Doch unter den Fußgängern ist der Mann sogar mit fünfmal so viel Opfern dabei wie die Frau. Weil er so schnell läuft? Wohl kaum. Hier müsste auch mal eine Quote her, über deren Ausgestaltung sich allerdings ein anderer den Kopf zerbrechen möge. Ich denke da an die Universität Bielefeld, die in Sachen Gendergerechtigkeit noch 'ne Schippe drauflegt. Dort sollen demnächst die nach Geschlechtern getrennten Toiletten abgeschafft werden. Wo sonst schlicht «Damen» an der Tür stand, erscheint jetzt der Schriftzug «Menschen mit weiblichen Geschlechtsteilen». Aha! Muss man die nur irgendwie dabeihaben oder sollten sie auch an den üblichen Stellen sitzen? Der Uni-Asta rätselt noch, und ich halte mich sowieso mit naseweisen Erklärungen zurück, sonst ruft noch jemand die Hotline gegen Mansplaining an. Die gibt's auch schon in Schweden. Mansplaining, zusammengesetzt aus Man und Explaining, ist Nötigung von Frauen durch Männer, die die Welt erklären. Auf Deutsch: Typen texten ihre Alte zu. Das ist nicht schön, doch meiner Erfahrung nach wird auch umgekehrt ein Schuh draus: Frauen dreschen wortgewaltig auf verstummte Männer ein.

So weit der aktuelle Irrsinn. Hinweisen möchte ich allerdings noch auf die schwul-lesbischen Weihnachtsmärkte in Hamburg, Köln, München und Berlin. Als ob Weihnachtsmarkt an sich nicht schon bescheuert genug wäre. Ich freue mich schon auf das Glühweinsaufen gegen Rechts und den Nackt-Christkindlmarkt. Das homophobe Preiskegeln fällt dieses Jahr aus. Es ist eben auch nicht alles schlecht!

Ziegenficker

Wer hätte angesichts der Weltlage im Jahr 2016 je gedacht, dass ausgerechnet die Satisfaktion eines vorderasiatischen Regierungschefs zum Politikum werden könnte? Darf man ihn der Geißenliebe bezichtigen, oder ist das Beleidigung (also nicht der Ziege, sondern des Regierungschefs)?

Dazu bedarf es einer kurzen Exkursion auf das Minenfeld der Männerbeschimpfungen. Nenn ich jemanden einen «Wichser» oder unterstelle ihm eine geringe Penislänge, so kratzt das einen «richtigen Mann» kaum, er ist durch solche Petitessen nicht zu beleidigen. Anders sieht es aus, wenn man seine Angehörigen in den Schmutz zieht. Der «Mutterficker» beleidigt nicht ihn, sondern die notgeile Mama, die's mit dem Sohne treibt, und da kennt ein archaischer Mann keinen Spaß. Der «Motherfucker» hingegen ist gar keine Beleidigung, sondern nur ein Ausweis von Street Credibility.

Wieder anders sieht's aus bei dem deutsch-türkischen Integrationsangebot «Ich ficke deine Mutter», durchaus als Beleidigung gemeint. Doch der indigene Mitteleuropäer staunt: «Mach doch, mir egal, du gerontophiler Trottel.» Man versteht einfach nicht, warum man da jetzt sauer sein soll. «Ficken» funktioniert in unserem Alltagssprachgebrauch ja auch ohne Akkusativobjekt, und im eigentlichen sexuellen Sinn des Wortes steht es zumeist in der ersten Person Plural: «Wir ficken». Das unterstellt das Einverständnis beider Beteiligten, somit bedeutet «Ich ficke deine Mutter» lediglich, dass die alte Dame sich mit einer jungen osmanischen Testosteronbombe vergnügt, was ihr von Herzen gegönnt sei.

Doch kommen wir endlich zum «Ziegenficker», nicht zu verwechseln mit dem «Ziegenmelker», einem Vogel aus der Familie der Nachtschwalben. Hier sieht die Sache wieder anders aus. Mit diesem Begriff beleidigt man nicht nur eine Einzelperson, sondern bezichtigt sie der Mitgliedschaft in der größeren Gruppe der Geißenwämser, womit nach volkstümlicher Ansicht alle männlichen Personen in einer Region mit hohem Sand- und / oder Moslemanteil gemeint sind.

Nur aus Interesse: Wie lautet eigentlich die weibliche

Form eines Paarhufer-Perversen: Ziegenfickerin oder Ziegenbockgefickte? Ach was, damit soll sich die Dudenredaktion befassen.

Wir sind dann mal weg

Wo sind die denn alle? Diese Frage stellen sich sowohl Arbeitgeber in der freien Wirtschaft als auch Besucher einer Behörde oft, wenn sie das Biotop der angeblich dort Beschäftigten betreten.

Frau Gluschorek ist in Elternzeit, die teilt sie sich mit ihrem Mann Uwe, der dann ab Sommer nicht mehr da ist. Herr Fricken hat sein Sabbatical noch mal um sechs Monate verlängert, weil seine Frau als Folge ihrer Selbstfindung verrückt geworden ist. Susi vom Empfang macht gerade Pause. Die Meyer aus dem dritten Stock ist auf halber Stelle und sowieso nur Montag- und Mittwochnachmittag da sowie freitags bis elf Uhr. Sascha aus dem Vertrieb ist noch bis November im Transgender-Mutterschutz. Dafür kommt Frollein Nösekabel zwei Wochen früher aus ihrem Burnout zurück, allerdings nur halbtags. Herr Grindoleit vom Kundenservice bekommt dreimal die Woche Fangopackungen wegen seinem Fuß. Dann vertritt ihn freitags Frau Zusche aus der Wiedereingliederungsmaßnahme für dyskalkulatorische Langzeitarbeitslose. Der Hausmeister Mesut Özkan ist mehrmals täglich im muslimischen Gebetszimmer neben der Toilette. Dummerweise stimmen die Gebetsvorschriften nicht mit der tariflichen Ruhezeitenregelung überein, sodass Herr Özkan leider nur zeitnah über die Hauspost zu erreichen ist. Frau Muschkot ist immer noch in Behandlung, und die Produktion macht Mittag. In Zimmer 14 ist im Moment niemand, einer hat Mehrarbeitsausgleich, Frau Blaschke ist nur eben eine rauchen, und Herr Wibbelt kommt nicht mehr zurück – munkelt man. Frau Ranzmann geht zweimal die Woche etwas früher wegen der Busverbindung. Auf der ersten Etage läuft diese Woche nichts wegen der Betriebsversammlung am Donnerstag, dafür braucht man die Stühle. Herr Gallmann und das Frollein Uschi sind im Home Office – zusammen, wie man hinter vorgehaltener Hand behauptet. Frau Muschkot ist wohl noch in Behandlung. Montags trifft sich der Betriebsrat im Konferenzraum, dann geht in der Buchhaltung bis mittags nichts. Die Betriebsratsvorsitzende ist schon in passiver Altersteilzeit, und die Gleichstellungsbeauftragte bereitet mit Herrn Mugsch vom Brandschutz ein Konzeptpapier für die tariflich zugesicherte Weihnachtsfeier vor. Herr Kallweit ist zu einer Weiterbildung «Ausdruckstanz für Männer ab fünfzig» auf Sylt, wo seine Lebensgefährtin einen Körperfindungsworkshop anbietet. Gerlinde Patzeck geht in zwei Jahren in Frührente und lässt es schon mal etwas langsamer angehen. Die Kollegen aus dem Marketing haben das dritte Meeting an diesem Tag und wurden vor zwei Stunden beim Italiener gesehen. Herr Schadewald aus dem Erdgeschoss ist ab nächster Woche in Urlaub, danach bummelt er sein Zeitkonto ab, gerade ließ er ausrichten, er wäre beim Arzt und es sähe wohl nach ein, zwei Wochen Ruhe aus. Frau Muschkot ist immer noch in Behandlung. Dienstag bis Freitag sind die klassischen Brückentage nach Ostermontag, da sind dann sowieso alle weg!

11 Snacks

Auf einer Party mit guten Freunden oder beim gemütlichen Picknick mit der Familie im Sommer dürfen pfiffige Snacks für zwischendurch nicht fehlen. Sie planen eine Geburtstagsfeier, möchten Ihre Gäste mit kleinen Leckereien verwöhnen oder sich zum Lunch eine leichte Mahlzeit zubereiten? Snacks können Sie schnell und einfach zubereiten und kommen damit immer gut an.

Hier sieht man, wie sich die Welt verändert hat. Die Vorspeise wurde zur Hauptmahlzeit, es geht nicht mehr darum, Appetit auf das Eigentliche zu wecken, sondern: «What you see is what you get», und mehr gibt's nicht. Wir sind in der brutalen Moderne angelangt.

Chic einen an der Waffel

Der Individualisierungsdruck wird größer. Bis vor kurzem konnte man noch mit Gluten-Unverträglichkeit oder flexitarischer Essbehinderung auf Partys punkten, neuerdings muss man chic einen an der Waffel haben.

Und man soll bitte schön nicht glauben, ein simpler Burnout mache einen schon interessant. Mindestens ein Empty-Nest-Syndrom muss her, um ein paar bewundernde Mitleidspunkte zu erheischen. Am allerbesten aber ist es, wenn man einfach irgendwie «traumatisiert» ist. In seiner ursprünglichen Bedeutung bezeichnet das «Trauma» eine Verletzung lebenden Gewebes, sagen wir mal Hammer aufn Fuß, Tretorgan läuft blau an, ist gleich Trauma.

Seitdem auch die Seele, oder wie immer man diesen nicht vorhandenen Ort im Menschen nennt, ein Trauma erfahren kann, gibt's kein Halten mehr. Jeder normale Blödmann wird zum gefühlten Frontheimkehrer. Schon der Anblick eines Spiegeleis kann beim Manne Kastrationsängste hervorrufen, und aus dem Trauma der Totalbeschneidung wird eine veritable Phobie. Die wiederum kann man gegen alles und jeden haben, wie es einem gerade in den Kram passt. Eine Kleinwagenphobie führt zum Kauf eines SUV, die Xenophobie zwingt einen geradezu, bei Pegida mitzumarschieren. Was soll man machen, man kann ja nichts dafür.

So gereicht das eingebildete Psychozipperlein nicht nur

zum hippen Partytalk, sondern ist auch schicker Fluchtweg aus der Verantwortung für das eigene Leben. Jeder fühlt sich von dem, was andere tun, irgendwie beleidigt bis traumatisiert, und das Psychotragegestell ist ein Sammelsurium von Unverträglichkeiten. Bei so viel Gejammer wird es Zeit, mal aufzuzeigen, wie man wirklich chic einen an der Waffel haben kann. Da hätten wir etwa die Kinetose, das ist die körperliche Reaktion auf ungewohnte Bewegungen, auf Deutsch: Kotzreiz in Bussen und Bahnen. Da man ohnehin wenig Lust verspürt, mit den ganzen Stinkern im Öffi abzuhängen, obwohl das total nachhaltig ist, eröffnet einem die Kinetose einen medizinischen Grund für die Fahrt im eigenen Pkw.

Wer mutiger ist, greift zur sexuellen Fehlprägung, da darf man vom Sex mit dem eigenen Bürostuhl träumen oder sich unsterblich in ein Braunkohlekraftwerk verlieben – kein schlechter Grund für dessen Weiterbetrieb. Der absolute Spitzenplatz aller selbsternannten Gaga-Malaisen gebührt hingegen folgender: Sexsucht gepaart mit Penis-Hypertrophie und Alkohol-Überverträglichkeit. Sollte darauf aus Versehen ein wenig attraktives Geschöpf anspringen, hilft als Notausgang der dezente Hinweis auf die nässende Sack-Herpes, die man einfach nicht in den Griff bekomme.

New Urban Mobility

Wie bewegt man sich in der Stadt von einem Ort zum anderen? Der verschnarchte Old-School-Penner nimmt den Bus oder die Bahn.

Das ist nicht nur scheißuncool, sondern auch mit allerlei Ungemach verbunden: Vierschrötige Kontrollgorillas pampen jeden Fahrgast an, und der mehrfach unbegabte Musiker haut unaufgefordert die nächsten Strophen raus. Selbst wenn man weder zusammengeschlagen noch vom Niederflurhund angekackt wird, muss man diese Form der Ortsveränderung wirklich wollen. Der Engländer, stets unsentimental in Ansicht und Ausdrucksweise, bezeichnet das innerstädtische Oszillieren denn auch nicht wie wir als erotisch anmutenden «Personennahverkehr», er nennt es schlicht «transport». Um nichts anderes geht es. Noch schöner wär's, die «Fahrgäste» würden zu viert auf Palette in die U-Bahn reingeschoben.

Wer den Viehwaggon hingegen nicht als urbane Lebensart begreift, schaut sich nach Alternativen um. Der eigene Pkw steht aufgebockt auf dem eroberten Anwohnerparkplatz, und von Ort zu Ort geht's mit dem Carsharing-Flitzer. Für kleinere Wege greift Mister Urban Mobility zum Segway oder, falls er noch gerade stehen kann, zum Oxboard. Das Singlespeed-Fahrrad überbrückt die Distanz zum neuen Laden mit den hundertfünfzig Sorten Gin im Angebot, bei der dortigen Dichte bespringbarer Ricken wäre ein anderer Auftritt geradezu tödlich.

Auf Schusters Rappen schnürt man bestenfalls zum Taxistand, wobei die Fuhre mit den eiterweißen Droschken auch schon sehr, sehr kevinmäßig rüberkommt. Uber kontaktieren und einem armen Schwein den Rücksitz glitschig würfeln, das ist hip, davon kann man beim Arschgeigentreff im Szeneclub stolz berichten. Unter allen innerstädtischen Fortbewegungsformen gibt's nur eine, die noch uncooler ist als Bus und Bahn: das Bierbike. Dabei verkörpert gerade der

Alk-Strampler die alten linken Ideale von Anarchie und Auf-die-Straße-Pissen. Schade, dass es in der Urban Mobility so wenig Reputation genießt.

Carsharing-Muffel

Ich gebe es zu, ich bin ein Carsharing-Muffel. Selbst wenn ich das gemeinsame Betreiben eines Pkw – in der Großstadt allzumal – für sinnvoll erachte, so will ich allein deshalb ein Carsharing-Muffel bleiben, um zur großen Spezies der Muffel zu gehören.

Ich bin auch ein Krawatten-Muffel, selten mal ein Gurt-Muffel, aber tatsächlich – obwohl es nicht so scheint – ein Todesstrafen-Muffel. Wobei man die Todesstrafe im strengeren Sinne nur bemuffeln kann, so man sie eigenhändig ausübt, als Unbeteiligter darf man sie nur rüffeln. Kauft man sich nicht alle naselang ein neues iPhone, dann ist man in mancher Augen jemand, der «Smartphones ablehnt», das ist die Steigerung des Muffels. Wird dem Muffel noch eine gewisse sympathische Schrulligkeit zugestanden, so ist jemand, der Smartphones ablehnt, obwohl er einfach nur keins hat, ein Fanatiker. Dem Rasenroboter-Muffel sieht man vielleicht noch nach, dass er diesen ultimativen Fortschritt in der Gartenpflege nicht vollzieht, weil er zum Beispiel gar keinen Rasen hat. Dass ein Mensch kein Smartphone hat, weil er es schlicht nicht braucht, das ist suspekt, aber moralisch noch gerade so in Ordnung, Amish People sind letztlich auch ganz harmlos.

Anders verhält es sich beim Carsharing-Muffel, der ist des Individualverkehrs im außergeschlechtlichen Bereich verdächtig. Während sich die moralisch Sauberen in zugefurzte Mietkleinwagen quetschen, thront Seine Majestät der Carsharing-Muffel im fetten SUV und beschneidet den Park-, wenn nicht gar den Lebensraum der anderen. Es sei denn, bei dem adipösen Geländewagen handelt es sich um einen Elektrohybriden, dann verfängt die Muffel-Falle nicht, denn auf dem Felde des veganen Daseinsvollzugs schlägt die hippe Elektromobilität das schnöde Carsharing.

Kniffelig wird's, wenn sich zwei Verhaltensweisen gegenseitig in die Quere kommen, sodass sie im Gesamtpaket eine Nullsumme ergeben. Fair gehandelte Quinoa-Amarant-Bratlinge aus der Region kaufen: hundert Punkte. Mit dem Carsharing-Smart fahren statt mit dem eigenen Audi-TT-Cabrio: auch hundert Punkte. Hundert Kilometer mit einem Verbrennungsmotor durch die blitzsaubere Umwelt brettern, um eine Handvoll Körnerbuletten zu shoppen: zweihundert Minuspunkte. Wie entkommt man dieser Zwickmühle? Klar, mit dem Rad zum nächstgelegenen Biomarkt fahren und dort einkaufen. Wenn alle Frühaufsteh-Muffel noch auf ihrem Kirschkernkissen schnarchen, hat ein Zwanzig-Tonner-Diesel-Lkw den Ökodealer schon mit den Ebola-Maurersand-Bratlingen beliefert, die wir bewussten Menschen tags zuvor im Netz bestellten.

Bargeld

Der Politik in ihrer unendlichen Weisheit gefällt es hin und wieder, über die Abschaffung des Bargelds zu schwadronieren. Angeblich würde dadurch der organisierten Kriminalität das Leben erschwert, zumindest die 500-Euro-Note und die Kupfermünzen gehörten eingezogen.

Nun glaubt wohl niemand, der ganz bei Sinnen ist, dass sich eine Kriminalität, die den Namen «organisiert» verdient, von solch einer albernen Maßnahme einschüchtern ließe. Zur Not wickelt man eben den interkriminellen Zahlungsverkehr in chinesischen Renmimbi oder rumänischen Schweineklöten ab. Eine Währung braucht nur jemanden, der sie garantiert, und wenn es der Staat nicht macht, macht's ein anderer, zum Beispiel die Mafia. Sollte also unsere Laiendarstellerregierung auf den verwegenen Gedanken verfallen, das Bargeld einzuziehen, schwächt sie nicht die organisierte Kriminalität, sondern öffnet ihr ein weiteres Betätigungsfeld, ähnlich wie beim Drogenhandel.

Was also steckt in Wahrheit hinter dem Vorschlag? Das ständige Ansinnen, dieses Land in einen Überwachungsstaat zu verwandeln und die Insassen in einen Haufen unmündiger Vollidioten. Nichts soll der Krake mehr entgehen, keine finanzielle Transaktion mehr ohne Staatskontrolle. Schwarzarbeit und Flohmarkthandel, die heimlichen Freuden der einfachen Leute, können endlich verfolgt werden. Die nicht erhobene Mehrwertsteuer, das bar bezahlte Thekenbier neben der Registrierkasse – Schluss damit, alles kommt ans Licht. Das wirklich Erschreckende an dieser politischen Nebelkerze ist nicht die Dämlichkeit zu glauben, man könne damit die organisierte Kriminalität bekämpfen; nicht einmal die Frechheit, uns lückenlos überwachen zu wollen, lässt bei mir die Kotzgrenze sinken. Es ist die erneute Bestätigung, dass die Politiker gleich welcher Couleur nicht unsere Freunde sein können, weniger weil sie durchtriebene Schurken wären, vielmehr weil sie einfach zu naiv sind für den Job.

Das Bargeld schafft sich nämlich gerade von selbst ab, dazu bedarf es keiner staatlichen Unterstützung. Es liegt im Interesse der Industrie, über sämtliche Daten des Konsumenten zu verfügen, um ihn umso erfolgreicher in den Warenverbrauch zu zwängen. Insbesondere durch den Internethandel ist Bargeld längst an den Rand gedrängt worden, kaum jemand bezahlt an der Tankstelle, im Kaufhaus oder Supermarkt noch mit barer Münze. Statt nun aber anonyme Bargeschäfte als demokratische Freiheit des Bürgers zu begreifen und in einigen Bereichen zu garantieren, macht sich der Staat sogar zum Vorreiter der totalen Kontrolle durch Konsum- und Medienkonzerne. Was für ein Arsch, aber das wussten wir ja schon.

Gerry Terbrüggen, 58, Selfmademan

Terbrüggen lebt abwechselnd in Deutschland und auf Mallorca. Sein undurchsichtiges Firmenkonglomerat lässt er von den Caymans aus verwalten. Durch die Presse ging er vor ein paar Jahren, als ein rumänisches Topmodel im Kofferraum seines Bentleys tot aufgefunden wurde. Terbrüggen konnte jedoch glaubhaft versichern, dass den Wagen höchstwahrscheinlich jemand gestohlen und danach wieder heimlich zurückgebracht habe. Außerdem sei ihm das Opfer völlig unbekannt, lediglich die eineiige Zwillingsschwester habe er schon mal geheiratet, soweit er sich erinnere.

Terbrüggen: Ja, hier fing alles an vor dreißig Jahren. Mit meinen eigenen Händen hab ich sozusagen damals die Witwe des Vorbesitzers geheiratet und dann ihr Geld von der Bank geholt. Es war ne harte Zeit, ich weiß, was Hunger ist. Ich habe es selbst vor Jahren am eigenen Leib erfahren müssen, als mir in einem strengen Winter das ganze Personal abgehauen ist – hier im Haus, eine unglaubliche Frechheit.

Kommen Sie, ich zeig Ihnen mein bescheidenes Reich.

Zwei Hektar bis hinten zu den Bäumen. Wenn die in Vietnam nicht so faul wären in meinen Werken – ich hätte mir hier längst eine Achtzehn-Loch-Anlage durch die Häuserzeile gefräst, fünfzig Millionen bar auf den Tisch und weggeputzt. Wissen Sie, ich lasse in Asien Tellerminen für den heimischen Markt konfektionieren, sozusagen direkt beim Endverbraucher, haahahahaa. Kleiner Scherz!

Aber was soll's, ich brauch das alles nicht, Luxus bedeutet für mich: ein Glas Wein und dazu ein Gedicht von Rilke. Und ein schlichtes Outfit. Topqualität, hab ich mir in China anmessen lassen, echte Shantung-Seide von Kindern in Nachtarbeit geklöppelt, hahaahaha, nur ein Scherz unter uns Klosterschülern, nehmen Sie's mir nicht krumm, ich steh dem Leben nun mal positiv gegenüber. Der Anzug hier hat mich hundertzwanzig Yuan gekostet, sind knapp elf Euro. Dazu nochmal der Flug im eigenen Learjet hin und zurück insgesamt fünfundachtzigtausendundelf Euro. Mit der Globalisierung ist ja alles viel günstiger geworden.

Die Karin III im Hafen von Monte Carlo, fünfstöckiges Penthouse, zehn Stockwerke Personal.

Kommen Sie, es geht weiter: Mein bescheidenes Anwesen. Das war vorher eine Behinderteneinrichtung. Haben die ganzen Böden ruiniert mit ihren Krücken, hat mich ein kleines Vermögen gekostet, das alles wiederherzurichten. Aber es ist schließlich auch mein Land, da spüre ich eine Verantwortung. Auch als Unternehmer. Einem meiner hiesigen Arbeiter sind in der Spätschicht letztens die ganzen Organe abgepfiffen … egal, ich bin ne soziale Haut. Hab dem Mann für eine Woche ne Chefarztbehandlung spendiert, danach muss er selber sehen. Fördern und fordern, das is mein Motto.

Meine Leute arbeiten gerne für mich, ich zahle ihnen dreimal so viel wie den Schlitzaugen. Das is mir der Standort Deutschland wert. Es gibt ein zwölftes Monatsgehalt und wenn jemand unbedingt mal Urlaub haben will – da bin ich der Letzte, der nein sagt.

Das ist übrigens Colette, ihr Vater schuldet mir acht Millionen. – Colette, sag mal was Nettes. Oder noch besser: Lass es sein. Ist sie nicht süß? Hier sind fünfhundert Euro, kauf dir was zum Ausziehen. Den Kassenbon wie immer in Kopie an mein Londoner Büro.

Früher hatte ich Ehefrauen – lästig, teuer und schwer zu entsorgen. Heute bevorzuge ich erotische Rauminstallationen, ist von mir, der Ausdruck, bin ich sogar ein bisschen stolz drauf. Nicht schlecht, oder? Erotische Rauminstallationen, hahaha. Frauen sind mir im Grunde ein Gräuel, sie schmutzen und schleppen dauernd tote Pflanzen in die Wohnung – Colette ist selbstreinigend. Ist ein braves Tier, die Colette! Kommt trotzdem weg demnächst, rechnet sich einfach nicht mehr der Sex am Standort Deutschland, hahahahahahahahaha. Kommen Sie, ich zeig Ihnen noch was.

Von hier hat man einen herrlichen Ausblick auf die Plattenbauten drüben bei den Hartzern. Beneidenswerte Menschen: keine Verantwortung, kein Jetlag, kein Geldbote, der einen morgens um elf aus dem Schlaf klingelt. Da draußen leben sie und ihre dicken Frauen und sind glücklich mit ihren dreihundertfünfundsiebzig Euro Hartz vier. Das ist eine Menge, umgerechnet auf meinen Lebensstandard wären das 1,8 Millionen pro Monat. Da muss eine alte Prostituierte aber lange für stricken, ich weiß gar nicht, was die haben, diese Leute. 1,8 Millionen, ich komm da doch auch mit aus.

Wenn Sie jetzt keine weiteren Fragen haben … ich fliege

in einer halben Stunde nach Mallorca. Da nehme ich gewöhnlich meinen Nachmittagsespresso. Man muss den Sozialneid hier ja nicht unnötig schüren. Früher gehörten mir zwanzig Kilometer Küste dort unten – als Mallorca noch ursprünglich war. Da konnte man jedes Jahr eine Fünfhunderter-Einheit Hotelbetten an den Strand protzen und alle waren zufrieden. Seitdem die Naturschützer mitreden, ist das alte Mallorca verschwunden.

Meine Yacht liegt da noch. Ich hab ein paar Mädels für den Nachmittag gemietet. Wissen Sie, ich hab gern jeden Tag frische Blumen in der Vase, wenn Sie verstehen, was ich meine.

Bleiben Sie ruhig noch einen Moment. Einmal kurz, einmal lang pfeifen, dann bringt Ihnen Colette einen Kaffee, zweimal pfeifen und die beiden Bullmastiffs kommen herein. – Also, adios und Vorsicht beim Pfeifen!

Viel Spaß damit

Ein erworbener Gegenstand kann noch so nüchtern sein, stets wird einem «viel Spaß damit» gewünscht. Gefälligst Spaß zu haben an jedwedem Scheiß gehört zu den grundsätzlichen Übereinkünften der Plastikwelt.

«Den nehm ich», sagte ich zum Tresenmolch im Sanitärfachgeschäft und zeigte auf den Plastiklokussitz für 19,80 Euro. Sogleich zog er ihn vom Haken, schlug ihn in Papier ein, kassierte den geforderten Betrag und entließ mich mit den

Worten: «Viel Spaß damit!» Mit einer Scheißhausbrille? Was glaubt er, was ich damit mache? Mir um den Hals hängen und durch die Wohnung hopsen? Wenn's nicht so teuer wäre, ich ginge zum Sargdiscounter und erstände eine Leichenkiste, nur um zu testen, ob mir auch der moderne Verwesungsdienstleister den Schlachtruf der Fit-for-Fun-Gesellschaft hinterherriefe.

Schon lange will man uns den nervigen Besuch im Supermarkt als «Einkaufsspaß» unterjubeln. Klappert man zusätzlich ein paar andere Ramschbuden ab, so wird aus dem summierten Einzelspaß ein «Einkaufserlebnis». Die Steigerung ist der «Shopping-Event», dann befindet sich in der Verkaufszone neben den üblichen Gaga-Filialisten Zombie, Cyberbambi & Bitch und wie sie alle heißen noch der «Flagship-Store» einer angesagten Marke. Vor diesen Wallfahrtsorten des sklavischen Konsums kauert man nächtelang in Schlafsäcken, wenn der Betreiber eine neue Reliquie releast, sagen wir mal so ein weltbewegendes Produkt wie eine Armbanduhr, mit der man nicht mal telefonieren kann.

Diese komplett überflüssigen Produkte, die zu nichts anderem taugen als zum bloßem Zeitvertreib, tragen die Schuld daran, dass nun allen verkauften Gegenständen beigeordnet wird, man solle damit «viel Spaß» haben. Mit dem Dreifachstecker genauso wie mit dem dezent erworbenen Spatel für die Kotprobe. Sicher. Da haut sich jeder vor Witzigkeit auf die Schenkel, wenn er mit diesem spaßigen Produkt in der Kloschüssel nach Spulwurmeiern gründelt. «Guten Tag, ich hätte gern einen Strick, um mich aufzuhängen.» – «Da nehmen Sie am besten den aus reinem Hanf, der scheuert nicht so am Hals.» – «Au ja, das ist ein toller Tipp.» – «Bitte schön, macht 4,20 Euro. Viel Spaß damit.» Werd ich haben, danke auch!

Christopher Bürschel, 48, Finanzberater, Königswinter

Bürschel arbeitet seit über zwanzig Jahren in der Vermögensberatung, zuerst beim Marktführer in Bonn, dann wechselte er zum Newcomer mit dem Pornoschnauzbart. Er hat es nie bereut, es hat ihn nicht stinkreich, aber doch sehr, sehr wohlhabend werden lassen. Bürschel lebt in dritter Scheidung auf einem uneinsehbaren Grundstück mit Rheinblick.

Bürschel: Gut, den Kunden hab ich ja jahrelang alles Mögliche erzählt, wie sie mit ihren paar Kröten die höchste Rendite bekommen: Riester, Rürup, diese ganze Kinderkacke, damit kommst du nicht nur auf keinen grünen Zweig, der wird dir auch noch unterm Arsch abgesägt, zuerst von mir, hahaha, und dann von Vater Staat. Bei der jetzigen Niedrigzinspolitik haben die Kleinsparer null Chance, denen pfändet doch die EU den letzten Heller aus dem Strumpf.

Okay, na gut, aber ehrlich gesagt, unsereins geht's auch nicht viel besser: Wo willst du noch hin mit deinem Geld, das ist ein echtes Problem, in was willst du investieren? Ich hab ein rottiges Hotel gekauft bei Hildesheim und für fünf Jahre fest an die Stadt als Flüchtlingsunterkunft verbimmelt. Okay, nicht schlecht, das macht hübsche fünfzig Prozent nach Steuern, aber in fünf Jahren steh ich da mit der Kakerlakenbude, steht ja jetzt schon halb leer, haben sich beschwert die Kunden, wegen Schädlingsbefall pipapo das Übliche – möchte nicht wissen, wie's da aussieht, wo sie herkommen. Egal, ist nicht mein Problem. Windkraft, Photovoltaik, war 'ne Zeitlang ein echter Bigshot, hat sich aber ausgeschissen das Investment.

Zurzeit laufen noch Biogasanlagen mit den alten Abnahmeverträgen, aber die rückt ja keiner mehr raus. Ich überlege ernsthaft, in sozialen Wohnungsbau zu investieren, geht mir persönlich gegen den Strich, für die Kaputten auch noch das Dach übern Kopf zu bauen, aber pekunia non olet, wie der Latino sagt. – Ein Freund von mir baut mit privatem Geld Knäste und vermietet die an das Land. «Gemordet wird, solange es den Stand der Ehe gibt», sagt er immer, er ist sogar schon zum vierten Mal geschieden. «Die Erneuerbaren» nennt er seine Ehefrauen, find ich witzig, passt irgendwie in die Zeit, wird ja immer verrückter alles.

Neulich hat mich ein Hausbesetzer in einem meiner Abbruchhäuser in Berlin auf Schmerzensgeld verklagt, weil er sich die Gräten gebrochen hat auf der morschen Treppe. Na und, recht so, dachte ich, besser wär das Genick gewesen, was treibt er sich auch in fremdem Eigentum rum, der alte Zeckenzüchter. So dachte ich, der Richter allerdings nicht, hat mich auf fünfzehntausend Schmerzensgeld verklagt, weil ich den Zutritt zu dem verfallenen Gebäude nicht ordnungsgemäß gesichert hätte. Was? Der dämliche Arsch hatte mit einem Bolzenschneider die Gitter vor den Fenstern aufgebrochen – von wegen «nicht ordnungsgemäß gesichert». Na ja, ich hab mir den Namen von dem Bürschchen gemerkt, dem hetz ich ein paar Osteuropäer auf den Hals.

So weit ist es schon gekommen, man muss sein Recht als Steuerzahler auf dem illegalen Markt einkaufen, da fragt man sich, wozu man überhaupt noch in diese sogenannte Solidargemeinschaft einzahlt. Und da sind wir wieder beim Geld, ich versuche gerade so viel wie möglich davon ins Ausland zu schaffen, bevor hier alles zusammenbricht. Ein Teil

«Glückwunsch zu Ihrem Ü-60-Darlehen, Herr Mustermann, volle zwanzig Prozent Auszahlung und eine Hypothek auf die Witwenrente Ihrer Frau, da machen Sie nichts falsch.»

liegt schon als Barrengold im St. Gotthardt, mehrwertsteuerbefreit, feine Sache und ich sag immer, Gold trägt nicht so auf wie Silber, das kann man sogar noch selbst transferieren, wenn man's legal erworben hat.

Nicht ganz so legal waren meine Reserven im Kleinwalsertal, Österreich, Schwarzgeld aus den Neunzigern, brauchte ich aber dringend für dies Flüchtlingsinvestment, das ranzige Hotel bei Hildesheim, okay, Ankauf war auch kein Problem. Der Besitzer, ein Türke aus Bad Gandersheim, wollte die zwei Mios cash – alter Verwalter, okay, siebenhundert Betten, Riesengrundstück, und so viel zahlt mir die Stadt jedes Jahr allein an Pacht – ein Riesending, das durfte mir nicht durch die Lappen gehen. Aber zwei Große Sechser Cash, das ist 'ne Ansage. Als ich so drüber nachdachte, über Flüchtlinge und diesen ganzen Scheiß an der Grenze, bin ich draufgekommen. Ich hab die zwei Millionen auf zehn Kuriere verteilt, jeweils zweihunderttausend, das ist ein knappes Pfund Geldscheine pro Nase. Die haben ja damals jeden durchgelassen, nicht mal registriert die Grenzgänger, schön blöd.

Nun fragst du dich natürlich, warum die Kuriere nicht mit den zweihundert Bricks stiften gegangen sind. Ist der Bürschel ein ausgeschlafener Hund oder ist er ein ausgeschlafener Hund? Ich habe die Kinder von den Kurieren, waren alles Frauen, in Österreich festgehalten, solange bis die Sore in Deutschland angelangt war. Man hätte damals viel mehr reinschmuggeln sollen, aber mir fiel so schnell nichts ein und auf Kokain und so hatte ich einfach keinen Bock.

So sieht's aus in der Welt der Finanzen, man hat nichts wie Ärger, keiner lässt einen mehr in Ruhe seine Arbeit machen. Für andere Leute entwickele ich schon gar keine Anlagekonzepte mehr, ich hab genug mit meinen eigenen zu tun, das ist der Fluch der guten Tat. Hätte ich früher nicht so viel gescheffelt, wer weiß, vielleicht hätte ich heute ein ruhigeres Leben, noch mit der ersten oder besser mit der zweiten Frau, die war eigentlich ganz in Ordnung, kam auch aus der Branche, hatte für Maschi seinerzeit an die tausend Riester-Ablassbriefe an die Idioten weggehobelt, taffe Alte, gar keine Frage und sah dabei noch gut aus. Wer weiß, vielleicht hätten wir zwei Kinder gehabt oder wenigstens 'nen Hund, scheißegal, irgendwas Normales jedenfalls. Geld ist ja schön und gut, wenn man's hat, gar keine Frage, aber es macht auch viel Arbeit. Man muss auf vieles dafür verzichten, so ist das nun mal eben.

Warnwesten

Motorradfahrer, Radfahrer, Müllwerker und Jäger tragen sie, im Auto muss sie mitgeführt werden, und Kitablagen sehen aus wie eine Chaingang auf ihrem Weg heim in den Knast.

Die Warnweste ist DAS Kleidungsstück des dritten Jahrtausends. Soll das grelle Farbkleid wie bei der Gelbbauchunke potenzielle Fressfeinde von dem Verzehr des giftigen Bauarbeiters an der Autobahn abhalten? Genau, so sieht's aus! Wir alle könnten dort draußen irgendwem zum Opfer fallen.

Anders aber als der Raubvogel, der versehentlich den Feuersalamander schluckte, kotzt der Lkw den Radfahrer nicht angeekelt wieder aus. Zum menschlichen Warnkleid fehlt eine wichtige Komplementäreigenschaft: Wir sind nicht giftig. Nur wenn es der Zufall wollte, dass eine scharfkantige Hüftprothese im zermanschten Fußgänger den Pneu des Pkw aufschlitzte, würde es sich der Fahrer wohl zweimal überlegen, ob er demnächst wieder einen Vertreter dieser Spezies übermöllerte.

Leider bleibt dieser Lerneffekt meistens aus. Ob mit oder ohne Warnweste, hat man erst mal jemanden plattgefahren, ist das Ergebnis immer gleich – nicht nur für den flachen

Freund auf dem Trottoir, sondern auch für den vierrädrigen Fressfeind. Drum empfiehlt es sich, als potenzielles Opfer, gleich ob Fußgänger, Radfahrer oder Treiber bei Jagd, stets einen Gegenstand mitzuführen, der dem Beutegreif auf den Magen schlägt: Als Passant und Radler reicht ein Glas mit alten Fischen, dezent unter der Warnweste getragen, und die automobile Tatwaffe müffelt noch Jahre später nach stinkendem Heringsarsch. Hähä, angeschissen, du Verkehrsrüpel.

Der Jagdtreiber sollte einen Sprengstoffgürtel mit scharfkantigen Schrapnells unter der Weste tragen. Trifft ihn ein Posten Blei aus des Jägers Büchse, fliegt die ganze Ladung in die Luft, und auch beim Waidmann erlischt das Lebenslicht. Da wird der Rest der Jagdgesellschaft in Zukunft besser aufpassen. Schlussfolgernd muss festgestellt werden, dass jede Warnung im Wind verhallt, solange man im Ernstfalle nicht auch zubeißen kann.

Wohnmaschine

Wohnen? Das ist heute viel einfacher als früher. Man muss im Winter keine Kohlen mehr aus dem Keller schleppen, um wenigstens ein Zimmer warm zu halten, heute regelt die Heizung selbständig die ganze Bude auf Wohlfühltemperatur.

Und wenn man ganz crazy drauf ist, dann reißt man sogar im Winter die Fenster auf, hat in allen Zimmern die alten Glühbirnen auf Dauerfeuer geschaltet und lässt beim Zähneputzen das heiße Wasser minutenlang durchlaufen – von den rituellen Duschorgien und exzessiven Toilettenspülungen ganz zu schweigen. So schön kann wohnen sein – es sei denn, man hat das Pech, in einer modernen Wohnmaschine seine Daseinshaft abzusitzen.

Die ökologisch korrekten Vollzugsanstalten heißen Passivhäuser, Smarthomes oder Fick- und Kackautomaten, je nachdem, wie nachhaltig man auch sprachlich unterwegs ist. Hier zu wohnen stellt den Inhaftierten vor ganz neue Herausforderungen. Er ist nicht mehr Herr seiner selbst, sondern warmblütiger Bestandteil eines energetischen Regelkreises, und den justiert ein Rechner im Keller. Betritt der 37-Grad-Zellhaufen die Ökoklause, dann minimiert das System die Heizleistung sofort um den Wert des wärmeemittierenden Klumpens. Da die zweibeinige Biomasse der Raumluft Sauerstoff entnimmt und Kohlendioxid einbringt, muss auch hier das Gleichgewicht durch Luftpumpen hergestellt werden. Der ausgestoßenen Atemluft wird außerdem automatisch durch Wärmetauscher die innewohnende Heizenergie entnommen.

Alle äußeren Einflüsse, die das Raumgleichgewicht stören, sagen wir mal, dass nachts die Sonne kaum noch scheint, tagsüber hingegen manchmal schon und dann recht heftig, werden vom System auf Normalnull runtergerechnet. Dazu kurbelt der digitale Nervenarsch die Jalousien rauf und runter, wie es ihm passt, bläst neue Luft rein, saugt alte ab und benimmt sich insgesamt so, als ob ihm die Bude gehöre. – Der Stromzähler gehört ihm sowieso: Wehe, du lässt den Föhn länger laufen als der Bundesdurchschnitt, das gibt Strafpunkte. Bei Toastern oder Staubsaugern sieht's ähnlich aus. Solange sich die Gefangenen benehmen, wie es in der Betriebsanleitung für die smarte Wohnmaschine vorgeschrieben ist, passiert ihnen nichts. Sollten sie aber auf den verwegenen Gedanken kommen und zum Beispiel das Fenster öffnen, um mal was anderes zu atmen als den Kellerfurz aus der Lüftung, dann geht das Smarthome beim Ökokommissariat petzen. So vegetieren denn die Passivmenschen in ihren Wohnautomaten dahin, und wenn sie nicht schon verschimmelt sind, dann keimen sie aus wie alte Kartoffeln im finsteren Keller.

12 Canapés

Canapés haben ihre Bezeichnung von dem französischen Wort für «Sofa» und sind «üppig belegte Brotscheiben». Sie werden ohne Besteck serviert und gehören zu den Speisen, die traditionell bei Empfängen und Cocktailpartys gereicht werden.

Wir betreten den Bereich der staatstragenden Mittelschicht, die in mehrfacher Hinsicht von der Wirklichkeit enttäuscht ist und deshalb die Zukunft für sich selbst als keine gute Idee ansieht. Trotzdem möchte man vom Diesseits so viel absaugen wie eben möglich. Es ist das saturierte Leben auf dem Sofa, das uns hier entgegentritt.

Flucht aus der Wirklichkeit

Realitätsflucht! Da denkt man an Groschenromane oder Unterschichtenfernsehen am Nachmittag bis hin zu exzessivem Drogenkonsum. Mit anderen Worten: ih bäh, unerwachsen, feige! Wieso eigentlich?

Ist die Realität nicht mittlerweile eine Art allgegenwärtiges Syrien, vor dem man mit gutem Grund Reißaus nimmt? Trump, Erdoğan, Brexit, AfD, Klima im Arsch, Dschihad, Massenflucht und Schlepperbanden, Lkw in Menschenmenge … es reicht. Wenn die Flut steigt, macht das Hirn die Schleusentore dicht, um nicht mit abzusaufen. Diese ganze letztlich unlösbare Scheiße da draußen haut jeden Altruisten aus den Puschen. Selig ist, wer einen harmlosen Ausweg aus der Realität kennt: Kakteenzüchter, Briefmarkensammler, Mitglieder der vatikanischen Glaubenskongregation oder Verfasser von SPD-Grundsatzpapieren zu welchem Thema auch immer. Diese ungefährlichen Warmblüter leben in ihrer eigenen Welt, haben jeglichen Kontakt zur gemeinen und ekeligen Realität längst abgebrochen und wollen da auch nicht wieder hin zurück. Unter den Realitätsflüchtlingen ist der arglose Spinner die angenehme Variante. Balla balla und Spaß dabei!

Schlimmer sind jene, die ihre neue Welt als die wirkliche Wirklichkeit ausgeben: Reichsbürger, Pegiden, Salafisten. Sie alle sind der festen Überzeugung, das Offenkundige sei nur Fassade, dahinter lauere die wahre Wirklichkeit, die sich aber nur ihnen und ihresgleichen offenbart. Diese Spinner sind weder durch Anschauung noch durch gute Worte vom Gegenteil zu überzeugen. Man muss sie wohl für den Fortschritt des menschlichen Geistes als verloren betrachten und kann nur hoffen, dass ihre Anzahl keinen kritischen Wert überschreitet. Selbst vorsichtige Einschätzungen besagen, dass jede Gesellschaft zu etwa zwanzig Prozent aus unverbesserlichen Vollidioten bestehe. Füttern, RTL zeigen und in Wohnsilos stapeln – mehr kann man da nicht machen.

Viel gefährlicher sind die *intelligenten* Irrläufer der menschlichen Evolution, die um das Fünftel der total Bekloppten wissen und den schlafenden Riesen zu wecken versuchen. Mit immer neuen abstrusen Behauptungen, dreisten Lügen und falschen Versprechungen kitzeln sie die niedersten Instinkte der Schwachköpfe da draußen hervor.

Ich fürchte, mit der angenehmen Realitätsflucht wird es nichts, die Modelleisenbahn bleibt im Keller – an der Erdoberfläche gibt es was zu tun.

Horizontverschmutzung

«Hinterm Horizont geht's weiter», besang einst Udo Lindenberg die fulminante Erkenntnis, dass es sich bei der Erde keinesfalls um eine Scheibe handelt. Spätestens seitdem dieses Wissen auch kleingeistigeren Bevölkerungsschichten zugänglich wurde, spricht man vom Horizont in Zusammenhang mit dessen Erweiterung oder Überwindung.

Umso erstaunlicher, dass sich ein ganz anderer Begriff in die deutsche Sprache eingeschlichen hat: die Horizontverschmutzung. Damit ist nicht die intellektuelle Engstirnigkeit oder das gerade mal schießschartengroße Erkenntnisfenster der Verschwörungsgläubigen gemeint. Horizontverschmutzung liegt vor, wenn dem saturierten Deutschlandmensch der Blick aus seinem Eigenheim durch Landschaftsgerümpel verleidet wird. Dazu gehören in erster Linie Windkraftanlagen, die der Doofkopp eigentlich gutheißt, weil sie die bösen Atommeiler ersetzen sollen. Aber doch bitte nicht dort, wo sich das Auge an der fernen Idylle erfreuen möchte.

Besonders das Meer als Sehnsuchtsort unendlicher Weiten wird durch die Propellerstelzen in seinem Romantikwert doch arg gemindert. Deshalb votierten die ostfriesischen Inselbewohner stets dafür, das Tourismusgift bitte schön hinter den Horizont zu verbannen – denn was man nicht sieht, das gibt's ja auch nicht so richtig.

Mittlerweile hat sich das Phänomen ins Landesinnere vorgearbeitet. Dort sind es nicht nur die rotierenden Windspargel, die den Sehnsuchtsblick des fernen Anrainers trüben, hier steht auch der kulturelle Horizont unter Verschmutzungsverdacht. Eine Moschee zieht Leute an, die anders verstrahlt sind als man selbst, eine Konzerthalle, ein Biergarten, ein Museum – all das versifft den eigenen Horizont aufs Übelste. Was jetzt?

Der Horizont ist kein fester Ort, sondern entsteht in Abhängigkeit vom eigenen Standpunkt – meistens kann man den leicht ändern. Und hat damit die größten Gefahren für die Verschmutzung des eigenen Horizonts gebannt, die da wären: Internetblogs lesen, sich mit Gleichbekloppten in Foren treffen, deren Dünnschiss weiterleiten und nichts mehr zur Kenntnis nehmen, was der eigenen Meinung widerspricht. Die beliebteste Bildung des Volkes ist immer noch die Missbildung des eigenen Denkens, doch hinterm Horizont geht's weiter … und zwar sehr, sehr weit.

Intelligenz

Wie immer gibt es eine gute und eine schlechte Nachricht. Die gute lautet: Die Intelligenz nimmt zu. Die schlechte: Leider nicht beim Menschen.

Angeblich werden das Auto, der Stromzähler und sogar die Unterhose immer intelligenter, die Blagen hingegen bleiben doof, und bei den Erwachsenen schwindet die Software in der Birne im Sauseschritt. Seit Jahrzehnten wird erforscht, was es mit der Intelligenz denn auf sich hat. Nur eine Gewissheit scheint's zu geben: Sie ist in ihrer Gesamtmenge konstant, und seitdem sogar die Fensterjalousie etwas vom Kuchen abhaben will, wird der Homo sapiens zum Homo debilis, falls das als Küchenlatein durchgeht.

Zur Ehrenrettung des Menschen muss allerdings gesagt werden, dass hier mit ungleichem Maß gemessen wird. Reicht beim Garagentor schon, dass es sich öffnet, sobald der entsprechend codierte Pkw über WLAN sein Kommen ankündigt, so muss beim Homo schon etwas mehr passieren in der Rübe. Intelligenz ist auch nicht gleich Intelligenz, es gibt soziale, mathematische, kreative Intelligenz, ja, in eingeweihten Kreisen munkelt man sogar von speziell weiblicher

Intelligenz. Ein herber Schlag ins Gesicht der Gleichberechtigung.

Des Weiteren spricht man von angeborener, erworbener, kulturell geprägter und, man glaubt es kaum, von verschütteter Intelligenz. Da sollte für jeden etwas dabei sein, nur die alte Frage nach dem IQ erübrigt sich. Wenn dieser nämlich im deutlich niedrigen zweistelligen Bereich herumdümpelt, so liegt es ohne Zweifel daran, dass der Test von Weißen, von Männern oder hochintelligenten Außerirdischen ausgetüftelt wurde, mithin für den normalen Benachteiligten und an seiner Entwicklung gehinderten Doofkopp von keinerlei Relevanz ist. Ihn oder sie nur deswegen vom Abitur und den Universitäten fernzuhalten ist übelster Großhirnrassismus und selbstverständlich verabscheuungswürdig.

Noch wird den mehrfach Unbegabten keine Quote zugestanden, wenn es um die Besetzung von Führungspositionen geht. Das mag aber auch daran liegen, dass sie dort auch ohne gut vertreten sind. Es ist an der Zeit, sich von der Intelligenz als vornehmster Eigenschaft des Menschen bis auf Weiteres zu verabschieden. In der postfaktischen Epoche wird sie schlichtweg nicht gebraucht, und beim Fernsehen steht sie nur im Wege. Mit der Datenbrille vor der Fresse und einer Flüssigkükensonde direkt bis runter in den Arsch sitzt der ehemalige Homo sapiens im Rammeladapter und wartet auf den Sensenmann. Auch ohne Zugangscode schaltet der bei ihm alsbald das kleine Lichtlein aus.

Nico Brszyglod, 48, Bürgermeister Neustadt a. d. S.

Nico Brszyglod ist kein typischer Kommunalpolitiker, also keiner, der über die Partei in das Amt gefunden hat. Zu den Grünen ist er als Mitglied einer Bürgerinitiative gegen die Schließung des örtlichen Freibades gelangt. Als sich bei der letzten Kommunalwahl die großen Parteien angeblich auf keinen eigenen Kandidaten einigen konnten, errang Brszyglod die Mehrheit der Stimmen. Heute regiert er im Rathaus mal mit einer, mal gegen eine Mehrheit aus CDU und SPD, gerade wie es ihm in den Kram passt.

Brszyglod: Wir in Neustadt haben die gleichen Probleme wie überall in den ländlichen Kommunen der Republik: Der Puff hat zugemacht, und den alten Säcken steht das Sperma bis Oberkante Unterlippe. Das hätten Sie jetzt nicht gedacht, dass ein Grüner so daherredet, was? Na ja, zu dem Verein bin ich gekommen wie die Jungfrau zum Kinde, in der BI gegen die Freibadschließung war ich, weil da alle – wirklich alle – scharfen Weiber aus der Stadt drin waren. Sich irgendwie engagieren war damals gerade bei den Mädchen total angesagt und unser Kaff hatte eben nichts anderes zu bieten als die Freibadschließung, kein AKW, keine Mülldeponie, nicht mal eine beschissene Vernichtung von billigem Wohnraum gab es hier – also Freibad.

Total toll waren die nächtlichen Swim-Ins als Protestform – alle über den Zaun und dann nackt ins Becken, du glaubst nicht, was da gelaufen ist, ich sag nur als Stichwort «Anything goes» – ist vorbei. So jedenfalls bin ich zu den Grünen gekommen, und ich dachte nach diesen erotischen

Erfahrungen in der Freibad-BI, das geht genauso weiter in dem Öko-Verein: willige Weiber, wohin das Auge blickt. Von wegen! Die, die da rumliefen, waren so was von verbiestert, dagegen ist ne sowjetische Lageraufseherin eine Nymphomanin.

Also tote Hose im wahrsten Sinne des Wortes, aber da ich nun schon mal bei dem Verein gesignt hatte, habe ich begonnen, mich für Politik zu interessieren. Zuerst ätzte das volles Rohr, aber mit der Zeit hab ich begriffen, wo der Hase in Wirklichkeit seinen Most holt. Hier in unserem Kaff hat jeder mit jedem eine Leiche im Keller, und je größer der Stapel ist, den du da aufgebahrt hast, desto mehr kannst du durchsetzen. Also hab ich angefangen, Akten anzulegen von allen Honoratioren hier in Neustadt, vom Apotheker bis zum Zahnarzt, für jeden einen Ordner voll Schweinkram.

Und damit das Gesamtkunstwerk nicht zu lange braucht bis zu seiner Fertigstellung, hab ich mit einem Kumpel von den Grünen, der war früher im KBW, der weiß, wie man so was aufzieht, hab ich mit dem roten Siggi, Mist, wir hatten ja gesagt, ohne Namensnennung, na ist egal, wir beide jedenfalls haben unser ganzes Geld zusammengekratzt – Siggis Mutter ist auch noch miteingestiegen – und wir haben hier in Neustadt im alten Kurhotel haben wir einen piekfeinen Puff aufgemacht, Gentleman's Paradise.

Zuerst traute sich keiner von den Säcken aus der Stadt dahin, als wir aber unseren Alibiservice mit ins Angebot aufgenommen haben, lief die Sache wie geschmiert. Für nen Fuffi extra haben wir den Kunden eine wasserdichte Legende für den ganzen Abend geliefert. Sehr gut geklappt hat die Zusammenarbeit mit dem hiesigen Jagdvorstand. Du glaubst nicht, wie viel Waidmänner es plötzlich hier gab. Das war ne klassische Win-win-win-Situation: Die Jagdgesellen kassierten die Beiträge, ohne dass einer von den Säcken im Revier rumschleicht, und wir hatten zufriedene Kunden, weil die Säcke ein Alibi hatten für ihre Frau zu Hause. Klar warum, oder? Auf dem Ansitz ist das Handy ausgeschaltet, und die Alte kommt nicht rein zufällig vorbei. Außerdem beißen die Ricken immer erst in der Dämmerung, wenn du weißt, was ich meine.

Das Gentleman's Paradise lief aber erst richtig auf Hochtouren, als diese Politikromantiker von den Grünen und der SPD am 1. Januar 2002 das Gesetz zur Regelung der Rechtsverhältnisse der Prostituierten verabschiedeten, darin wurde Prostitution als Dienstleistung anerkannt. Das Schaffen eines angemessenen Arbeitsumfeldes war nicht mehr strafbar, solange keine Ausbeutung von Prostituierten stattfindet. Na prima! An sich sollten damit die Nutten geschützt werden, in Wahrheit rollte ab da der Rubel bei den Puffbetreibern erst richtig.

Wir haben uns dumm und dämlich verdient, dauernd kam neues Material ins Haus, es war fast wie damals in der Freibad-BI. Wir waren so satt, dass wir beinahe den Grund für die Einrichtung des Erotiktempels vergessen hätten. Eines Abends kam uns der Zufall zur Hilfe. Ein Ratsmitglied der CDU kollabierte mitten in seiner Action. Das fette Schwein hatte sich beim Stich einen Herzi geholt und lag wie ein gestrandeter Pottwal auf der kleinen Natascha. Die schrie wie am Spieß, und wir, die wir ich sag mal zufällig auch im Puff waren, der Siggi und ich, sind hochgestürmt und haben Natascha erst mal von dem Meeressäuger befreit. In dem Moment hat es bei uns «Klick» gemacht. Wir dem Arsch seine Klamotten angezogen, ihn in seinen Mercer platziert und das

«Wer küsst einen ungeschliffenen Rohdiamanten wach? Inmitten von Mutter Natur wartet diese Landhausvilla auf Ihre Ideen.»

ganze Geschiebe 1A vor die Platane gesetzt, Streichholz dran, fertig ist die Laube. Da wir natürlich nicht blöd sind, haben wir den Fettwanst noch im Adamskostüm auf der kleinen Natascha fotografiert und kurz nach der Beerdigung dem CDU-Kreisvorstand ein paar Abzüge geschickt.

Was soll ich sagen, das war der Anfang, jetzt sitze ich hier als erster grüner Bürgermeister in einer CDU-Hochburg und mache lupenreine grüne Politik: Das Frauenhaus zieht in das alte Schloss ein, in dem sonst der Heimatverein seine

Büros hatte. Die Simmat ist renaturiert worden, der Biber hat sich bis an die alten Stadtmauern vorgenagt, wir haben mehr Gleichstellungsbeauftragte hier als im Rest des Landes, und unser alter Puff, mittlerweile ein Frauengründerzentrum, ist das erste öffentliche Passivhaus – die Realität liefert immer noch die schönsten ironischen Geschichten.

Warum ich das alles mache? Obwohl mir die grünen Ziele doch eigentlich komplett am Arsch vorbeigehen? Nein, das kann man so nicht sagen, mit zunehmendem Alter mach ich mir auch mehr Sorgen um die Zukunft unseres Planeten, und auch ich freue mich über eine artenreiche Blumenwiese.

Außerdem bin ich seit meiner Pro-Öko-Politik hier im Rathaus bei den Grünen so was wie ein Held. Auch bei denen hat sich was geändert, die alten verbiesterten Muränen haben sich in irgendwelche Genderhöhlen verkrochen, und unter den jungen grünen Frauen gibt's viele, die wesentlich entspannter sind.

Seit anderthalb Jahren bin ich mit Solveigk zusammen, sie ist fünfundzwanzig Jahre jünger, aber vom Verstand her schon total auf meinem Niveau. Wir haben uns zusammen draußen vor der Stadt einen denkmalgeschützten Resthof gegönnt und züchten da bedrohte Haustierrassen. Solveigk hat mich auf dieses Problem aufmerksam gemacht, und ich stehe da jetzt voll im Thema.

Drei Jahre ziehe ich hier noch den Obermufti durch, dann kann ich in das Landesprogramm zur Frühpensionierung belasteter Kommunalpolitiker wechseln. Das heißt für Solveigk und mich 72,1 Prozent vom letzten Nettolohn und Arschlecken!

Richtig schlafen

Mittlerweile haben die Follower of Fashion alle Varianten der hippen Nahrungsaufnahme abgegrast. Ob Orthorektiker oder Flexitarier, keine Fressnische blieb ausgespart, um den eigenen Verdauungstrakt zu pimpen. Nahezu unbemerkt verlief dagegen die Gentrifizierung des Schlafgemachs.

Jahrelang ging der Streit unter den eher konventionellen Schläfern um das Für und Wider von Latex oder Federkern. Die angesagten Typen poften dagegen auf bretthahrten Futons. Doch irgendwann ruhte selbst der linksautonomste Körnerfresser nicht mehr in nächtlicher Askese, sondern wollte was Weiches unterm Arsch. Ebenfalls ideologiekonform versprach das Wasserbett lustiges Ficken wie in der Hüpfburg. Doch die Schwabbelmatratze mit dem Eigengewicht einer Güterzuglokomotive ist auch passé. Wohin zieht es nun die coolen Penner?

Das Boxspringbett ist die angesagte Liegestatt, wobei es sich dabei nicht nur um eine spezielle Matratze handelt, sondern um ein ganzes Schlafsystem. Übereinandergeschichtete Federelemente nehmen den Schläfer in sich auf wie ein Schlammloch im Okavango-Delta.

Dagegen kann der altdeutsche Lattenrost nicht anstinken. Zumal, wo wir gerade beim Thema sind, der Grund für seine Existenz nicht so sehr die Bequemlichkeit war, sondern die Unterbodenbelüftung des abgasenden Obendraufliegers. Nächtliche Darmwinde suchten sich ihren Weg durch den Taschenfederkern und konnten zwischen den Latten in andere Teile des Gebäudes entweichen. Die studentische Gepflogenheit, die Matratze direkt auf den Boden zu legen, bezahlte der Lattenrostmuffel mit feuchter Schimmelbildung erst unterm Futon, danach in der eigenen Arschbehaarung.

Schlafphysikalisch Versierte platzierten schon damals ihr Nachtpolster auf einem Satz Euro-Paletten und machten eine erstaunliche Erfahrung: Wenn ein Bett in etwa die Sitzhöhe eines Stuhls hat, legt man sich beim morgendlichen Aufstehen viel seltener auf die Fresse. Das ursprüngliche Argument für die niedrige Liegestatt – geringe Fallhöhe beim nächtlichen Rauspurzeln aufgrund desaströsen Alkoholabusus – entfiel mit fortgeschrittenem Lebensalter ohnehin.

Das neue Boxspringbett mit der Spiralfeder-Kaskade unterm Endzeitleib bietet den adäquaten Schlafkomfort für die alternde Gesellschaft. Er gewöhnt sich schon mal an die Liegehöhe im Pflegeheim, und sie kann seine Bettpfanne wechseln, ohne sich bücken zu müssen.

Motogo

Das Bewusstsein hinkt dem Sein um Jahrzehnte hinterdrein – wie zutreffend ist dieses Philosophenwort auch und gerade beim Motorradfahrer.

Dem «Biker» in seiner aktuellen Erscheinungsform haftet nun wahrlich nichts Heldenhaftes mehr an. Schweißdurchlässige Regenhaut und Funktionsschlüpfer schützen ihn gleichermaßen vor Hitze und Verkühlung. Das Krad ist ein moderner Geräteträger für allerlei Assistenzsysteme und die

Harley zu einem Altmännersofa mutiert. Was also lässt den «Biker» glauben, er sei ein Held der Landstraße? Genau das, was auch den armen Schweinen in den Schützengräben einst vorgegaukelt wurde: In der Mitte des Lebens vom Schicksal dahingerafft zu werden macht dich zum Helden. Krebs oder Herzi gelten aber nicht, es muss draußen im Felde passieren, Helden werden maschinell getötet. Im Feindesland lauert Gevatter Tod an jeder Vorfahrtsstraße in Form des automobilen Lebenszeitnehmers – der ist in der Regel doof, blind oder senil, jedenfalls kann er ein vorfahrtsberechtigtes Krad nicht von einem dahinflatternden Singvogel unterscheiden und brät einfach rüber.

Achtzig Prozent der Unfälle zwischen «Biker» und Autofahrer, so heißt es, werden von Letzterem verschuldet, und daraus entsteht der Opfermythos. Dessen Hochamt ist der Motorradgottesdienst oder, wie seine Besucher sagen, der Motogo. Dahin cruised man in einer Prozession namens Sternfahrt, und jeder ist naturgemäß in Leder oder semipermeablem Biker-Outfit gehüllt. Vorm Altar gedenkt die Gemeinde der gefallenen Kameraden draußen auf der Straße, und mit etwas Pech spielt anschließend vor dem Gotteshaus noch eine unterirdische Schrammelkombo «ehrliche Rockmusik». Was soll der Scheiß? Waren doch Motorradfahrer bisher nicht als fleißige Kirchgänger aufgefallen, und gedenken etwa die Angler ihren Kameraden, die im Forellenpuff ertrunken sind? Keine Ahnung, was sie alle zum Motogo treibt, womöglich nur die Aussicht auf irgendein Ziel am öden Sonntag samt ambulant verzehrter Bratwurst. Nur so viel weiß ich: Die Kirche ist sich für nichts zu dämlich, wenn es darum geht, ein paar verirrte Schäfchen auch nur für Stunden in den Stall des Herrn zu locken.

Faulheit

Der Traum vom faulen Leben ist so alt wie die Arbeit. Seitdem uns Martin Luther, Karl Marx und das Jobcenter vorgaukeln, nur durch fremdbestimmtes Rumgemache gegen Geld fänden wir Erlösung, regt sich ab und an der Widerstand.

Mal «die Seele baumeln lassen» (respektive Gehänge oder Gesäuge am FKK-Strand) gehört zu den kleinen Fluchten der Alltagshektiker, insgesamte Faulheit als Lebenseinstellung dagegen ist verpönt. So widersprüchlich es auch klingen mag, die zunehmende Freizeit ist der Tod der Faulheit. Freizeit ist die kleine Schwester der Arbeit, und die große sagt, wo's langgeht. Das heißt, auch die «Zeit zur freien Verfügung» – der Begriff an sich ist ja schon ein Schlag in die Fresse des autonomen Subjekts –, auch diese Zeit will organisiert und effektiv ausgenutzt werden.

Der wertvolle Mensch aus den Appartements nutzt die «freien» Stunden für die Ausbildung in Trendsportarten oder joggt mit dem Blutdruckmessgerät am Arm durch den Park. Im «Aktivurlaub» lernt er Drachenfliegen und Kite-Surfen oder bildet sich auf der Städtereise durch das Anglotzen von Bauwerken – Hauptsache, das Leben ist komplett durchgetaktet.

Nicht viel anders versaut sich der Bewohner der Stapelhütten das erbärmliche Dasein. Die dumpfe Maloche in bekloppten Berufen hat seine Seele verkrebst, und die Freizeit ist demzufolge ein Spiegelbild der Lohnarbeit: Sie findet statt in durchorganisierten «Freizeitparks», vor der Glotze oder der Konsole, solange dabei nur der Beschiss am kurzen nichtgelebten Leben verdrängt wird.

So etwas wie «Faulheit», «Müßiggang» oder auch nur «Nichtstun» ist dem modernen Daseinsabwickler völlig fremd, er ist einfach zu dämlich dazu. Wenn jemand, der minütlich seinen Instagram-Account aufruft, um zu checken, ob er noch am Leben ist, wenn diese Knalltüte dabei vor die Wand läuft, dann tut's mir leid – um die Wand, denn sie ist das intelligentere Wesen von beiden.

Wenn ein Hund sich wohlig in der Mittagssonne auf dem Rasen räkelt und dabei an nichts denkt, nicht mal an weglaufende Hasen oder Brekkies, dann ist er den allermeisten Menschen um mehrere Evolutionsschritte voraus. Der Mensch muss das, was anderen Lebewesen intuitiv zu eigen ist, mühsam durch Intelligenz ersetzen. «Geh mir aus der Sonne», sagte Diogenes zu Alexander dem Großen, nach einem Wunsch gefragt. Das ist intelligente Faulheit!

Unfall auf der A 7: Wolfgang Schrage berichtet

Hör zu, hast du das gehört von dem schweren Unfall auf der A 7? Gestern, muss so gegen Mittag passiert sein. Zwischen Bad Eilsen und Lauenau. Nein, das is ja A 2. A 7, wie heißt Bad Eilsen auf der A 7, auch irgendwas mit Bad. Bad, Bad, Bad, nu sag schon. Ich habs: Soltau! Hör zu, da ist ein Lkw mit Stahlträger, Doppel-T schätze ich mal, andere nimmt man ja gar nich mehr, stand jedenfalls nich genau drin, was für welche und auf dem Bild konnte ichs nich genau erkennen. Lkw mit Stahlträger fährt auf ein Stauende, nein, das kann doch nich

Soltau gewesen sein, Soltau is ja gar kein Bad, sag schnell wie heißt das Bad bei Soltau, is an sich auch egal.

Stahlträger, was hatte ich gesagt, hör zu, fährt auf ein Stauende, da sind ja, besonders seit die eine Baustelle Höhe Allertal, sag du, muss das eigentlich sein, dass die in den Sommerferien bei alle Autobahnen die Fahrbahndecke aufreißen, muss das denn sein, zahlen wir dafür unsere Steuern. Ich schätze, das war ein Litauer oder Pole, stand aber nich dabei, ich meine der Lkw, find ich übrigens komisch, ich weiß nich, ob dir das schon mal aufgefallen is, wenn ein polnischer Lkw einen Unfall verursacht, steht da immer «polnischer Lkw» und du denkst dabei ja automatisch an «übermüdet», «macht sich gerade ein Spiegelei auf dem Beifahrersitz» undundund. Das denkst du, wenn du liest «polnischer Lkw-Fahrer».

So nun kommts aber, wenn da ne Messerstecherei is inner Fußgängerzone oder sagen wir, nein hör zu, oder sagen wir, kann auch woanders sein, muss nicht Fußgängerzone sein, sind ja überall heute diese Messerstechereien, man is nirgends mehr sicher, unser Melanie hat immer Pfefferspray dabei, wenn sie abends noch vore Tür, aber hör zu, was mir aufgefallen is, dasse bei Messerstechereien nie dabei schreiben «ein albanischer Messerbesitzer» oder «serbischer» meinetwegen, aber «polnischer Lkw-Fahrer» das ist doch genauso gut rassistisch jetzt oder sind die Polen weniger wert als die ausn Kosovo, nur mal als meine Meinung mal gesagt, is mir nämlich aufgefallen.

Dieser Lkw aufe A 7 mit den Stahlträgern. Was für Stahlträger? Mann, da red ich doch die ganze Zeit von, von diesem schweren Unfall aufe A 7 bei, nu sag schon, eine nach Schwarmstedt oder höchstens zwei Abfahrten später, da is dieser Lkw, wahrscheinlich aus Litauen, obwohl es nicht dabei stand, da ist der auf das Stauende gebrettert und hat den Kleinwagen vor sich regelrecht pulverisiert. War für die Insassen aber noch Glück im Unglück, alle vier sofort kaputt, haben nix mehr mitgekriegt, traurig isses natürlich für die Hinterbliebenen, musste der Rettungssanitäter mit der Schaufel vonne Autobahn kratzen.

Aber jetzt kommts, hör zu, der Hubschrauber war schon wieder in der Luft, konnte ja nichts mehr tun, das Zusammengekratzte vonne Straße, das hatte die Feuerwehr schon in so spezielle Mülltüten getan – nehm ich an, geschrieben habense davon nix. Der Hubschrauber war wie gesagt schon wieder inner Luft, zack, da knallt ein Pkw von hinten auf den Litauer mit den T-Trägern drauf.

So und nu sagst du, dass diese SUVs die alle jetzt fahren, dass die bei Unfällen ne größere Überlebenschance haben. Das glaubst du auch bloß. Der eine T-Träger durch die Scheibe von dem SUV, exakt gleiche Höhe, Unterkante T-Träger gleich Oberkante Hemdkragen von dem Fahrer. PENG! Weggeknallt die Murmel wie beim Poolbillard, flog durch die Heckscheibe zwanzig Meter weit bis auf einen Motorradfahrer und nu kommts, der hatte einen schwarzen Helm auf. Und? Weißte schon, wies weitergeht: die schwarze Kugel 1A versenkt. Wenns nich so traurig wäre, müsste man jetzt lachen. Bad Fallingbostel, jetzt hab ichs.

Nä, bleib hier, ich hab dir die Peunte ja noch gar nich erzählt. Hör zu. Dieser Unfall, der war gestern gegen Mittag, und nu rate mal, wer vor zwei Wochen genau diese Strecke mit seinem Pkw gefahren is. Und kommste nich drauf? ICH, Wolfgang Schrage, auch so um die Mittagszeit, na ja, vielleicht wars auch schon nach fünf, trotzdem haarscharf dem Tod von der Schippe gesprungen. Man muss auch mal Glück haben im Leben oder was meinst du. Kannste ruhig weitererzählen die Story, macht mir nichts aus. Erlebt man ja nich alle Tage. Jau, lass dir was. Bis demnächst.

Wer braucht denn so was

Wir leben in einer völlig durchgeknallten Konsumgesellschaft, in der die allermeisten erworbenen Waren ausschließlich dem Spaß dienen, gar keinen Zweck haben oder sofort in die Tonne wandern. Sich etwas zu gönnen lenkt zuverlässig von der Ödnis eines Lebens im Spektrum des Normverbrauchs ab.

Der eine schaut lieber auf das Zifferblatt seiner Rolex als auf die Digitalanzeige an der Backofentür. Ein weiterer besäuft sich liebend gern mit rotem Wein, die Bouteille für schlappe fünfzig Kracher, wo es doch der Fusel von der Tanke auch getan hätte, um zuverlässig den Augenstillstand einzuläuten. Diese lebenslustigen Konsumenten werden niemals vorwurfsvoll gefragt: «Wer braucht denn so was?» Der moralisierende Kommentar scheint allein den Fahrern von SUVs vorbehalten zu sein und wäre schnell beantwortet: Niemand braucht natürlich so was, genauso wenig wie zu zweit eine Fünf-Zimmer-Altbauwohnung und ständig neue Billigklamotten von Friedhelms Family oder wie diese Kinderarbeitsagentur heißt.

Die Freude am Prassen hat eben viele – durchaus unterschiedliche – Gesichter. Das Grundgesetz rheinischer

Lebensart «Man muss auch gönnen können» ist im Zeitalter des puritanischen Nachhaltigkeitsgefasels nicht mehr angesagt. Dem anderen vorzuschreiben, wie er sich gefälligst zu verhalten hat, und die eigene Fettlebe als Referenzdasein auszugeben, ist die Volkskrankheit Nummer eins. «Wer braucht denn so was?» Besonders unter Mobilitätsasketen, die in mit Ziegenklötenleder ausgeschlagenen Strampelhosen durch unsere Großstädte rasen, ist das ethisch korrekte Anblaffen weit verbreitet – gern gestisch unterstützt durch das hingehauchte Abtreten des Seitenspiegels.

Man muss nicht in Entzücken ausbrechen, wenn ein Geländemonster mit seinen vier Gummiwalzen anderthalb Parklücken zuscheißt, aber man darf auch gönnen können. So wie man es dem einsamen Passagier gönnt, dass er von achtzig Tonnen U-Bahn durch die Nacht gefahren wird. Nicht alles, was auf den ersten Blick sinnvoll erscheint, ist es auch, und nicht alles, was man selbst nicht macht, ist böse.

Sattfressen für zweihundert Euro pro Person – wer braucht denn so was? Zum Tiefseetauchen ans Barrier Reef, alle zwei Wochen ein neues Smartphone oder kerngesund sterben, wozu, wenn man danach genauso tot ist wie der Tiefkühlfresser mit 150 Kilo Arschmasse in der Bollerbuchse. Das Leben der anderen ist voller überflüssiger Sahnehäubchen, nur das eigene orientiert sich streng am Limit einer ethisch vertretbaren Grundversorgung – so die Mumpitz-Ideologie der neuen Puritaner. «Wer braucht denn so was?» Früher gab es dafür ein schlichtes deutsches Wort: Missgunst!

13 Entrée

Das Entrée ist keine Vorspeise, sondern ein Zwischengericht, das auf die gesamte Menüfolge abgestimmt ist. Häufig wird Fisch oder ein Salat gereicht.

Nur hier gibt's nichts dergleichen, und abgestimmt auf den Rest ist es schon gar nicht, warum auch. Wer das Buch von Anfang bis Ende gelesen hat, braucht kein Entrée, denn er hat das gesamte Essen bereits hinter sich. Hier kommt also die Nachspeise – zumindest was die drei Figuren betrifft, die hier zu Wort kommen – aus der Welt der Abgehängten. Sie steht deshalb mit einigem Recht am Ende des Buches.

Konrad Hartlieb, 67, Endzeitbefürworter

Hartlieb war fünfunddreißig Jahre lang Mitglied der SPD, davon zwanzig Jahre als Schriftführer in einer kleinen Gemeinde im Emsland, in der damals über siebzig Prozent CDU wählten. Hartliebs Eltern, Flüchtlinge aus Oberschlesien, fanden in der SPD eine neue Heimat, genau wie später ihr Sohn Konrad. Wegen unüberbrückbarer Differenzen in der neuen Flüchtlingsfrage verließ Hartlieb 2015 die Sozialdemokraten und gründete mit ein paar anderen SPD-Dissidenten eine AfD-Ortsgruppe. 2016 verließ er auch diese wieder und lebt seitdem als unpolitischer Endzeitbefürworter in einer Reihenhaussiedlung in der Nähe von Werlte / Hümmling.

Hartlieb: Wozu? Wozu das alles? Sprich Energieeinsparverordnung, sprich Klimaschutz, sprich Atomausstieg, Nachhaltigkeit ... geh mir doch los. Wozu, frag ich mich? Damit die Chinesen und Muselucken den Rest vom Planeten auffressen. Für jedes Braunkohlekraftwerk, das wir hier zumachen, macht der gelbe Mann doch drei neue auf. Und wenn wir Atom abschaffen – zuerst war ich ja auch dafür, war ja Parteilinie damals – wenn wir das machen, dann doch bitte schön nicht, damit «unsere Kinder» nicht verstrahlt werden.

Was denn für «unsere Kinder», das sind doch im Wesentlichen die von den Kasemuffen und Spalacken, die haben doch die vielen Bälger, die dann auf der atomfreien Blümchenwiese rumlümmeln können. Die Frau und ich, wir hatten ja nur den Horst, der ist unverheiratet geblieben, keine war ihm gut genug – das ist 'ne andere Geschichte –, jedenfalls ist unser Horst nun auch schon über vierzig, was soll der sich für den Erhalt der Frösche und wer weiß was noch alles einsetzen.

Ich sag immer zu Horst, du lebst noch dreißig, vierzig Jahre, toi toi toi, und so lange wird die Erde schon noch halten, kauf dir den schicken Geländewagen, egal wie viel Sprit der frisst, was hilft es dir, wenn noch was übrigbleibt für den Herrn Flüchtling sein Kleinwagen, das kann dir doch ganz egal sein. Ja und mir erst recht. Soll ich, Konrad Hartlieb, hier unser schönes Deutschland besenrein an die von da unten alle übergeben.

Damals in der AfD, da redeten sie alle von Islamisierung und Überfremdung durch die ganzen Migranten, die Merkel hier reingeholt hat. Du, weißt du was, das is mir mittlerweile scheißegal, ich gönn denen das sogar als Erbe. Statt rumzujammern sollten wir lieber ordentlich einen draufmachen. «Wir versaufen unser Omma ihr klein Häuschen» und wenn der Muselmane hier das Erbe antritt, dann hat er einen Arsch voll Schulden, oberirdisch verstrahlter Atommüll liegt überall rum, der erneuerbare Energiemist läuft nicht rund und alle von seiner Sorte, die hier jetzt den Staat bilden, funktionieren nicht für zwei Pfennig. Guck dich doch jetzt schon mal um: jesidische Kurden, Salafisten, Kosovo-Albaner, eritreische Nomaden, Eskimos und was weiß ich, wer noch alles hier im Wege steht – möchtest du so was regieren? Nein, vielen Dank, da kommt jede sinnvolle Politik zu spät.

Übrigens, ich bin kein Parteigänger von Thilo Sarrazin, obwohl wir ja in derselben Partei waren. Der Sarrazin das ist doch ein Romantiker, der glaubt doch tief im Inneren, hier gäbe es noch was zu retten. Armer Irrer. Lasst uns die Kasse plündern, solange wir noch den Schlüssel haben, das ist meine Meinung. Insofern macht sogar die CSU alles richtig: Mütterrente, Milchgeld, immer her mit den Moneten, auch wenn wir dafür Schulden aufnehmen müssen. Bevor die ganzen Kasematucken den Staatshaushalt auffressen, machen wir das doch.

«Unternehmen verbrannte Erde», gabs glaub ich schon mal, ich hab so die Schnauze voll von diesem ganzen Nachhaltigkeitsgelaber, ich sag noch mal: Für wen? Bei uns fressen die ganzen Verhüllten das Bruttosozialprodukt auf und von den eingesparten CO_2-Werten kauft sich der gelbe Schweinehund ein Auto, das hundertmal so lang is wie sein Schniedel. Geh mir doch los: Ich scheiß auf alles, ich bin für Endzeit, mal is sowieso Schluss, warum nich jetzt und wir nehmen noch nen ordentlichen Schluck aus der Pulle.

Ich wähl sogar wieder SPD, so scheißegal is mir die Zukunft allmählich. «Wir versaufen unser Omma ihr klein Häuschen», ist doch wahr, und jetzt muss ich Tagesschau gucken, mal sehen, wie weit wir schon sind auf dem Weg in den Abgrund. Mir is alles so was von egal!

Flucht vor Weihnachten

Man kann vor vielem Reißaus nehmen: vor seinen Gläubigern, dem Finanzamt, ja sogar vor sich selbst, doch vor Weihnachten gibt es keine Flucht.

Wohin du auch reist auf diesem Planeten, der rote Opa mit den Rentieren war schon vor dir da. Einer der entlegensten Orte im Indischen Ozean heißt sogar «Weihnachtsinsel», keinmal darf man raten, was einen dort Ende Dezember erwartet. Weder Kommunismus noch Buddhismus haben die Ausbreitung der winterlichen Kerzenpest verhindern können. Weihnachten ist das globale Megaereignis, in dem alle kulturellen Unterschiede immer mehr zu einem rotgoldenen Eventschlamm verrührt werden. Germanisches Julfest und Christi Geburt, Coca-Cola-Truck und Schlittenfahrt, Tannenbaum und Krippenspiel, Nikolaus und Weihnachtsmann: alles eine Suppe, die weltweit ausgelöffelt wird. Geschenkemüll und Gänsefraß, Gallenkolik beim Genpool-Treffen – was Wunder, dass immer mehr Menschen diesem Horror entfliehen wollen.

Doch wohin? Sich zu Haus in der Zimmerflucht verschanzen kann nur der soziopathische Eremit. Wenn auch nur ein anderer Primat mit ihm die Klause teilt, schlimmstenfalls ein Weibchen, kommt todsicher der Satz: «Lass uns doch wenigstens eine Kerze anzünden», und sofort ist der Zauber dahin. Die Flucht mit dem Pkw aus der heimischen Dekohölle verschafft einem im besten Falle ein paar heitere Stunden im Stau auf der Autobahn. Unbedingt zu vermeiden ist das Einschalten jedweder Radiostation. Keine, absolut keine kann es sich verkneifen, das ölige Christmasgejaule zu verbreiten.

Der Aufenthalt in Städten gleich welcher Größe verbietet sich von selbst – schon seit dem ersten Advent. Wer vor Jahren noch glaubte, den Dezember im britischen Asyl verbringen zu können, dort wo zumindest die deutsche Weihnacht nicht zu Hause ist, sieht sich mittlerweile getäuscht.

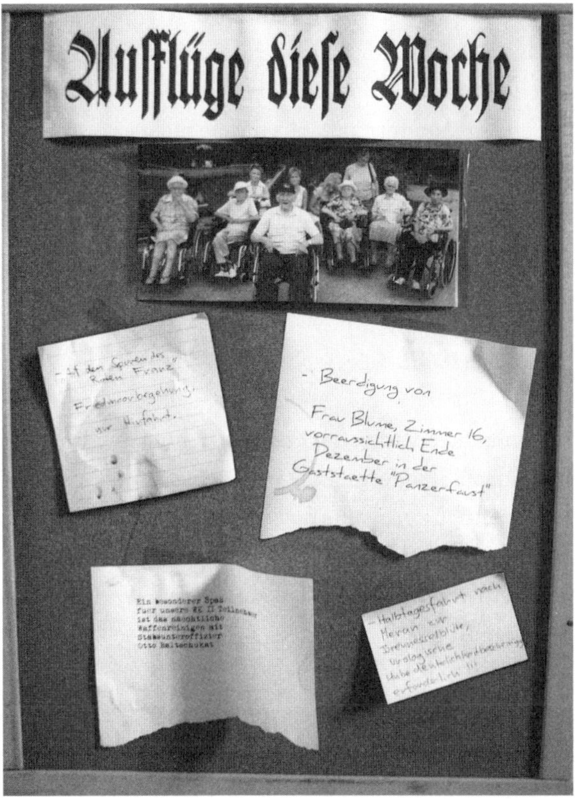

Infobrett in der Seniorenresidenz «Am Friedwald».

Aus Rache für die Bombardierung Dresdens haben wir den deutschen Weihnachtsmarkt nach Engelland exportiert – leider ohne ihn hier vorher abzubauen.

So bleibt für alle, die der besinnlichen Umnachtung entfliehen wollen, nur ein Ausweg: die innere Emigration unter Zuhilfenahme von alkoholischen Getränken und Bruce-Willis-Filmen, bei heruntergelassenen Jalousien und haufenweise Kartoffelchips. Wem auch das schon wieder zu typisch weihnachtlich ist, dem bleibt als Letztes der Weg in die Kirche.

Mit etwas Glück predigt ein leicht entrückter Geistesgestörter dort über Weltfrieden und Erlösung. Das hat mit dem real existierenden Weihnachten so gut wie nichts zu tun.

Frohes Fest allerseits!

Gegröle und Gedröhne

Der Bewohner verdichteter Siedlungsräume ist ein seltsames Wesen. Sobald die Sonne scheint, zieht ihn eine geheimnisvolle Kraft hinaus ins Freie, dorthin, wo es noch beschissener ist als in seiner stickigen Dreiraumzelle. Man könnte vermuten, ein ruhiges Sonnenbad unter blauem Himmel oder ein stillvergnügtes Picknick im Grünen zöge den Verdichtungshonk ans Licht.

Doch weit gefehlt. Jahrzehntelang konditioniert auf Massenmenschhaltung, strebt er genau diese auch in seiner Freizeit an. Die Städte wissen das längst und verwandeln ihre bei Nieselregen durchaus anmutigen Parkanlagen in sonntägliche Aufmarschflächen für Vollidioten. Da drängeln sich die Zuschauer um Plastikentenrennen, Buspulling oder Kettensägenschnitzwettbewerbe, Hauptsache, Gegröle und Gedröhne, Gestank und ekeliger überteuerter Fraß, für den man Schlange stehen muss. Hunde schlabbern den kreischenden Blagen das Softeis aus der Waffel, während ein Dezibeldiktator zum Reiten auf einem Plastikbullen animiert. Die Pizza Tonno schmeckt wie Pappkarton mit Karpfenkacke, das Pils ist klein und warm.

Könnte ein sonniger Tag denn schöner sein? Nein, denn selbst wenn es dem Wesen aus dem Wohnregal gelänge, der Stadt in Richtung offener Landschaft zu entfliehen, so zöge es ihn auch dort zu irgendeinem Remmidemmi-Platz. Einmal an das Dasein in der Horde gewöhnt, kommt er mit sich und der Welt allein schlecht zurecht. Besonders sich über die anderen Tortenärsche aufzuregen, stabilisiert sein inneres Gleichgewicht, es ist eben wie sonst in der U-Bahn, im Kaufhaus oder auf der Straße. Auch ein Mastschwein kann man nicht so einfach auswildern. Statt juchzend in den Wald zu galoppieren, ginge es freiwillig in seine Zelle zurück.

Was lehrt uns das nun alles wieder: Auch Freiheit und Ruhe, Erholung und Beschaulichkeit wollen gelernt sein. Ein Trost für alle, die das schon zu schätzen wissen: Die meisten da drinnen in den Städten, die wollen das gar nicht. Ihnen reicht eine zugemüllte Rasenfläche, auf der man sich gegenseitig den Frisbee an die Fresse schmeißen kann, Dosenbier und Hundescheiße, Gegröle und Gedröhne von den anderen Freizeitspacken – das alles klingt für sie nach einem perfekten Sommertag. Wenn's denn so ist, dann soll's auf jeden Fall auch so bleiben!

Luise Bunge, 67, Aktivistin

Luise Bunge ist Mitglied der Bürgerinitiative «Südlink ohne uns, Bürger stellen sich quer in Oschershausen e.V.». Seit Bekanntwerden der Pläne zum Bau einer Hochspannungs-Gleichstrom-Übertragungsleitung von Schleswig-Holstein bis runter nach Bayern haben sich überall entlang der alternativen Routen Protestgruppen gebildet. Die SouBssqiO in Nordhessen war eine der ersten, und Luise Bunge ist ihre gute Seele.

Luise Bunge: Wir machen auch sonst viel zusammen, zum Beispiel jedes Jahr im Juni eine Spargelfahrt und dann im August alle zusammen mit dem Fahrrad zu diesem Freizeitpark, mir fällt der Name jetzt nicht ein. Einmal im Jahr treffen sich die ganzen Südlinkis zu einer großen Gartenparty, das geht immer reihum, dieses Jahr sind die von Pro-Erdkabel Baunatal e.V. dran. Der Theo, den kenn ich noch aus «Die Werra gehört uns», der spielt Heimorgel, und alle freuen sich immer über meinen Nudelsalat. Luise, wie machst du das nur, sagen immer alle. Haha, das ist schön, wenn man im Alter noch was bewegen kann.

Als damals die Landesregierung die Einleitung der Kalisalze in die Werra endgültig verboten hat, da sind wir alle in ein richtiges Loch gefallen. Aber dann kam ja diese Sache mit der Stromautobahn von Nord nach Süd und Theo war einer der Ersten, der gesagt hat: Kinder, da machen wir mit. Zuerst hatte ich ja meine Zweifel, weil das ja an sich doch gut ist, wenn der Ökostrom auch in den Süden fließen kann. Aber da hat Theo gesagt, soll er doch auch, aber nicht oberirdisch durchs liebliche Baunatal.

Na ja, «lieblich» hab ich gesagt, dieses riesige VW-Werk und die Autobahn und so, da wärs doch fast egal, wenn da noch zusätzlich ne Ökostromleitung durchkäme. Aber dann hab ich die ganzen anderen Südlinkis kennengelernt und die waren alle so nett. Und jetzt wo mein Herbert nicht mehr ist, da kann ich mich auch mal für andere engagieren, die selber nicht so viel Zeit haben zum Protestieren. Gerade wir Älteren sind ja verpflichtet, dass die Schöpfung nicht total kaputtgebaut wird.

Wozu brauchen überhaupt alle diesen vielen Strom. Wenn jeder eine Steckdose weniger hätte pro Zimmer, dann bräuchten wir keine Atomkraftwerke und auch keine Monstertrassen durch Oschershausen. Obwohl die Trasse ist ja an sich öko, trotzdem, ich finde das nicht richtig.

Außerdem dieser Elektrosmog zusätzlich zu dem ganzen anderen Smog, die armen Schmetterlinge, man sieht überhaupt keine mehr und was waren das früher immer viele Frösche, alles weg. Störche gibts wieder mehr, das wohl. Da hab ich letzte Woche einen gefunden, das war ganz schrecklich, der ist in eines dieser Monsterwindräder geflogen und hatte sich den Flügel gebrochen. Hartmut, unser Gruppenleiter, wollte ihn sofort totschlagen, der müsste sonst elendig verrecken, hat Hartmut gesagt. Aber wir Frauen haben uns auf Hartmut gestürzt und den kleinen Storchi befreit. Jetzt ist er in einer Vogelauffangstation und wird bestimmt wieder gesund.

Ich hab danach den Antrag gestellt, dass wir von der SouBssqiO auch gegen Windräder sein sollen. Wenns die nämlich nicht gäbe, müsste man auch keinen Südlink bauen, das ist doch logisch, und Storchi hätte keinen kaputten Flügel. Aber da sind welche in unserer Gruppe, die sind auch bei den Grünen und die haben gesagt, das passt nicht zur Parteiräson. Wieso nicht: keine Windräder, keine Monstertrasse, das kapiert doch jedes Kind.

Als ich das letzte Woche noch mal gefordert habe, da hat die Bascha den Antrag gestellt, mich aus der BI rauszuwerfen, weil ich konterrevolutionär wäre. Was ich besonders gemein fand, dass sie vorher noch zwei Portionen von meinem berühmten Nudelsalat gegessen hat, die falsche Schlange.

Na ja, sollen sie mich halt rauswerfen, in Klein-Oschershausen gibts ne BI für ne Ortsumgehung, dann geh ich dahin, mal FÜR was sein, ist doch auch mal ganz schön, das schlägt nicht so aufs Gemüt, hat Theo auch gesagt, deswegen ist er ja auch bei «Pro Erdkabel» und nicht bei den «Südlinkis nein danke».

Ach ja, vielleicht kann ich Theo überreden, auch bei der Ortsumgehung mitzumachen, wo er doch so schön auf seiner Orgel spielt, der Theo. Huch, jetzt hab ich schon wieder seinen Namen gesagt, nachher werd ich noch rot auf meine alten Tage.

Rauchen ist gesund

Endlich mal eine gute Nachricht zwischen all dem Elend auf der Welt: Rauchen ist gesund! Zwar nicht für den Raucher selbst, aber für seine nichtrauchende Umgebung.

Nanu? Justament deretwegen wurde das Quarzen in den Kneipen doch untersagt. Wie wir heute wissen, war das nichts als eine kleinkarierte Schikane aus Brüssel und entbehrt jeder gesamtgesellschaftlichen Vernunft. Ein Karlsruher Institut hat erstmals die Nettokosten des Nikotinschmauchens ermittelt, und siehe da: In der Bruttogesamtrauchzeit des Quarzers fließen dem Staatssäckel happige 376 Milliarden Euro an Tabaksteuern zu.

Vorbildliche Ökolandschaft bei Paderborn: Windenergie-Stromautobahn über Feld mit Energiepflanzen für Biodiesel.

Doch nicht nur das, den größten Gefallen tut der Raucher der Gesellschaft, indem er rund fünf Jahre früher abkratzt als sein abstinenter Schöpfungskollege. Wer schon mit siebzig an Lungenkrebs krepiere, kann nicht mit achtzig an wesentlich teurerem Darmkrebs sterben, so die messerscharfe Logik der Karlsruher Schlauberger. Der Tod im Renteneintrittsalter ist der größte und zugleich letzte Dienst, den die Raucher uns allen erweisen. Und währenddessen freuen sich die Nichtraucher auf den Darmkrebs, oder wie ist diese Modellrechnung zu verstehen?

So viel ist aber klar: Der Tod der vielen ist das Glück des

Ganzen. Eine simple Regel, doch sie wird in der öffentlichen Diskussion verschwiegen. Statt Gruselbildern sollte auf den Zigarettenpackungen stehen: «Danke, dass du rauchst. Deine Rentenkasse.» Auch gelte es, das Überlebensrisiko in die Höhe der Versicherungsbeiträge mit einzubeziehen.

Wer meint, durch zwanghaftes Nichtrauchen, veganes Tofu-Schlabbern und Fit- und Wellgenässe sein Vorhandensein in unserer Mitte unbedingt bis Ultimo verlängern zu müssen, sollte dafür auch bezahlen. Keine Prämien für Vorsorgeuntersuchungen und gesundes Leben, im Gegenteil: Der Daseinsverbrauch muss endlich gerecht besteuert werden. Die Lebensplätze auf dem Planeten werden schließlich nicht mehr, und wer den seinen über Gebühr belegt, muss blechen.

Den Rauchern aber sollte mit Ehrfurcht begegnet werden, wie es Märtyrern gebührt: Nicht sie sollten in den Kneipen hinter Plastikplanen oder draußen unterm Gaspilz hocken, sondern der nichtrauchende Rentenballast. Der ist's, welcher der Gesellschaft letztlich mehr schadet. Der Raucher aber summt leise den Klassiker von Reinhard Mey vor sich hin: «Was ich noch zu leben hätte, dauert eine Zigarette.»

Melanie Sibelius, 39, Aussätzige

Melanie Sibelius war in einer nordhessischen Firma für Halbleiterelektronik beschäftigt. 2012 hat der Eigentümer, eine französische Holding, die Produktion nach Ostasien verlegt. 2013 wurde ihr Mann nach einem schweren Unfall arbeitsunfähig und pflegebedürftig. Das kinderlose Ehepaar Sibelius lebt seitdem von der Berufsunfähigkeitsrente des Mannes und Hartz IV der Frau. Sie können sich fast den gleichen Lebensstandard leisten wie früher, aber darum geht's ja nicht. Sie gehören nicht mehr dazu.

Sibelius: Wir gehören einfach nicht mehr dazu. Egal, ob die Doppelkopfrunde oder wenn mal was außer der Reihe ist, man wird einfach nich mehr eingeladen. Als ob man Ebilo hätte oder wie die Schimpansenseuche da heißt aus Afrika. Is wie verhext, alle sind weiter nett und freundlich, aber das ganze Leben von früher das geht an einem vorbei.

Zu Anfang haben wir noch versucht, selber mal ne Gartenparty zu machen, was heißt Party, einfach mal schön Grillen im Garten, und haben da unsere Clique von früher eingeladen. Nix! Der eine musste früh raus, der andere hatte selber welche zum Grillen da, jaha, aber wen hatte er nich eingeladen. Und so ging das immer weiter. Die schöne Fahrt, die wir sonst immer gemacht haben am ersten Mai, anne Edertalsperre oder auch mal weiter weg. Hat uns keiner mehr Bescheid gesagt. Wir konnten sehen, wie se innen Bus stiegen, kann man von unsen Badezimmer bis dahingucken nach die Bushaltestelle, wie se alle am Lachen waren und ich saß hier mit Hans-Gerd aufn Sofa und hab aus Frust ne ganze Tüte Erdnusslocken in mich reingefressen.

Als ich sie danach zur Rede gestellt habe, dann haben welche so getan, als hätten sies nich gewusst, dass wir nich Bescheid gekriegt haben. Andere haben uns direkt ins Gesicht gesagt, jetzt mit Hans-Gerd seine Behinderung, wie das denn funktionieren sollte in der Bustoilette, man hätte uns die Peinlichkeit ersparen wollen.

Was für ne verlogene Bande, und mit denen hat man früher Silvester gefeiert und einige kenn ich schon ausn Kindergarten. Diese neuen außen Insektenviertel – also Maikäferweg, Bienenanger, Drosophilastraße und wie das hinten alles heißt, die jedenfalls, ich glaub die heißen Jeselski, is auch egal, die haben mir pick vorn Kopp gesagt: Das wäre für sie kein Freizeitvergnügen, wennse immer auf sonen Gelähmten gucken müssten. Das fand ich schon fast wieder gut, diese Ehrlichkeit. Ich wär nich anders, sagen wir mal, wir wären beide noch gesund und auf die schöne Fahrt nache Edertalsperre schleppte einer sonen Gelähmten innen Bus, dann hätte ich aber auch den Kaffee auf.

Is aber nu mal anders, ich hab den Gelähmten und muss sehen, wo ich bleibe. Wenn er wenigstens geistig behindert wäre, sagen wir mal plemplem, dann könnte ich in Ruhe abends Fernsehen gucken und er würde vor sich hinlüllern oder was die sonst so machen. Aber nein, doppelt Pech, war ja klar, dass Melanie die ganze Packung abkriegt, Hans-Gerd ist geistig noch voll da und will sich immer mit einem unterhalten. Wenn ich abends von meine Putzstellen nach Hause komme, dann bin ich fix und foxi, dann will ich mich nich mehr unterhalten, Fernseher an und irgendeine Serie gucken. Hans-Gerd hat aber schon den ganzen Tag geglotzt und braucht jetzt menschlichen Kontakt.

Zweimal die Woche holt ihn jetzt der Wagen vonne Kirche ab und bringt ihn in sone Einrichtung, da basteln se mit denen mit Knetgummi oder im Herbst pressen se Blätter in alte Telefonbücher, alles son Kram, das sind ja alle Lelles, also nich richtig inner Birne, Hans-Gerd ist der Einzige mit normal unterm Pony. Das passt ihn da überhaupt nich, aber ich brauch einfach zwei Abende inner Woche meine Ruhe, wo ich meine Serien gucken kann und keiner mich dauernd zulabert.

Manchmal hab ich schon gedacht, wie lange ich den ganzen Dreck hier noch mitmache, ich bin erst neununddreißig, gut, nackt vorm Spiegel musst du ein Auge zudrücken, aber ich glaub, ich hätte durchaus noch Chancen aufn Markt. Die Claudia, is mein Alter, seit zwei Jahren geschieden, Arsch wien Nilpferd und noch den kleinen Jason anne Hacken, die hat sich nen Lehrer geangelt. Da biste baff, der sieht gar nich mal so schlecht aus, für nen Lehrer mein ich, kleine Plautze, Halbglatze, mehr son Gemütlicher, aber noch eigene Zähne und fährt Cabrio, wenn auch son kleinen Franzosen, aber immerhin. Mit dem zieht sie jetzt nach Kassel, schicke Eigentumswohnung, da staunste, mit ihrn fetten Arsch in die schicke Eigentumswohnung.

Und ich? Da nützt mir ein knackiger Hintern auch nix, ich hab den Hans-Gerd hier zu sitzen, keine richtige Arbeit, keine Freunde mehr und Alkohol schmeckt mir einfach nich. Ich hab schon oft abends im Bett gebetet, wenn der Herrgott doch den Hans-Gerd zu sich nähme, wäre für alle Beteiligten das Beste, aber ich bin nich religiös, deshalb kümmert sich der Herrgott auch nich weiter um mich und lässt den Hans-Gerd schön am Leben. Ihn selber was ins Essen tun, das könnte ich nich, nein, so eine bin ich nicht.

Ich hab mich allerdings schon erkundigt, was sone ganzjährige Einrichtung kostet, wo man solche wie meinen Hans-Gerd abliefern kann. Das zahlt sogar die Kasse, aber Hans-Gerd fehlen zwei Punkte zur Pflegestufe drei, er kann ja noch allein essen, wenn ihm jetzt, sagen wir mal nur als Beispiel, bloß die Sehne vom rechten Daumen, zack, durchreißen würde, weil er ungeschickt mit dem scharfen Steakmesser, jetzt nur mal als Beispiel, wenn das passieren täte, dann hätte er die Pflegestufe drei erreicht, das Behindertenabitur, wie die vonner Diakonie immer sagen. Ich will den Teufel nich anne Wand malen, aber es könnte ja mal was passieren, geschehen ja so viel Unfälle hauptsächlich im Haushalt und in sechs Monaten werde ich vierzig, danach muss ich meinen kleinen Arsch nich mehr ausn Fenster halten.

Ach ja, so is das, hoffentlich passiert was, irgendwas, mir isses schon fast egal was, dass ich wenigstens in Ruhe jeden Abend meine Serien gucken kann. Pass auf, gleich isses Viertel nach acht, da fängt «Die jungen Tierärzte» an, pass auf, kann ich die Uhr nach stellen, dann ruft er wieder ausn Nebenzimmer «Mällaaaaaahnieeee», wie ich meinen eigenen Namen hasse. Hoffentlich is das alles bald vorbei, das is das Einzigste, was ich mir zum Vierzigsten wünsche.

Tage nach Weihnachten

Weihnachten ist vorbei, der Familie und Verwandtschaft überdrüssig zieht es den Besatz raus aus der intimen Hölle, hinein in die anonyme Fußgängerzone.

Hier in den Konsumschneisen der Städte lauern bereits die Geier mit den nachweihnachtlichen Sonderangeboten: Mit nicht losgeschlagenem Ramsch und mit retournierten Geschenken, bestehend aus neu verpacktem Entertainmentkrempel, kontaminiert mit den Grippeviren unbekannter Menschen oder textilen Rückläufern voll fremder Kolibak-

Behindertenparkplatz in der historischen Altstadt von Wernigerode, gefördert von der Deutschen Stiftung Denkmalschutz.

terien – heißa, welch ein Shopping-Spaß. Und obwohl den Banausen nur ein einziger Werktag zum Konsumieren verlorenging, stürzen sie sich wie ausgehungerte Berglöwen auf die Beute vor den Kaufhauseingängen.

Versorgt mit frischer Valuta vom Gabentisch wird alles an sich gerafft, was Rabatt verspricht – ganz gleich, ob man's braucht oder nicht. Die Adventsbeleuchtung ist noch nicht abgeräumt, nur der Weihnachtsmarkt ist schon zu. Seit Jahren grämt es die Dealer in den Straßen und Passagen, dass nach Weihnachten kein Glühwein mehr das Hirn des Kunden vernebelt. Doch keine Angst, die Doofen sind noch nicht bei Verstand, die alkoholische Restfeuchte der Feiertage schwappt im Gedärm, und weil die Tage «zwischen den Jahren» eh eine Ausnahmezeit sind, genehmigt man sich schon nach dem Frühstück einen niedlichen Humpen Sekt, um den Kreislauf anzukurbeln.

Vatti schlappt, wenn Mutti nach günstigen Übergrößen stöbert, schon mal in die Bierschwemme neben C&A, ein zeitiges Stützbier ist sein Begehr. So ist auch ohne Glühwein die halbe Fußgängerzone angeflutet wie eine Schwadron Kesselflicker. Heißa, das freut die Krämer in den Boutiquen und den Ladenzeilen: Das Pack hat sich wieder sturmreif gesoffen, jetzt gilt es, den unverkäuflichsten Unrat vor die Tür zu stellen, damit die Kundschaft zeitnah abgemolken werden kann. Vatti packt noch ein Schraubendreherset mit ein, hoppala, guck mal, Mammi, die neue CD von André Rieu gibt's sogar im Drogeriemarkt.

Doch Mama hat keine Augen für den niederländischen Geigenschleimer und stiert stattdessen auf den Aushang am Laden gegenüber: Prestolith-Unterwäsche für die Frau ab fünfzig und sie sehen wieder aus wie dreißig. Und noch ehe Vattern sein Werkzeugset inklusive Geigenbegleitung bezahlt hat, ist das Mama schon davongeeilt. Spätestens am Silvesterabend wird sie die erektile Schwäche des Schrumpelgatten mit einem geshapten Auslösereiz bekämpfen. Wieder mal hat es sich gelohnt, die Tage zwischen Weihnachten und Neujahr nicht mit Muße und Einkehr zu vergeuden.

Bildnachweis

© fotolia.com: Seite 29 (vectorfusionart), Seite 39 (Lukas Gojda), Seite 53 (Cavan Images), Seite 66 (Industrieblick), Seite 73 (mije shots), Seite 91 (dieter76), Seite 101 (Wolfgang Jagstorff), Seite 107 (iiievgeniy), Seite 120 (steschum), Seite 151 (Robert Kneschke), Seite 163 (denisfilm), Seite 170 (ReeldealHD images), Seite 183 (Nejron Photo), Seite 211 (M. Dörr & M. Frommherz), Seite 217 (Picture-Factory), Seite 224 (Addictive Stock), Seite 265 (tl6781), Seite 271 (Robert Kneschke), Seite 311 (Macleg), Seite 317 (Christiane65)

© Privat: Seite 19, Seite 125, Seite 191, Seite 197, Seite 233, Seite 241, Seite 247, Seite 305

© Harm Wörner: Seite 47

© Roman Wulf: Seite 287

MIX
Papier aus verantwortungsvollen Quellen
FSC® C083411
FSC
www.fsc.org

Das für dieses Buch verwendete Papier ist FSC®-zertifiziert.